仰望星空

温家宝

我仰望星空，
它是那样寥廓而深邃；
那无穷的真理，
让我苦苦地求索、追随。

我仰望星空，
它是那样庄严而圣洁；
那凛然的正义，
让我充满热爱、感到敬畏。

我仰望星空，
它是那样自由而宁静；
那博大的胸怀，
让我的心灵栖息、依偎。

我仰望星空，
它是那样壮丽而光辉；
那永恒的炽热，
让我心中燃起希望的烈焰、响起春雷。

哲学十讲

ZHEXUESHIJIANG

苏亮乾　朱伟才◎主编

苏州大学出版社

图书在版编目(CIP)数据

哲学十讲/苏亮乾，朱伟才主编. —苏州：苏州大学出版社，2011.3
ISBN 978-7-81137-678-4

Ⅰ.①哲… Ⅱ.①苏… ②朱… Ⅲ.①哲学—研究 Ⅳ.①B2

中国版本图书馆 CIP 数据核字(2011)第 049026 号

哲学十讲
苏亮乾 朱伟才 主编
责任编辑 史创新

苏州大学出版社出版发行
（地址：苏州市十梓街 1 号 邮编：215006）
宜兴市盛世文化印刷有限公司印装
（地址：宜兴市万石镇南漕河滨路 58 号 邮编：214217）

开本 787 mm×960 mm 1/16 印张 15.75 字数 236 千
2011 年 3 月第 1 版 2011 年 3 月第 1 次印刷
ISBN 978-7-81137-678-4 定价：28.00 元

苏州大学版图书若有印装错误，本社负责调换
苏州大学出版社营销部 电话：0512-65225020
苏州大学出版社网址 http://www.sudapress.com

目录

导言
李瑞环谈学哲学用哲学

李瑞环，原全国政协主席，党的第三代中央领导集体成员之一。他从一个普通农民、工人，一步步走到党和国家最高领导层。有人问李瑞环的成功奥秘，他回答道："要我说还是那句老话：是社会主义制度的产物，当然也不能否认个人的努力。光靠努力还不行，还要得法，得法就是要学习哲学。我这一生对我帮助最大的就是马克思主义哲学。我从二十几岁开始学哲学，一直坚持在工作中学，边干边学，边学边干，几十年从未间断。"

马克思主义哲学是人们观察世界、认识社会、解决问题的伟大认识工具。李瑞环学哲学、用哲学的经验之谈，具有很强的说服力，他成功的人生经历，极富感染力。兹从李瑞环的著作《学哲学，用哲学》中，节选几段他关于学习马克思主义哲学的意义及方法方面的论述，作为本书的导言，期望人们能够从中受到启发，获得教益。

学习哲学意义重大

最近一个时期，党中央一再号召学习马克思主义哲学，哲学界的同志们也发表了不少文章谈这个问题。全党和全社会有这么一个呼声、一种舆论，实在是一件大好事。为什么要提倡学哲学，或者说学哲学的意义有哪些？我想，起码可以从以下几个方面去认识。

第一，从理论意义上讲。哲学是关于世界观的理论，它揭示的是事物发展变化的最一般的规律。世界上的事物纷纭复杂，哲学的意义就在于，任何事物的运动规律都逃不出它的范围。学好哲学，掌握了一般规律，有助于认识特殊规律。马克思主义哲学是科学的世界观和方法论，它揭示了自然界、人类社会和思维的最一般的规律,是指导人们认识世界、改造世界的最基本的思想武器。在马克思主义三个组成部分中,马克思主义哲学是理论基础。不学习哲学,不研究哲学,不懂得哲学,就不能很好地理解政治经济学和科学社会主义,也不能在实践中更好地发展这两门理论。我们提出要建设有中国特色的社会主义,什么是有中国特色的社会主义?就是马克思主义基本原理同中国现代化建设相结合。不认真学习马克思主义哲学,就谈不上结合,也就谈不上建设有中国特色的社会主义。

第二,从现实意义上讲。我们现在确实面临着一个复杂的形势。十三届四中全会以后,新的中央领导集体坚决而富有成效地组织贯彻全会精神,整个形势正朝着进一步稳定的方向发展。但也必须看到,我们面临的任务是艰巨的,困难是很多的,矛盾是复杂的,形势是严峻的。由于国际形势变化和"六四"政治风波所带来的人们思想上的疑虑和各种各样的想法,还没有全部解决。在这种情况下,要完成我们面临的任务,实现我们的奋斗目标,必须借助马克思主义哲学。小平同志讲,要冷静地总结过去、思考未来。总结经验,是一个由感性认识上升到理性认识的过程,是一个实践、认识、再实践、再认识的过程。要真正实事求是地总结人民群众在改革开放和现代化建设中的历史活动,必须做到在估价成绩和失误时,不因成绩巨大而忌言失误,也不因揭露失误而抹煞成绩;在对待具有顽强生命力的新生事物幼芽时,既肯定、保护、扶植,又不忘去掉附着在它身上的旧事物残片;在处理两难选择的问题时,既要果断又要瞻前顾后,使之对全局产生有利影响,并为今后的发展作一些铺垫。所有这些,都离不开马克思主义哲学这个伟大的认识工具。

第三,从个人的进步和提高来讲。人们要提高自己认识世界和改造世界的能力,就必须学习哲学。哲学是"明白学",许多事情只有学了哲学才能真正明白;哲学是"智慧学",学了哲学可以使人变得聪明,脑子活、眼睛亮、办法多。不学哲学,天赋再好也不能算明白人。不懂哲学的领导者就不可能是一个清醒的领导。我接触过若干个很不错的同志,工作很努力,天赋也很好,就是在这点上不肯下功夫,工作上常常干糊涂事、吃糊涂亏、占糊涂便宜。当然,一个人要有所作为,需要多方面的知识,而哲学可以帮助人们更好地运用这些知识。哲学不能代替具体的科学,但是哲学可以帮助人们更好地掌握和运用具体科学。一个自然科学家,一个专家，一个对某些方面业务知识比较熟悉的同志，被提拔为领导干部，那么他过去的学识、经验和阅历，能否成为他今天搞好领导工作的有利条件，能否成为他作为领导者认识和改造世界能力的积累过程，关键在于他能否对过去的专业知识和实际工作经验进行哲学的概括，把个别上升到一般。有了这种概括和上升，原有的专业知识和工作经验就有助于他适应新的工作、增强驾驭全局的领导能力。认识来源于实践，是就认识的根源讲的，不能简单地理解为认识的水平与实践的次数成正比。具体到每个人，能否进步和进步大小的一个非常重要的环节，在于能否善于使自己的感性认识变成理性认识，使具体经验上升为一般，能否在理论指导下实践，能否用理论总结实践经验，赋予工作经验以理论的意义，这是所有人能否做好工作，不断进步、提高的一个共同性问题。从这个意义上看，学习马克思主义哲学，也是提高人的素质的一项重要措施。

历史经验证明，全党哲学水平的提高能够极大地推动党的事业的蓬勃发展。在我们党的历史上，曾有过两次产生了巨大积极影响的学习马克思主义哲学活动。一次发生在新中国成立前的延安整风时期，另一次发生在以1978年真理标准讨论为开端的拨乱反正到全面改革的转变时期。

遵义会议后，我们党实际上已确立了以毛泽东同志为核心的第一代领导集体。红军长征到达陕北后，毛泽东同志的正确路线已经确立但尚未被全党同志所接受。为了彻底消除王明"左"倾机会主义路线在党内的影响，毛泽东同志发表了《实践论》《矛盾论》等哲学著作，从世界观和方法论上彻底批判了曾在我们党内造成极大危害的教条主义错误。在延安整风过程中，全党的高级干部和广大党员，联系党在土地革命、抗日战争中正反两方面的经验教训，认真学习毛泽东同志的哲学著作，积极开展批评和自我批评，自觉抛弃了主观主义、教条主义和党八股，使那种脱离国情、只知道生吞活剥地照搬马列主义词句的思想方法得到了克服，全党的认识能力有了很大的提高。可以说，没有延安整风，没有马克思主义哲学的学习，没有建党以来历史经验的总结，就不可能有全党思想上政治上的高度统一和组织上的团结巩固，也就不可能有中国民主革命的彻底胜利。延安学习哲学的深远意义，在于帮助我们党内一批高级干部养成了学哲学的习惯，使他们在尔后长期的革命和建设生涯中坚持不懈地学哲学、用哲学，许多人成长为治党治国治军的栋梁之材。陈云同志在同我的一次谈话中，亲切地回忆起他当年在延安学哲学的情景和体会，反复叮嘱要把学哲学当成大事来抓，勉励我们认真学好哲学。

1978 年开展了关于实践是检验真理唯一标准的大讨论，实质上是一次全党范围的马克思主义认识论的再教育。这次大讨论是党中央发动和领导的。邓小平同志是我们党的第二代领导集体的核心，他在十一届三中全会前后发表的《“两个凡是”不符合马克思主义》《完整地准确地理解毛泽东思想》《解放思想，实事求是，团结一致向前看》《坚持四项基本原则》等重要讲话，充满着唯物论和辩证法，批判了唯心论和形而上学，使全党同志受到了生动的实事求是、理论联系实际、一切从实际出发的马克思主义思想路线的教育，极大地促进了全党的团结和统一，振奋了全党的创造精神，提高了党在人民群众中的威信。没有真理标准的大讨论，没有全党对马克思主义哲学的认真学习，没有新中国成立以来历史经验的科学总结，也就不会有拨乱反正的胜利，更不会有今天改革开放的大好局面，人们很可能仍在“两个凡是”的死胡同里徘徊。

学点哲学，终身受益

常委会上讲话（注：指第九届全国政协第十九次常委会议上的告别讲话）之后，有人说，由一个普通农民、工人，一步步走到党和国家最高领导层真不简单，这其中一定会有一些奥秘、诀窍，应该总结一下。要我说还是那句老话：是社会主义制度的产物，当然也不能否认个人的努力。光靠努力还不行，还要得法，得法就是要学习哲学。我这一生对我帮助最大的就是马克思主义哲学。我从二十几岁开始学哲学，一直坚持在工作中学，边干边学，边学边干，几十年从未间断。许多马克思主义哲学著作我都反复认真读过，有的文章甚至可以背下来。尤金那本哲学辞典，我叨咕得非常熟，还和人搞过比赛，看谁查得快、讲得准、背得多。“文革”中造反派把我打成假学习积极分子，经常在批斗会上东一句西一句地考我，我都能说出出处或背出原文，后来他们说我不是活学活用，是“活学活说”。我当然不是提倡死记硬背，而是说学哲学必须肯下功夫。

哲学是明白学、智慧学，学懂了哲学，脑子就灵，眼睛就亮，办法就多；

不管什么时候、干什么工作都会给你方向、给你思路、给你办法。我当了15年工人,搞过100多项技术革新,当时被称为革新的能手,几乎是干什么就革新什么。我搞了个木工计算法,为此还拍了个电影。60年代初,建筑业一度抹灰工短缺,领导上要我们木工队改行作抹灰工,在一年零八个月的抹灰工作中我搞了一套机械抹灰法,据说,迄今仍有人使用。1965年我转为干部,从一个工厂的总支书记到今天,中间多次转换工作岗位,有时工作内容和性质变化很大,但都能很快适应、很快熟悉,并有所作为、有所创新。这都是哲学帮了我的忙。

哲学这门学问说来也神,你的工作越变化、越新,它显得越有用;你的地位越高、场面越大,它的作用越大;你碰到的问题越困难、越复杂,它的效力越神奇;面对的问题越关键,它发挥的作用越关键。

哲学是世界观、方法论的学问,讲的是事物最根本、最普遍的规律,讲"任何事物都逃不出它的范围",包括熟悉的工作逃不出它的范围,不熟悉的工作也逃不出它的范围。也就是说,不会因为工作对象变化,而使你的哲学水平发生变化。哲学的意义在于你能不断地从感性认识达到理性认识,从感觉达到理解。理性认识属于本质的和规律性的认识,这些认识在新的工作中照常可以发挥指导作用。因此,不管你工作发生过什么变化,就哲学来讲,由浅入深、由片面到更多方面的认识过程没有变化,由个别到一般、由一般到个别的认识程序没有变化。

当然,强调学哲学不是说其他领域的知识、其他的学科可以不学了,相反地,许多有关的知识、学科都要认真学、刻苦学,不同的是有了哲学的根底,学其他知识、学科会更便捷、更有成效。我常讲,一个人要成长进步,要有所成就、有所建树,离不开上进心、求知欲、责任感这三条,这是无法代替的。重要的是学了哲学,掌握了认识世界、改造世界的武器,养成分析综合、归纳概括的习惯,这样就不会吃糊涂亏、占糊涂便宜,避免和少走许多弯路。陈云同志讲过:"学好哲学,终身受用。"这完全是经验之谈,我非常赞成。

关于学哲学,还有一句老话,人们不经常讲,但我的体会非常重要,这就是学哲学首先要信哲学。我认为这是一个立场问题、感情问题、信仰问题,也就是为什么学的问题。共产党人信仰马克思主义,是理性的选择。信仰不是迷信,迷信是不好的,包括对马克思主义和马克思主义哲学我们都不要迷信，但是却可以信可以迷。对马克思主义哲学，只有信了才能迷，只有迷了才能钻，只有钻了才能懂，只有懂了才能用，只有用了，在用中尝到了甜头，才会更加信、更加迷、更加钻。这里关键的是个“信”字。学哲学肯定要有一个过程。对于马克思主义哲学，你不可能一下子就学懂弄通，也不可能一下子就掌握基本观点。在开始学的时候，有的书可能一时读不懂，有的观点可能一时不理解。但这不是书本身的问题，不是观点本身的问题。如果刚遇到点困难就首先怀疑马克思主义哲学是不是正确，就动摇自己的基本信仰，那就不可能学下去、钻进去。我是从最低层上来的，学哲学也是在最低层干活的时候开始的。起初，我的文化水平并不高，学哲学也并不是件十分容易的事。但我信这个，信马克思主义哲学，所以我才去钻研。

学习马克思主义哲学从哪里入手

学习马克思主义哲学由哪里入手，学习哪几本书，以及怎样学，应该说这是一个老问题，也是一个需要认真研究和解决的重要问题。在我看来，这里首先要解决一个哲学理论的普及和哲学教学方式的改革问题。

解放以来，我们对理论的学习，特别是对马克思主义哲学的学习，走过一条反反复复的路子。主要问题有两个，一个是神秘化，再一个是简单化。毫无疑问，我们需要认真学习和研究马克思主义哲学，同时，马克思主义哲学也需要改革，这两者都是客观实践提出的要求。哲学的改革包括许多方面的含义，可以指哲学本身的改革，也可以指哲学工作的改革，如哲学教育、哲学宣传方式的改革等。我今天要说的，是指哲学工作方面的改革，就是哲学应该由少数人研究的学问变成多数人学习的内容，把学院里研究的学问变成改革开放的武器和工具。当然，少数人的研究、专家的研究也非常必要，但要使哲学真正得到发展，真正具有生命力，就不能停留在学院少数人手里。哲学之所以重要，就在于它为人民群众认识世界、改造世界提供思想武器。哲学家的职责，主要在于深入、系统地研究哲学本身的问题，包括哲学的历史和现状，哲学同其他科学的关系，以及哲学如何不断适应时代的要求而发展的问题。这个研究过程是非常艰巨、复杂的，总不能让所有的人都去经历这个艰巨复杂的过程，而应当通过教育的方式,把少数人经过复杂的研究过程得出的简单明了的科学结论教给大多数人,变成大多数人享有的知识财富。这样,理论就能发挥它指导实践的作用。就一般来说,一个科技工作者的贡献,不只是看他在陈列室里摆了多少成果,还要看他的成果有多少转化在生产中,在社会上实现了多少价值。假如你的研究在现实生活中看不见作用,在社会上表现不出价值,那么,你的研究本身就很值得研究。因此,我觉得所谓哲学要改革,主要是做两件事:一件是深入、系统地研究马克思主义哲学本身,在实践中发展哲学;一件是研究马克思主义哲学怎样普及,以便在实践中应用哲学。要说学哲学就想让每个人都成为哲学家,这不可能。但对基本原理、基本观点,人们都有所了解,这是应该和可以办得到的。

对学习马克思主义哲学,过去有若干主张。有的同志主张按哲学史的顺序学下来,即从欧洲哲学史学起,一直学到马列主义。还有的同志主张读原著,提出要读《反杜林论》《哥达纲领批判》《唯物主义和经验批判主义》等多少本书。这些主张当然都是有道理的,对一些人来说也是完全必要的,但对一般搞实际工作的人来说,我主张主要学习马克思主义哲学的基本观点。哲学家应当下点力量,为搞实际工作的同志编写一些适合于不同层次的学习资料,为他们能够较快地学懂学好马克思主义哲学的基本观点服务。如果有人在学习和掌握了基本观点之后,还有兴趣继续学原著或者研究哲学史,这当然更好。我们不可能使每个人都成为哲学家,因此没有必要也不可能使每个人都像哲学家那样去钻研哲学。世界上的事物是复杂的,许多事情当你没有深入了解时,你可能认为是简单的。一旦钻进去了,你就会发现并不简单。所谓"越学越不懂""越学越糊涂",讲的就是这种情形。比如文物,笼统地说,似乎人们都知道,但仔细研究就复杂多了。从横向分类看,有建筑、碑刻、器皿、工具、书画等,好多好多;从纵向看,有上古的,哪朝哪代的,一个人一辈子能就某个门类某个时期研究出点名堂来就很不容易。人的一生,时间是有限的,精力和实践的范围也是有限的,再聪明的人也只能做有限的事。我们提倡学马克思主义哲学,归根结底,还是为了搞好我们自己从事的某方面工作,所以我认为就大多数人讲,学哲学主要是学好基本观点,如唯物的观点、实践的观点、辩证的观点、发展的观点、生产力的观点、群众的观点,等等。下大力量把基本观点真正弄懂,并且能和自己的实际工作相结合,不断提高认识水平，增强工作能力，这就是我们学习哲学的目的。

就我个人的体会看，把“两论”作为学习哲学的主要内容，是哲学入门的一个有效的途径。《实践论》《矛盾论》是毛主席的重要哲学著作。毛主席在理论上了不起的贡献之一，就是把马克思主义哲学的主要内容概括为《实践论》《矛盾论》，并用通俗易懂的语言和事例表达出来了。毛主席的这两篇文章是对党的历史经验的理论总结，是对主观主义特别是对教条主义斗争的产物。“两论”的许多段落，至今读起来仍然感到很亲切、很深刻。例如，毛主席在《实践论》中说：“人类的生产活动是最基本的实践活动，是决定其他一切活动的东西。人的认识，主要地依赖于物质的生产活动，逐渐地了解自然的现象、自然的性质、自然的规律性、人和自然的关系；而且经过生产活动，也在各种不同程度上逐渐地认识了人和人的一定的相互关系。离开物质生产活动，人类就不能生存，一切知识的获得也就无从谈起。”毛主席还讲：“在很长的历史时期内，大家对于社会的历史只能限于片面的了解，这一方面是由于剥削阶级的偏见经常歪曲社会的历史，另一方面，则由于生产规模的狭小，限制了人们的眼界。人们能够对于社会历史的发展作全面的历史的了解，把对于社会的认识变成了科学，这只是到了伴随巨大生产力——大工业而出现近代无产阶级的时候，这就是马克思主义的科学。”在这里，毛主席把物质生产活动强调到了何等重要的地步！很可惜，长期以来我们对这个马克思主义的最基本观点注意得不够。近年来一些人对生产力标准，对以经济建设为中心等基本观点还有怀疑和动摇，这很值得我们深思。又如，《矛盾论》精辟阐述了唯物辩证法的核心问题，不但讲了矛盾的普遍性，特别重要的是讲了矛盾的特殊性，讲了具体问题具体分析，不同质的矛盾用不同质的方法解决，批判和反对孤立、静止、片面地看问题，这在今天是何等的重要！可以这样说，真正学懂了“两论”，也就基本上掌握了马克思主义哲学的主要观点。在“两论”指导下中国革命和建设取得成功的事实，是大家所熟悉的。大庆就是靠“两论”起家的。我认为，当前学哲学仍然可以提倡从学“两论”入手，这同提倡学习马克思主义其他经典著作不矛盾，同强调着重学基本观点也是一致的。在学习“两论”时，还要注意同学习邓小平等老一辈革命家的论著结合起来，加深对我们党的实事求是思想路线的认识，加深对建设有中国特色的社会主义理论的理解。

究竟怎么学习哲学，历史上我们有过经验也有过教训，曾几起几落，应当认真总结和吸取这些经验教训。如何把马克思主义哲学，把社会主义价值观念、伦理道德渗透到社会生活的各个方面去，我们的任务还很繁重。在封建时代，封建统治者为了使封建主义的伦理道德无孔不入地渗透到社会的各个方面，曾下了很大功夫。从"人之初，性本善"开始，越来越系统，越来越精巧，什么程朱理学，什么《神童诗》《女儿经》《治家格言》，什么三纲五常等等，唱戏、说书、讲故事都是这一套，普及工作做得相当深入。在穷乡僻壤，不识字的老头老太太都能讲出个一二三。而相比之下，我们的普及工作还做得很不够。我们要通过扎扎实实的工作，采取多种方式方法，把马克思主义哲学，社会主义的价值观念、伦理道德渗透到社会生活的各个方面去，从家庭到学校到社会，使人们在对工作的追求、进步的追求、个人爱好兴趣的追求过程中，潜移默化地受到启迪和熏陶。要做到这一点，需要动员各方面力量，做长期艰苦的工作。我认为这是加强社会主义精神文明建设的一项带有战略意义的任务。

学哲学要学原理，用哲学也要用原理

我们学习马克思主义哲学，是为了用辩证唯物主义和历史唯物主义观点观察世界、观察社会、观察事物，而不是简单地生搬硬套某些结论。在学习的初始阶段，应用哲学的某个观点说明现实生活中的某个事例，或者针对现实生活中的某个问题查找理论根据，这些都是必需的，也可以叫学用结合，但其意义更多的还是加深对理论的理解。因为客观事物是复杂的，任何一个事物，要想真正地认识它，全面地说明它，正确地处理它，都不是哪一个观点所能担当得了的，应该既符合唯物论，也符合辩证法，符合各个哲学原理。还因为马克思主义哲学是一个完整的体系，我们通常把它分为唯物论、辩证法、认识论等等，主要是为了教学表达的方便，实际上它们互相是连为一体的，不能说某件事情的合理解决，只是应用了唯物论而不符合辩证法，或者只是用了辩证法而没了唯物论，应该是应用并符合全部的哲学原理。因此，学哲学、用哲学，应该是学习应用它的原理，学习应用它的立场、观点、方法。简单地查找结论，机械地对号入座，这是教条主义的学习方法，不但无济于事，反而常常坏事。我举一个大家熟知的例子：我国的农村改革在开始时阻力很大，反对者似乎有理有据、理直气壮。他们理直气壮的依据是什么呢？都是经典著作中的说法，都是马恩列斯毛怎么怎么讲的，无非是社会主义农业是公有制呀、机械化呀等等，联产承包责任制、分田到户违背了这些原则，是赤裸裸地走资本主义道路。改革者所讲的也是经典著作中的道理，也是马恩列斯毛的思想。他们认为一切都必须从实际出发，实际是粮食产量低，人们吃不饱，应该研究新办法。他们认为生产力决定生产关系，改不改要看生产关系是否适应生产力；人民群众是创造历史的主人，改不改要看群众是愿意还是反对，是积极还是消极；实践是检验真理的标准，好坏对错要看实践的结果。前者讲的是个别结论，后者讲的是基本原理，谁对谁错？20 多年过去了，农村改革的是非功过早已有了定论，对于当时的那场争论也很少有人再提了。其实，回顾一下那场争论，回顾一下争论双方引经据典的文章，从而使人们懂得什么是马克思主义，怎样学习马克思主义，具有十分深刻的现实意义。

人类社会是一个永无休止的发展过程，各方面条件复杂多变，新生事物层出不穷。先贤导师不可能把所有的事情都讲到，尤其不能把他们根本没见过的事情也讲到，后人根本无法对号入座。但他们讲的那些事物的最一般的规律、讲的哲学原理并没有过时，仍然是“任何事物都逃不出它的范围”。我们学哲学就是应该学习它的最一般规律，学习它的原理，应用它的原理。

任何人做任何工作都离不开了解情况、分析矛盾、研究对策这三个环节。我们讲用哲学原理指导工作，最主要、最经常的就是处理好这三个环节的问题。

了解情况是做好一切工作的根本，也是坚持唯物论、辩证法的根本。这如同盖高楼打基础，基础不牢，上边的结构、室内的装修再花工夫也没有意义。按照哲学原理，了解情况必须是丰富而合于实际，了解得全，了解得准，“周到而必要”。要做到这样，必须按照唯物辩证法的范畴，深入调查研究，有目的地、有计划地了解，了解事物的内部，了解事物的外部，了解事物的各个方面；了解今天，了解昨天，了解事物的运动发展。只有这样，才能做到既不丢三落四，也不事无巨细，避免劳工费时、贻误时机。这也就是说，为什么了解情况需要哲学，怎样去了解情况也需要哲学，哲学贯穿了解情况的始终。

学哲学、用哲学就是学会分析矛盾。事物就是矛盾,问题就是矛盾,矛盾的法则是唯物辩证法的根本法则。矛盾无处不在,用哲学原理分析矛盾也就无处不在。我们经常说在哲学指导下研究某某问题,例如工业问题、农业问题、文化问题、文艺问题等等,也可以说就是在哲学指导下分析某某矛盾。我们讲任何事情都可以应用哲学原理,就是因为任何事情都是矛盾。分析矛盾,首先要对材料进行筛选,去粗取精、去伪存真,分分类、排排队、归归堆、论论辈;然后把材料掰开了、揉碎了,由此及彼、由表及里加工改造。一个大的矛盾,包含若干小的矛盾,任何矛盾都有各个方面。分析和综合是统一的。先分析后综合,边分析边综合,分析是综合的基础,综合是分析的归宿。分析事物的内部,分析事物的外部,分析事物之间的联结,分析事物的发展,经过加工改造,概括抽象,找出事物的本质、本质和本质的关系,找出主要和次要方面等等。在这个过程中,哲学具有导航作用,具有望远镜、显微镜作用,具有加工工具的作用。

研究对策就是研究解决矛盾的方法。马克思主义认为,世界观和方法论是统一的,有些哲学观点本身就是方法。如实事求是是哲学的基本观点,同时也是最常用最重要的方法;群众路线是哲学的基本观点,被称为党的根本思想路线和工作路线,同时又是党的根本的工作方法。有些常用的方法尽管本身不等于观点,但稍加琢磨就可以看出是哲学观点的延伸或运用。比如,调查研究的方法是唯物论、存在第一观点的运用,集中起来、坚持下去的方法是实践论观点的运用,一般号召和个别指导相结合的方法是矛盾普遍性和特殊性观点的运用,抓典型、学先进的方法是认识论由个别到一般观点的运用,等等。所以,许多问题只要情况了解得准确,矛盾分析得透彻,解决问题的方法也就迎刃而解了。

现实生活是复杂多变的,许多事情在书本上或没有讲过,或讲得比较简单,或局限于一时一地的特殊情况,有的结论在今天看来并不合适,这就需要在哲学的指导下重新研究探索。比如文艺工作,战争时期我们讲文艺的目的是团结人民、打击敌人,文艺的功能也被简化为主要只有教育的作用;而在改革开放的今天,这种讲法显然就比较片面。再比如文物工作,我们在很长时间内对文物不够重视,甚至一度视为“四旧”大肆破除,把老城墙、老城楼拆了,把古寺庙、古书院、帝王陵毁了,把旧书画烧了,这一切在今天看来是何等的荒唐。这充分说明,没有哲学的指导或哲学根底不牢靠、哲学思想不彻底，研究形成的对策就会畸形走样。

研究对策，哲学最大的意义是确定原则、指引方向、启迪思路。研究对策首要的必须是解放思想，而辩证唯物主义哲学可以解决思维方式问题，帮助你从认识论、方法论的根本上破除迷信、解放思想；研究对策必须研究解决不同矛盾的不同方法，而对立统一规律能够开阔你的思路，矛盾特殊性的原理可以帮助你寻找方法；研究对策必须研究创造新的方法，而任何新的方法都是在旧的方法的基础上产生的，哲学可以告诉你如何在继承基础上创造新的方法；研究对策必须重视间接经验，而哲学关于直接经验、间接经验的论述，可以使你懂得为什么借鉴间接经验和怎样借鉴间接经验；研究对策必须采用新的科技成果，而生产力决定社会发展的理论、科学技术是第一生产力的观点，可以告诉你方法创新和科技创新的关系；研究对策必须深入实际广泛听取群众意见，而群众观点、从群众中来到群众中去的方法，可以帮助你集中正确的意见；研究对策必须重视实践，而马克思主义认识论使你懂得实践产生办法、实践检验办法，试验、试点、实践是研究对策、不断创新的必由之路。总而言之，哲学可以使你脑子灵、点子多，哲学对研究对策作用很大。

学哲学要学原理，用哲学也要用原理。把哲学原理应用于了解情况、分析矛盾、研究对策的过程之中，也就是应用于一切工作之中。因为一切工作都要了解情况、分析矛盾、研究对策。这样，工作不断应用不断。这就是理论联系实际的学习方法，也是理论联系实际的工作方法。在我看来，要想学习有成就、工作有成就，就必须研究这个方法。

我这一生最感兴趣的一门学问是哲学，下工夫最多的是哲学，对我帮助最大的也是哲学。我学哲学，主要是在实践中学，在使用中学，最基本的是哲学原理主导着我的思维。我的文章、讲话中，哲学词语有的多一些，有的少一些，有的没有。哲学词语多的常常是为了说理、论证、辩护，哲学词语少的或没有哲学词语的并不是没有哲学指导。有些哲学词语很少的文章、讲话，倒可能是我的得意之作。按照我上述精神，再看看我的文章、讲话，捋一捋，归一归，到底哪些适合入选。这对你们的选编工作可能会有些帮助。

（以上各部分均选自李瑞环的《学哲学，用哲学》，中国人民大学出版社，2005年9月第1版，略有删改）

第一讲
物质与意识

世界不会满足人，人决心以自己的行动来改变世界。

——列宁

引例

嫦娥奔月，梦想成真

2007年10月24日，搭载着我国首颗探月卫星嫦娥一号的长征三号甲运载火箭在西昌卫星发射中心发射。经过长途跋涉和对月球的科学探测，嫦娥一号卫星从距离地球38万公里的环月轨道，传回首幅展现月球真实世界的月面图片，揭开了中国航天深空探测时代的新篇章。“嫦娥奔月”，这个在中国流传了千年的传说，随着嫦娥一号卫星飞向月球，一个古老民族的梦想开始变为现实。

2009年3月1日，嫦娥一号卫星在轨道运行一年多的时间里，实现了既定的工程目标和科学目标，在北京航天飞行控制中心科技人员的精确控制下，准确落于月球东经52.3度、南纬1.50度的预定撞击点，标志着绕月探测工程圆满结束，为中国月球探测后续工程和深空探测工程奠定了坚实的基础。

探月工程是继人造地球卫星、载人航天之后我国航天活动的第三个里程碑。首次探月工程的圆满完成，使我国跨入世界上为数不多的具有深空探测能力国家的行列。自强不息的中国航天人，不断把中华民族的崭新高度镌刻在太空中。

物质是世界的本原。物质世界发展到一定阶段，产生了与自己既对立又统一的意识现象。恩格斯曾经说过："思维着的精神是地球上最美的花朵，而且最美的花朵在不断地转化成丰硕的果实。""嫦娥奔月"的传说和"嫦娥"探测工程的成功实施，生动地体现了人的意识具有的巨大能动作用，说明了人不仅能够认识事物的现象，而且能够把握事物的规律性，充分利用客观规律，造福人类。

一、物质是世界的本原

我们周围的世界，包括自然界、人类社会和人自身，是一个千姿百态、五光十色的世界。自然界中有日月星辰、雷电风雨、山川湖泊、花草树木、飞禽走兽、地下矿藏等，人类社会中有生产力、生产关系、阶级、国家、政党，人自身又有抽象的思维等。客观存在的事物的形态和性质是无限多样的，如此千差万别、丰富多彩的世界有没有统一性？它们是如何统一起来的？古往今来，人们从来没有停止过对这些问题的思考，不同的哲学派别则作出了不同的回答。

我国古代诗人屈原在其著名的诗篇《天问》中，对宇宙、人生、历史等提出了 167 个问题，涉及了宇宙起源、世界本质等一系列问题。对于《天问》中提出的问题，柳宗元写了《天对》进行回答。他认为，世界是由"元气"构成的，万物的变化是"元气"所包含的阴阳二气相互作用的结果，宇宙间不存在上帝和诸神的主宰。这是一种朴素唯物主义的思想。

在西方，基督教《圣经》描述了上帝创造世界的神话：在六天内，上帝依次创造了光、空气、地、海、植物、日月星辰、鱼、鸟、牲畜、昆虫和野兽，并按自己的形象创造了人类；第七天，万物造齐，上帝休息。这显然是十分荒谬的。各种宗教尽管形式不同，但就其都主张某个无所不知的神创造和主宰世界而言，在本质上都是一样的。宗教创世说是唯心主义的一种形式。

可见，在对世界的本质和统一性问题进行探索的过程中，不但有唯物主义的观点，同时，各种唯心主义的观点也产生和发展起来，由此产生了唯物主义与唯心主义的对立。唯物主义认为世界统一于物质，物质是第一性的，物质决定意识。唯心主义认为世界统一于意识，意识是第一性的，意识决定物质。唯物主义与唯心主义是根本对立的两种哲学派别。

唯物主义认为，世界上的万事万物都是物质的产物和表现，世界的统一性在于它的物质性，这叫做物质一元论；唯心主义一元论认为，世界上的事物和现象都是精神的产物和表现，主张世界统一于精神，这叫做精神一元论。

哲学史上的二元论则根本否认世界的统一性。它们认为，世界有着互相平行、各自独立的两个本原。如法国哲学家笛卡尔认为，世界有两个本原——物质实体和精神实体，它们之间相互独立、平行发展，既不是物质派生精神，也不是精神派生物质，只有上帝才能把两个“本原”或“实体”联系起来。

唯物主义世界观经历了一个漫长的发展过程。唯物主义共同的前提是从物质世界本身理解物质世界，排除了在物质世界之外有神或某种精神性的存在作为世界的主宰。实践和科学的发展证实了唯物主义一元论的正确性。

然而，“物质”本身又是什么呢？对“物质”的理解，唯物主义本身也经历了一个长期的发展过程。大体说来，古代的朴素唯物论、近代的形而上学唯物论和马克思主义的辩证唯物论，代表了人类对“物质”的哲学认识由低级到高级、由片面到全面的三个发展阶段。

(一)古代朴素唯物主义的物质观

公元前6世纪，古希腊出现了第一个唯物主义学派，即伊奥尼亚学派，这个学派提出了最初的物质观。当时人们在生活的实践中已经懂得，植物种子撒到地里就会发芽，长成一株植物，动物死亡后就变成发臭的腐烂物。人们虽不了解各种转化的细节，但他们看到在变化的过程中，具有某种性质的物体消灭后，紧接着就产生了另一种性质的物体，由此就提出了这样一个问题：在变化的过程中，是不是性质变了而某种“基质”仍保存着呢？他们认为无限多样的自然现象有一个共同的基础，万物由它产生，万物毁灭之后又回到它之中，他们称这个东西为“始基”，并努力探索这个始基是什么以及如何转化成万物的。

伊奥尼亚学派的创始人泰勒士认为，“水”是万物的始基，万物都是由其演化而成的。“水”是西方哲学史上第一个物质概念。泰勒士的学生阿那克西曼德认为,“无限”是万物的始基,它是一种混沌状态的具体物质,没有固定的边界,没有固定的性质和固定的形态,在它内部蕴藏着一种对立倾向,能生化一切。他说:“对立物蕴藏在基质之内,基质是一个无限体,从这个无限体中分离出对立物。”“对立物”就是冷和热、湿和干等,这些对立物的相互作用,便产生了世界万物。另一个哲学家阿那克西米尼认为,“万物的始基是无限的空气”,一切物体都是空气的变形,火是稀薄化了的空气,水是浓厚化了的空气,土和石头是更加浓厚化了的空气。伊奥尼亚学派物质观的总结者赫拉克利特认为,“火”是万物的始基。他说:“这个世界对一切存在物都是同一的,它不是任何神所创造的,它过去、现在、未来永远是一团永恒的活火,在一定分寸上燃烧,在一定分寸上熄灭。”

伊奥尼亚学派的共同观点是:万物的始基是某种可感知的具体物质,万物就是这种原始物质的各种变形。这种观点具有朴素的唯物主义和辩证法思想,但它的缺陷是把物质本身与具体物质形态混同起来了,没有达到科学的抽象,也缺乏科学的论证。

中国古代有“五行说”“阴阳说”和“八卦说”。“五行”观念在西周初期就已出现。“五行”就是金、木、水、火、土,“一曰水,二曰火,三曰木,四曰金,五曰土。水曰润下,火曰炎上,木曰曲直,金曰从革,土爰稼穑”,较早的资料主要保存在《左传》《国语》《尚书·洪范》等书中。

战国时代“五行说”颇为流行,并出现了“五行相生相胜”的原理,即“木生火,火生土,土生金,金生水,水生木”,“水胜火,火胜金,金胜木,木胜土,土胜水”等,这些观点具有朴素唯物主义和自发辩证法因素。“五行说”虽被后来的唯心主义哲学思想家神秘化,但它的合理因素一直被保存了下来,对中国古代天文、历数、医学的发展起了一定的作用。

“阴阳说”中阴阳的最初意义是指日光的向背,向日为阳,背日为阴,古代思想家看到一切现象都有正反两方面,就用“阴阳”这个概念来解释自然界两种对立和相互消长的物质势力。如西周末年伯阳父认为,“阳伏而不能出,阴迫而不能蒸,于是有地震”。《老子》一书中说,“万物负阴而抱阳”,肯定阴阳是事物本身固有的。《易传》的作者则进一步提出,“一阴一阳谓之道”,把阴阳交替看做宇宙的根本规律。

“八卦说”取自然界的八种东西作为世界的本原,这八种东西是天

(乾)、地(坤)、雷(震)、风(巽)、水(坎)、火(离)、山(艮)、泽(兑),两两分别组合,就构成了 64 卦 384 爻。“八卦说”较好地解释了世界的多样性。

中国的“五行说”“阴阳说”以及“八卦说”也是从具体的物质形态来给物质下定义的,同样具有朴素的性质。

古代的朴素唯物主义物质观对客观世界寻根究底,试图从自然本身探究其本原,从而说明世界的物质性,这在本质上是正确的。但是,它把世界万物归结为某一种或几种具体的物质形态,只是一种可贵的猜测,缺乏科学依据,并没有真正揭示物质的本质,也很难解释物质世界的无限多样性。

(二) 近代形而上学的物质观

到了近代,随着资本主义经济和自然科学的发展,形成了形而上学的物质观。19 世纪以前的自然科学揭示,自然界各种物质都是由不同的元素组成的,元素是组成化合物的基本单位,而各种元素的分子又可以进一步分解为原子。原子是当时科学认识已经达到的关于物质结构的最深层次。人们由此认为,原子就是最小的物质单位,各种元素的原子既不能分割,也不能相互转化,原子的属性,如质量不变、广延性、不可分性,被看成是一切物质形态的不变的属性。形而上学唯物主义的物质观以此为根据,把当时自然科学对物质的认识照搬到哲学中来,认为原子是世界的本原,物质就是原子,原子的特性就是物质的特性。

同朴素唯物主义相比,形而上学唯物主义的物质观是以一定的自然科学的材料为根据的,克服了自发的猜测的性质,并以此来解释世界的物质性,反对宗教唯心主义。总的来说,这是一个进步,是唯物主义物质观的发展和深化。但是,由于科学发展水平的限制和缺乏辩证思维,它仍然存在着很大的局限:一是机械性。它用机械力学解释一切事物和现实,把一切运动形态归结为机械运动。如霍布斯认为,人就像一架机器,心脏就像上足的发条,神经是游丝,关节是齿轮等等。二是形而上学性。用孤立、静止、片面的观点看待世界,否认事物的内在矛盾是事物发展的动力。三是不彻底性。它没有把唯物主义贯彻到底,自然观是唯物的,但历史观是唯心的。因此,形而上学唯物主义的物质观既经不起自然科学进一步发展的检验，也经不起唯心主义的进攻。

（三）辩证唯物主义的物质观

在人类对世界本原问题的探索过程中，马克思主义哲学坚持世界本原问题上的唯物主义路线，依据实践和科学的发展，制定了科学的哲学物质范畴。

早在 19 世纪 80 年代，恩格斯就对物质观作了科学的说明。他指出："实物、物质无非是各种实物的总和，而这个概念就是从这一总和中抽象出来的。"从而说明"物质"作为哲学范畴，它是对各种具体实物共性的概括。

列宁在新的条件下，总结了 19 世纪末到 20 世纪初的自然科学新成就，特别是原子中有原子核和电子等更小的物质微粒，电子的质量随着速度的变化而变化，某些元素在一定条件下会转化为另一种元素等新的科学发现，制定了辩证唯物主义的物质概念。列宁在批判"原子非物质化""物质消失了"的错误观点时，给"物质"下了科学的经典性的定义："物质是标志客观实在的哲学范畴，这种客观实在是人通过感觉感知的，它不依赖于我们的感觉而存在，为我们的感觉所复写、摄影、反映。"这就是说，物质是不依赖于意识又能被意识反映的客观存在，物质的根本特性是客观实在性。列宁关于物质的范畴，也就是辩证唯物主义的物质观，包含了极其丰富的内容，具有多方面的意义。

首先，它指明了物质对于意识的独立性、根源性，意识对于物质的依赖性、派生性，肯定了世界只有一个本原即物质，坚持了唯物主义的一元论，同二元论和唯心主义一元论划清了界线。

其次，它指明了物质是客观实在的，但同时人们能够通过意识去把握物质，人们不仅可以通过感觉感知世界的现象，而且可以通过思维把握世界的本质。由于科学技术条件的限制，目前还有许多难以感知的事物，这并不意味着它们是不可以认识的，随着实践和科学的发展，它们迟早必定为人们所认识。世界上只存在着尚未认识的东西，根本不存在不可认识的东西。这就坚持了彻底的可知论和唯物主义的反映论，同不可知论划清了界限。

最后，它在千差万别、丰富多彩的物质具体形态和具体属性中把"客观实在”作为物质的共性，在人类对物质结构认识不断深化的过程中，坚持“客观实在”这一物质的“永恒特性”，克服了旧唯物主义物质观的局限性。马克思主义以前的朴素唯物论，把哲学上的物质范畴归结为某一种或几种具体的物质形态，形而上学的唯物主义又把它归结为某些永恒不变的具体物质的具体属性，因而经不起实践和科学发展的考验，抵挡不住唯心主义的进攻。列宁的物质范畴坚持了辩证的、历史的物质观，从而克服了旧唯物主义物质观的直观性、机械性和自我封闭性。

马克思主义关于世界统一于物质、物质是客观实在的观点，正确地揭示了包括自然、社会和人在内的各种各样的物质形态的共同本质，对我们认识世界、改造世界有十分重要的方法论意义。世界上的各种事物，不管简单还是复杂，低级还是高级，大到宇宙天体，小到基本粒子，从无机物到有机物，从无生命到有生命，从动物到人，这些形形色色、纷繁复杂的事物是如何生成、联系、转化的，即如何统一起来的，只有从世界物质统一性的原理出发才能得到科学的解答。世界上的任何一种事物，不管具体特点如何，其实都是物质的一种具体形态，它们所具有的本质共性是客观实在性，它们是按照物质本身所固有的规律生生不息地运动、发展和相互转化的，并不断由低级形态生成和发展出高级形态，由此才形成了自然、社会和人相统一的整个世界。

现代科学的发展证明了辩证唯物主义物质观的正确性，证明了世界的物质统一性原理。现代科学表明，物质具有极为丰富的形态、极为复杂的结构和极为多样的特性。原子以及原子核的可破坏性和可变性早已成了最普遍的常识，组成原子的基本粒子也是可变的和不可穷尽的。目前所发现的300多种基本粒子，虽然有各自的特性，但它们不是各不相关、互相隔绝的，而是互相作用、互相转化的。从最基本的物质形态来看，物质不仅具有实物形态，还有非实物即场的形态。实物是以间断方式存在、具有有限静止质量的物质形态，如质子、中子、电子以及由它们组成的原子等，场则是以连续方式存在的物质形态，它不具有静止质量，如电磁场、核力场、引力场等。实物和场具有不同的性质，实物粒子具有间断性、并存性，相互之间有明确的界面，场则具有连续性、叠加性，可以相互重叠，弥漫整个空间。

目前发现的基本粒子都有自己的“反粒子”，如与质子相对应的“反质子”、与中子对应的“反中子”和与电子对应的“正电子”。人们便由此推论,宇宙中可能会存在由反粒子组成的“反物质”以至“反宇宙”,同时宇宙中存在着能发光的物体和不发光的“暗物质”。1986 年 6 月 2 日,由美国发现号航天飞机携入太空的阿尔法磁谱仪,对“反物质”和“暗物质”进行了大规模探测。然而,无论是“实物”还是“场”,无论是“物质”还是“反物质”,无论是“发光的物质”还是“暗物质”,都只是自然科学的具体物质结构学说,它们都是不依赖于人的意识的客观实在。总之,世界的物质形态既具有多样性,又具有统一性。世界的真正统一性在于它的物质性。

二、意识是物质的产物

物质是现实世界的统一基础,物质世界发展到一定阶段上,产生了意识这一地球上最美丽的花朵。

(一) 意识的起源

1. 意识是自然界长期发展的产物

意识不是从来就有的,而是自然界长期发展的产物。科学研究证明,银河系大约有 150 亿年的历史,地球的年龄在 45 亿年以上。在很长一段时间内,地球上只存在无生命的物质,没有生命,更没有人类,因而也就没有意识。

大约在 30 亿年以前,地球上出现了生命,然后,经过几十亿年的进化发展,产生了人类。考古发现,人是在 300 万年以前才诞生的,有了人,才有人的意识。意识的产生经历了长期复杂的辩证发展过程,大致有以下几个发展阶段。

(1) 从无生命物质的反映特性到低等生物的刺激感应性。意识是物质发展的最高产物,物质从其自身中产生出能思维的生物,这是物质的本性。正如恩格斯所说:“物质从自身中发展出了能思维的人脑,这对机械论来说,是纯粹偶然的事件,虽然在这件事情发生之处是一步一步地决定了的,但是事实上,进一步发展出能思维的生物,是物质的本性,因而这是在具备了条件(这些条件并非在任何地方和任何时候都必然是一样的)

的任何情况下都必然要发生的。”是什么力量使无机界发展出生命现象呢？这是物质自身矛盾运动的结果。列宁说:“假定一切物质都具有在本质上跟感觉相近的特性、反映的特性,这是合乎逻辑的。”

物质世界充满着矛盾,宇宙万物永远处在普遍联系和相互作用之中,对于作用与被作用双方都会留下“痕迹”,所以相互作用必然导致反映。如小孩玩皮球,球对地面有一个作用力,地面对球有一个反作用力;漓江风光是美景之一,是水对于日光的物理反应;日常用的铁器生锈,是铁对于水和空气的化学反应;石头的风化则是石头对空气、阳光、水分等机械的、物理的以及化学的反应;等等。这说明,自然界的一切物体都具有某种能以一定状态回答环境影响的固有属性或功能,即物质的反映特性。

无生命物质的长期发展产生了生命,出现了生物有机界。与此同时,物质的反映特性也发生了质的飞跃,出现了生物的特殊的反映形式。生物反映形式在植物和原生动物那里表现为刺激感应性。所谓刺激感应性,是指生物对外界环境的变化和作用的应答能力。含羞草,只要受到轻微的触动,它的叶子就会低垂;植物生长需要阳光、水分等条件,因而它们的枝叶就朝着向阳的方向伸展,它们的根就扎向有水分的地方,向日葵就是明显的例子;变形虫游近食物而避开酸碱;等等。这些都是刺激感应性的表现。这种刺激感应性已不是简单的、机械的、物理的和化学的反应,而是包含了感觉的萌芽,感觉是在刺激感应性的基础上发展起来的。

(2) 从低等生物的刺激感应性到动物的感觉和心理。生物从简单到复杂,由低级向高级不断发展,生物的反映形式也越来越高级,越来越复杂。在原始单细胞那里只有简单的反映,以整个驱体作出反映;在多细胞动物那里,细胞已有明显的分工,有的执行感觉,有的执行运动,有的执行联系;在脊椎动物那里,已产生出神经管;在两栖动物那里,听觉、嗅觉、视觉器官已比较发达;在爬行动物那里,已出现了大脑皮层;在哺乳动物那里,大脑已出现了沟回,出现了感觉。

在感觉基础上出现了动物心理。动物心理不仅包括感觉和简单的动机,而且包括知觉、表象和情绪,已具有初步综合和分析的能力。如一只“汪汪”咬人的狗,看见人弯腰摸地会调头逃跑。马戏团里各种动物的表演,概属此类。动物发展越高级,所处的环境越复杂,其大脑也就越发达,而且动物心理和行为对大脑的依赖性也越大。

科学实验证明，生活在丰富多彩环境中的老鼠，比生活在单调环境中的老鼠大脑重量增加，脑皮质加厚，化学结构也不同，说明动物的智力变化与生理变化是相联系的。随着动物的发展，大脑越来越发达，大脑的作用也越来越重要。实验证明，切除大脑两半球后，青蛙的正常行为看不出有什么变化，而狗则完全变成了废物。

（3）从动物心理到人类意识的产生。动物心理不是人的意识。意识是与人和人类社会一同出现的。由猿进化到人，产生了更为复杂的人脑，人脑比动物脑更大，构造更加复杂，大脑皮层更厚，皱褶更多更深，皮层中的区域定位也更加精细，出现了动物所没有的“语言中枢”和“前额叶”等。人脑的出现是自然物质发展史上的伟大飞跃，从此出现了人所具有的高级反映形式——人类意识。

人的意识与动物心理有本质的区别。一是物质基础不同。动物心理是动物脑的属性、机能，人的意识是人脑的属性、机能。二是反映形式不同。动物只是通过感觉、知觉以具体形象的感性形式反映外部世界，人的意识主要是以抽象概念的形式，即理性的形式反映外部世界。前者是直接的，后者是间接的；前者不需要语言，后者则离不开语言。三是反映的内容不同。动物反映外部世界是出自本能，是适应周围环境的结果，它的感性直观的形式只反映事物的表面现象，贫乏而肤浅，没有预见性；而人类反映客观世界出自改造世界的实践需要，它的理性反映形式能深入到事物的内在规律和本质，它丰富且深刻，有预见性。

总之，动物没有意识，只有人才有意识；意识不是从来就有的，它是随着人类大脑的出现而出现的；大脑是自然界长期发展的结果，因而意识也是自然界长期发展的结果。

2. *意识是社会劳动的产物*

1920 年，印度两个由狼养育大的女孩被一位牧师救了出来。当她们刚被发现时，她们只能像狼一样用四肢奔跑，不会直立走路，不会说话，只能发出像狼一样的嗥叫。当时推断大女孩的年龄约有 8 岁。小女孩阿玛拉 1 年后死去。大女孩卡玛拉活了 9 年，由牧师对她进行了人的发育的各种训练。结果 3 年后，卡玛拉才能站立起来，在语言方面，她只能说一些简单的单词。卡玛拉 17 岁那年死去。狼孩的事实说明，意识不仅是自然界长期发展的产物，而且是社会劳动的产物。

（1）在从猿转化为人的过程中，劳动起了决定性的作用，在一定意义上说，劳动创造了人本身。动物为了生存去适应环境，人为了生存和发展不是单纯适应环境、等待大自然的恩赐，而是去改造环境，使周围环境变得适合自己的需要，生产劳动就是改变环境的基本手段和基本活动。由于劳动需要手的解放，于是在古猿那里偶然的直立行走变为必然的、经常的现象。

（2）劳动和语言推动着猿脑变成人脑。语言也是在劳动中产生的。在劳动中，由于协同动作和交往的迫切需要，由于表达胜利的喜悦和危机时的求援的需要而产生了语言。恩格斯说："这些正在形成中的人，已经到了彼此间有些什么非说不可的地步了。需要产生了自己的器官：猿类不发达的喉头，由于音调的抑扬顿挫的不断增多，缓慢地然而肯定地得到改造，而口部的器官也逐渐学会了发出一个个清晰的音节。"语言的产生，使大脑能够用词来概括各种感觉材料，进行抽象思维活动，并使人类获得了交流思想的工具，从而推动了意识的发展。

（3）在劳动和语言的推动下，猿脑变成了人脑，并随着劳动的进步而日益完善，容量日益增大，结构日益复杂，为意识的产生和发展提供了物质基础。

（二）意识的本质

1. 意识是人脑的机能

人脑之所以产生意识，与人脑这一特殊的物质有关。人脑的重量大，脑与身体的比重也大。人脑的绝对量大大超过其他高等动物的脑量，黑猩猩的脑量大约 400 克，大猩猩的脑量大约是 540 克，猿人的脑量为 850～1000 克，现代人的脑量约为 1500 克。当然，有的动物脑量比人脑大得多，但脑量与身重的比例却很小。人的脑重约为体重的 1/50，黑猩猩约为 1/150，大猩猩则为 1/500，大鲸是 1/10000。

人脑之所以产生意识，还与脑细胞的高度分化和严密的脑组织有关。人脑皮层的沟回深，皱褶多，面积大，神经细胞多。大脑皮层约 3 厘米厚，面积 2600 平方厘米。人脑由两个半球组成，中间由胼胝体等神经束连合。人脑两个半球功能对人体运动和感觉的管理是交叉的，左半球具有语言、抽象思维、数学计算和形成概念的能力，而右半球则具有图像感觉、几何空间作用、音乐感知等形象思维的能力。

人脑具有复杂的“等级式”结构。人的大脑由100亿~150亿个神经元组成,神经元与人体其他细胞有相同的物质基础和基本结构,同时它又独具特征,而且核糖核酸的含量比任何其他类型的细胞都丰富得多。人脑是由神经元所组成的复杂网络,具有“等级式”的结构。简单的分析、综合和调节行为的职能,由神经中枢的低级部分——脊髓、延髓、中脑和间脑执行。更简单的反映是由脊髓、周围神经系统和各器官分别作出的。最复杂的心理和意识活动由大脑执行。

人脑是意识活动的器官。脑科学证明,意识活动是人脑神经细胞传递生物电,处理信息的过程。客观事物和现象作用于人的感官,刺激了神经末梢,就产生了脉冲生物电,脉冲生物电信息沿神经系统传导到大脑,经过信息加工和处理,然后沿着传出神经传到相应的人体器官,这种神经细胞输入和输出信息的过程,就是人脑意识活动的基础。

现代科学还证明,只有在正常的人脑神经活动过程中才出现人的正常心理和意识活动。如果大脑皮质严重受损,人就会变成白痴;如果出现血液循环障碍,大脑皮层供氧中断,人就会完全失去知觉。可见,没有正常的、健全的大脑,人就不能进行正常的意识活动。

意识活动的生理基础是人脑神经系统的反射活动。现代生理学研究证明,人脑产生意识的过程是在反射基础上进行的,反射分为无条件反射和条件反射两大类。无条件反射是动物对外界环境作用的一种生而具有的反射,它是由遗传而来的本能,不需要后天的学习。条件反射是在无条件反射的基础上,由动物活动自身的经验而建立起来的,是后天形成的,是学习得来的。它与无条件反射不同,不是某种特定的现实刺激物直接引起的相应的反射活动,而是动物对代表某种现实刺激物的具体“信号”的回答。

例如,狗对食物有本能的反映,引起大脑中有关部分的兴奋,分泌唾液。狗对铃声也有本能的反映,引起大脑的兴奋,使之警觉。在实验条件下,每次给狗喂食都给以铃声,经过多次反复,大脑中两个兴奋点接通,铃声成为进食的“信号”。条件反射建立后,只要响铃就会引起狗的唾液的分泌。

俄国生理学家、心理学家巴甫洛夫,把这接受外部的具体刺激而引起的条件反射，叫做第一信号系统。这是人以外高等动物唯一的信号系统，是动物心理活动的生理基础。人除了具有第一信号系统外，还有第二信号系统。第二信号系统也就是信号的信号——语言和文字，人接受语言的刺激也能引起一系列的神经活动。第二信号系统是人独有的。

《三国演义》中"望梅止渴"的故事，就是利用语言刺激的生动例子。一次，曹操率领部队讨伐张绣，骄阳似火，天气热得出奇，行军的速度也越来越慢。曹操见此担心贻误战机，很是着急。可是，眼下几万人马连水都喝不上，又怎么能加快速度呢？曹操看了看前边的树林，沉思了一会儿，脑筋一转，办法来了，他快速赶到队伍前面，用马鞭指着前方说："士兵们，我知道前面有一大片梅林，那里的梅子又大又好吃，我们快点赶路，绕过这个山丘就到梅林了！"士兵们一听，仿佛梅子已经吃到嘴里，嘴里流出了唾液，也就不觉得渴了。士兵们顿时精神大振，步伐不由得加快了许多。这就是"望梅止渴"的故事。实际上士兵们并没有吃到梅子，而是受了语言的刺激而引起的一系列神经冲动。人脑在第一信号系统和第二信号系统基础上进行的心理活动和思维活动就是意识。

2. 意识是客观世界的主观映象

意识的内容是客观的。人脑好比一个加工厂，制造产品的原材料和半成品来自客观世界。人只有同外界打交道，使人的大脑同外界发生联系，经过加工制作，才会在头脑中形成关于它们的意识。所以，人脑是意识的物质基础，而外界才是意识的源泉。正如马克思所说："观念的东西不外是移入人的头脑并在人的头脑中改造过的物质的东西而已。"

意识的形式是主观的，而意识的内容是客观的，但意识并非客观世界本身，也不是客观事物直接进入意识，而是经过主观能动加工过的关于客观世界的形象、本质和关系等，即对客观世界的反映。

正确的意识是对客观世界的反映，错误的甚至荒唐的意识也是对客观世界的反映。鲁迅说得好："天才们无论怎样说大话，归根结蒂，还是不能凭空创造。描神画鬼，毫无对证，本可以专靠了神思，所谓'天马行空'似的挥写了，然而他们写出来的，也不过是三只眼、长颈子，就是在常见的人体上，增加了眼睛一只，增长了颈子二三尺而已。"

宗教是对世界虚幻的、歪曲的、颠倒的反映，是荒唐的意识形式，在现实世界中都可以找到它的原型，各种不同宗教的上帝、佛祖、真主、天尊等形象以及它们的对立面——妖魔、鬼怪,都不过是人或动物形象的奇异化、美化或丑化而已。天上神的关系、秩序、制度等,不过是人间社会关系、秩序和制度的缩影。某些神的形象是现实世界许多人和物的综合原型。外国的神与中国的神不同,中国的神像中国人的样子,外国的神像外国人的样子,这说明是人按照自己的形象造了神。一切意识现象都是客观世界的反映,意识的内容是客观的,离开了被反映的客观世界就没有反映。

(三)意识的结构

意识有两大要素,即意识到的对象和意识着的主体。意识到的对象,是意识的主要来源和内容。任何意识总是关于某物的意识,不涉及对象的意识只能是"虚无",离开对象谈意识,只能导致主观唯心主义。意识着的主体是意识的生产者。离开主体谈意识,只能导致客观唯心主义和宗教神秘主义。

意识的结构,就是"意识到的对象"与"意识着的主体"之间的特定关系。由于这一关系是多方面、多层次的,因此,可以从不同角度对意识的结构加以分析。

从意识的主体上看,可分为个人意识和群体意识。个人意识是由个人的社会地位和实践活动决定的、对客观存在的具有个性特点的反映。如《红楼梦》里,同样居住在大观园里,宝玉、黛玉、宝钗在个人性格、修养和志趣上就有很大的不同。群体意识则是由特定群体的社会地位和群体实践决定的、对客观存在的反映,它又可以细分为团体意识、职业意识、阶级意识、民族意识以至人类意识。

从意识的具体内容上看,可分为知、情、意三种形式。知即知识,是对客体本身及本质和规律的反映;情即情感,是人对存在的主观感受和心理体验;意即意志,是服务于某种目的的执著追求和自我控制力。这三者既相区别又相联系,在日常意识中往往是混沌一体的,在高级的意识形式中,则比较明晰地分化开来,并以系统化的形式表现为真、善、美,其统一被视为人类追求的最高境界。

从意识的水平上看,可分为潜意识(无意识)和显意识、日常意识和意识形式。潜意识是没有意识到的意识,如本能的欲望和反映,脑海里先前的意识,非自觉的情感体验,不由自主的心理活动,模糊不清的认识和反映,未加注意和控制的情绪态度,在睡眠或梦境中自觉意识失控状态下的心理活动等,都是潜意识的不同表现。显意识则是明确意识到并受主体自觉控制的意识,如努力完成学习任务,接受一项具体工作,都是当事人明显感觉到的。日常意识是人们在日常生活中自发形成的、处于感性阶段的意识,包括常识和社会心理。意识形式则是系统化、理论化或观念化的意识,包括科学知识和各种具体的社会意识形式。

社会意识形式又可分为两种基本类型:一类是属于上层建筑的社会意识形式即社会意识形态,是对一定的经济基础以及由经济基础所决定的政治制度的反映,是社会经济、政治制度在意识中的表现。它包括政治法律思想、道德、宗教、艺术、哲学等大部分社会科学。另一类是非上层建筑的社会意识形式,包括自然科学、技术科学以及社会科学和思维科学中的某些管理科学、语言学、形式逻辑等。

(四) 意识的能动作用

1. 自觉能动性是人区别于动物的根本特点

具有自觉的能动性是人区别于动物的根本特点。正因为人有能动性,人在整个物质世界当中才具有特别的地位和意义,人才不仅仅是自然界的一部分,而且还从自然界中区分出了人类社会。人正是通过社会,以实践的方式,同自然界发生关系,创造着自身的历史。可见,人类产生以后,由自然、社会和人所构成的物质世界,所有的关系都和人联系着,实际上都和人的能动性联系着。人的能动性,又叫自觉能动性或主观能动性,是人类特有的能力。

我国古代有女娲补天、精卫填海、夸父追日等故事。这些故事表达了古人对人的精神和能力的向往与追求,他们希望人能够通过努力改变自己在自然中的地位,摆脱自然环境对人的压迫。

战国时期的荀子提出"制天命而用之",认为歌颂天、迷信天不如利用自然规律,发挥自己的能力,改变自己的命运。2500 多年前的李冰父子率领蜀人"深淘滩,低作堰",治水害,兴水利,修建了举世闻名的都江堰水利工程,至今仍造福着天府之国。今天,我们正在"截断巫山云雨",要让"高峡出平湖"。人们还希望建设"数字化地球"。可见,人不仅能认识世界，还能够改造世界。在世界的万物当中，只有人是具有能动性的物质。

人的能动性表现为“想”和“做”。人与客观世界，是一种认识与被认识、改造与被改造的关系，是一种实践关系。人的活动无非是“想”和“做”。“想”就是动脑筋去认识事物、了解事物；“做”就是通过实践去改造事物、创造事物。正如毛泽东所说，一切事情是要人做的，做就必须先有人根据客观事实，引出思想、道理、意见，提出计划、方针、政策、战略、战术，方能做得好。思想等是主观的东西，做或行是主观见之于客观的东西，都是人类特殊的能动性。这种能动性，我们名之曰“自觉的能动性”，是人之所以区别于物的特点。

2. 意识的能动作用的表现

北宋时有一个著名的画家，名叫文同，是当时画竹子的高手。文同为了画好竹子，不管是春夏秋冬，也不管是刮风下雨，或是天晴天阴，常年不断地在竹林子里头钻来钻去。由于文同长年累月地对竹子作了细致的观察和研究，竹子在春夏秋冬四季的形状有什么变化，在阴晴雨雪天竹子的颜色、姿势又有什么两样，在强烈的阳光照耀下和在明净的月光映照下竹子又有什么不同，不同的竹子又有哪些不同的样子，他都摸得一清二楚，所以画起竹子来，根本用不着画草图。有个名叫晁补之的人，称赞文同说，文同画竹，早已胸有成竹了。“胸有成竹”的故事生动地说明，意识是人脑对物质的反映，人的意识对物质具有能动的反作用。

毛泽东在谈到战争问题时曾指出：“战争的胜负，主要地决定于作战双方的军事、政治、经济、自然诸条件，这是没有问题的。然而不仅仅如此，还决定于作战双方主观指导的能力。军事家不能超过物质条件许可的范围外企图战争的胜利，然而军事家可以而且必须在物质条件许可的范围内争取战争的胜利。军事家活动的舞台建筑在客观物质条件的上面，然而军事家凭着这个舞台，却可以导演出许多有声有色威武雄壮的活剧来。”

意识的能动作用具体表现为以下几方面：

(1) 意识赋予人的活动以目的性和计划性。人与动物不同，动物是本能地活动，是无意识的，而人认识和改造世界，总是从一定的需要出发，抱有一定的动机和目的，总要预先确定活动的方案、方法和步骤。马克思曾经说过:"蜘蛛的活动与织工的活动相似。蜜蜂建筑蜂房的本领使人间的许多建筑师感到惭愧。但是,最蹩脚的建筑师从一开始就比最灵巧的蜜蜂高明的地方,是他在用蜂蜡建筑蜂窝以前,已经在自己的头脑中把它建成了。"

1986 年,王大珩、王淦昌、杨嘉墀、陈芳允四位老科学家提出了要跟踪世界先进水平,发展我国高新技术的建议。邓小平两天后就作了批示:"宜速决断,不可拖延。"经过广泛、全面和极为严格的科学技术论证后,中共中央、国务院批准了《高技术研究发展计划纲要》。这个计划在对中国未来经济和社会发展有重大影响的生物技术、航天技术、信息技术等 7 个领域,确立了 15 个主题项目作为突破重点,以追踪世界先进水平。这就是"863"计划。"863"是中国高科技的一面旗帜,自实施"863"计划以来,我国在生物、信息、自动化、新材料、能源和海洋技术等领域以及超导、信息安全等方面取得了丰硕成果。"863"计划的实施和已经取得的成功,突出地体现了人的能动性。

(2) 意识活动本身是一个创造性过程。动物对外界的反映是肤浅的、表面的,而人具有动物所没有的理性认识能力,不仅能够反映事物的现象,而且能够透过现象把握事物的本质和规律。同时,人的感性意识也与动物不同,它为理性所渗透,受理性所指导,因而,意识不仅可以"复制"现在,而且可以追溯过去、预见未来,创造一个理想的或幻想的世界。

(3) 意识通过实践对客观世界的改造作用。意识的能动性不仅在于能动地反映现实,更重要的在于能动地指导实践,并通过实践转化为现实。在这个意义上,正如列宁所说,"人的意识不仅反映客观世界,并且创造世界"。

(4) 意识通过自身和实践活动对人本身的改造作用。人们在认识和改造客观世界的同时,也运用自己的"知""情""意"等去认识自我、体验生活、磨练自己,并在自我意识的指导下,不断强壮自己的体魄,调整自己的心理,培养自己的能力,规范自己的行为,塑造自己的品格,向着全面发展的目标努力。

(五) 意识与人工智能

目前,电脑的作用在现代生活中越来越大,功能越来越强。于是,有人提出疑问:电脑能不能在整体上完全超过或取代人脑?这就是意识和人工智能的关系的实质。问题的焦点集中于电脑能否产生意识。对这个问题,主要有两种看法。一种认为电脑会赶上并超过人脑,人类将会受由电脑控制的机器人的奴役;另一种看法认为,电脑不可能在整体上超过人脑,也不能完全取代人脑。

人工智能的实质是对人的思维信息过程的模拟。模拟有结构模拟和功能模拟两种方式。人脑是一个极端复杂的系统,现代科学目前尚不可能对其进行结构模拟。人工智能,实际上只是对人脑思维的功能模拟。由于人的思维是以人脑的生理活动为基础的一种精神活动,因而对人脑思维的功能模拟也包括两个方面。

首先,根据电脑机器装置的物理运动,从功能上模拟人脑的神经细胞的生理活动。人脑的神经细胞通过神经脉冲,传递“兴奋”和“抑制”两种状态;电脑则利用电脉冲,以“接通”和“断开”两种状态,采取“1”和“0”的二进制方式对这种传递加以模拟。

其次,根据电脑的信息过程,从功能上模拟人脑的精神活动。可以把人脑的思维过程和机器处理信息的过程分为五个相应的部分:一用机器的输入器模拟人的眼、耳、鼻、舌、皮肤等感官,接受外界的信息;二用机器的存储器模拟人脑对信息的记忆功能,把已接收的信息积累起来,以供随时使用;三用机器的运算机模拟人脑对信息加工、分析、处理的过程;四用机器的控制器模拟人脑的调节、指挥作用,以调节各方面信息,指挥各项指令正常进行;五用机器的输出模拟人的效应器官,用以输出信息。

人工智能的出现,是人类文明史上具有划时代意义的发现,其重要意义表现在以下几方面。

(1) 人工智能极大地突破并弥补了人脑在意识方面的局限性,发展了人的意识活动本身的能动性、创造性。电脑具有惊人的“记忆力”、敏捷的运算速度、精确的逻辑推理能力,它克服了人脑在接受和处理信息速度上的局限性、存储和记忆上的局限性、意识活动过程中的可靠性和精确性上的局限性,以及人脑思维活动在空间和功能上的生理局限性,从而有力地延伸和扩展了人脑的意识活动功能。它还进一步代替和超越了人类的部分思维能力,使人类可以超出那些机械性的、重复性的脑力劳动,把主要精力转移到更加富有创造性的思维活动上去。

(2) 人工智能不仅是人类意识的扩展,而且是人类实践的器官,它极大地发展了人类改造客观世界的能力。人工智能表明,人类已经从开始直接使用自己躯体作为劳动工具,发展到制造工具,到如今已经是开发和运用电子计算机对人脑思维的模拟了。它的出现,使人类改造客观世界的物质手段进入到了全盘自动化的阶段,使人类进入所谓"3C"(通讯化、计算机化、自动控制化)和"4A"(农业自动化、工厂自动化、办公室自动化、家庭自动化)时代,迅速地改变着自然、社会和人类本身的面貌。

(3) 人工智能造成了人类意识新的存在形态和进化方式。人工智能使意识脱离了狭隘的生理基础和"自然的"语言文字,"人工语言"和符号系统成了人类意识新的存在形式。如此,一方面创造了一个既不同于单纯的客观世界也不同于单纯的主观世界的"第三世界",或称做虚拟世界;另一方面极大地发展了人类的特有遗传方式——文化的遗传,并使用文化传递和传播的载体由实物进一步发展为"人工语言"——"符号的符号"。

我们在充分认识人工智能作用的同时,也要认识到人工智能是人脑思维的模拟,它同人的思维具有本质的区别:

人工智能不具有人类的心理素质。人类意识是物质世界长期发展的产物,是人类在生理基础上的心理过程,是由人类的情感、直觉、想象、猜测等心理活动所构成的精神世界。机器思维是人们利用电子管、晶体管、集成电路等电气元件和线路所组成的机械的、物理的装置,并用软件方法等模拟人的思维活动。机器思维不是人类的精神活动,而是无意识的、机械的、物理的过程。

人工智能不具有社会性,人类意识是社会的产物,具有社会性,人在行动时要考虑到由此引起的这样或那样的效果。人工智能只执行特定的指令,并不探求任务本身的社会意义,不会考虑到社会后果。

人工智能不具有人所特有的创造性。电脑有巨大的"记忆"容量,但是它不会自动地提出问题,而且它对问题的解决是机械的,只是在逐一查对了一切可能途径之后,最后才找到正确的答案。人类思维在于能够主动提出问题,进行发明创造。人类记忆也有一个不同于机械装置的按意义去进行记忆的系统,无须回忆全部信息就可以找出所需要的答案。

人工智能不具有主体性。电脑以它惊人的"记忆力",敏捷的运算速度,精确的逻辑判断能力,可以代替甚至超过人类的部分思维能力,但是,电脑只能接受人脑的“指令”,必须由人预先把思维过程加以形象化和符号化,以一定的信息输入电脑,它才能工作。两者的程序总是人脑的思维在前,电脑的功能在后。人类意识随社会实践的发展而日新月异,每当人类把新知识输入电脑时,更新的思想又会在人脑中萌发。可见,思维模拟并非思维本身,人工智能决不是本来意义上的人的智能。

因此,模拟思维不可能超越被模拟的真正思维。人类把“聪明”给予智能机器,智能机器又使人类更加聪明,人类同机器的关系永远是制造与被制造、支配与被支配、使用与被使用的关系,而不是相反。认为“思维机器”将会完全取代人脑甚至统治人类的论点是完全没有根据的。

三、努力做到实事求是

物质决定意识,意识对物质又有能动作用。物质与意识的辩证关系原理,要求我们正确处理好客观规律性与主观能动性的关系,做到一切从实际出发、实事求是。

(一)客观规律性与主观能动性的关系

人类自从诞生之日开始,就能动地改造着自然。人类的发展极大地增强了人类对自然的能动性。从农业文明到工业革命时期,人们从自然界获取了巨大的物质财富,人们用不断变化、发展的工具,创造着越来越多有利于人类生存和发展的物质产品。今天,我们面临的自然,几乎都深深打上了人的活动的烙印。因为人的能动作用,人们才获得了很多具有积极意义的成果。但是,在改造客观世界的过程中,由于认识的局限、错误思想的影响和短视的眼光以及对狭隘利益的追求,人们在发挥主观能动作用的同时,也对自然界造成了破坏,作出了许多盲目、幼稚的行为,如生态遭受破坏、空气遭受污染、水土流失等,人类正在受到自然界的无情报复,人与自然的矛盾日益严峻。

据报道,2007 年 6 月下旬,受长江上游泄洪影响,洞庭湖水位不断上涨,栖息在洞庭湖区 400 多万亩湖洲中的约 20 亿只东方田鼠,纷纷内迁到洞庭湖南部地区的湖南省沅江市、大通湖区、资阳区等地,它们四处打洞，啃食庄稼，这些地区约10万亩丰收在望的早稻等农作物受到啃食，数千亩良田因此绝收。当地政府组织专家和民众积极灭鼠，在洞庭湖畔开展了一场规模空前的“人鼠大战”，仅在大通湖区一地，人们就捕杀老鼠数百万只，总重达90吨。

从表面上看，洞庭湖南部地区的这场鼠灾，是因为洞庭湖水上涨，洪水泛滥这一天灾造成的，但实际上，这是当地自然生态被严重破坏的结果。我们知道，蛇和猫头鹰是老鼠最重要的天敌。科学资料显示，每条蛇一年可吃掉老鼠近400只，而猫头鹰的能力则更惊人，一只猫头鹰一晚可吃4只老鼠，一年可吃掉老鼠1500只以上。但由于受到一些地方饮食习惯的影响和利益驱动，蛇和猫头鹰被大量捕杀，导致多年来湖南地区老鼠的天敌急剧减少，并由此促成了老鼠的非正常衍生。可见，洞庭湖鼠灾可谓冰冻三尺非一日之寒，它是生态链长期遭受严重破坏的恶果。

今天，气候变化几乎吸引了全世界所有人的目光，因为它关系到生活在地球上的每一个人。南极冰盖的冰山融化速度加快了，沙尘暴来得比以往更猛烈了，极端恶劣天气越来越频繁了……我们脚下赖以生存的地球正在承受着气候变暖所带来的痛楚。

追根溯源，全球气候异常的罪魁祸首是过量排放的二氧化碳。随着工业化的快速发展，人类活动的加剧，煤炭、石油等化石燃料被大量使用，人们在创造巨大物质财富的同时，也制造了大量污染物和温室气体，导致气候变化问题越来越突出。愈演愈烈的温室效应和全球变暖，要求各国政府在经济社会发展中减少二氧化碳排放，同时也在呼唤地球上每一个人的“低碳生活”。

曾几何时，不少人过上了看似悠闲的“高碳生活”，生活中的陋习在悄然增加着地球的负担。曾经有一项名为“白领，你的名字叫环保杀手”的调查显示，参与调查的800人中，有619人坦承自己犯下了制造噪声、出行不离汽车、过度使用空调、爱使用一次性筷子、工作浪费纸张、点菜不注意分量、洗澡爱用盆浴等危害环保的“七宗罪”。

人类不能避免碳排放，但可以减少碳排放。在二氧化碳减排过程中，普通民众拥有改变未来的力量。做一名“低碳生活”的践行者，改变固有的生活习惯，是延缓全球气候变暖的迫切需要。“低碳”是趋势，是责任，也是目标。因为地球需要更长的寿命，我们和我们的子孙后代更需要这个地球。

顾名思义,“低碳生活”就是提倡每个人从日常生活的点滴做起,从自己的生活习惯做起,控制或者注意个人的二氧化碳排放量,从而为全世界“碳减排”目标作出贡献。选用节能灯,家里多养些绿色植物,少开些空调,多些步行少开车乘车,多爬楼梯少乘电梯……这样的“低碳生活”,不会给我们的生活带来不利影响,相反,随着“碳减排”,宜人的气候环境将会使包括自己在内的每个人受益。最后一个人离开房间时,随手关灯,关闭电源;换掉的鱼缸水,用来浇花;有计划地开车购物,尽可能一次购足……“低碳”离我们并不遥远,与我们的生活息息相关。空气污染、气候变化将会使越来越多的人成为“环境难民”。如果每个人都能从身边小事开始“低碳”,成为“环保达人”,这样既拯救了环境,拯救了地球,也拯救了我们自己。在结束了一天的工作和生活后,我们应当自问:今天,我“低碳”了吗?

可见,人是具有自觉能动性的动物,人的能动性通过人有意识、有目的地改造世界的活动体现出来。用正确的意识指导实践,就能在改造世界的活动中取得成功,促进事物的发展,为人类谋利益。用错误的意识指导实践,就会在改造世界的活动中失败,阻碍事物的发展,人类的利益也不可能得到实现。因此,人在实践中要处理好尊重客观规律与发挥主观能动性的关系。

1. 规律及其特点

客观规律是不以人的意志为转移的物质运动本身所固有的规律,它是事物的本质的、必然的、稳定的联系。

规律是事物的本质联系。客观世界的事物、现象和过程之间是普遍联系的,联系的形式又是多种多样的,但不是所有的联系都是本质的,都可以称之为规律。有许许多多的联系是非本质的联系,非本质的联系是不能称之为规律的。

列宁指出,“规律就是关系”,就是“本质的关系或本质之间的关系”。万有引力定律揭示了物质之间的引力相互联系,元素周期律揭示了元素的化学性质与原子序数之间的联系,生产关系和生产力状况相适应的规律揭示了物质生产的内容和形式之间的联系。这些定律或规律所反映的这些关系或联系都是本质的,即体现了事物本身所固有的、内在的根本性质和发展过程。

规律是事物的必然联系。规律所揭示的是事物必定如此、确定不移、不可改变的趋势。譬如，电磁感应定律揭示了电流变化引起磁场变化、磁场变化引起电流变化的必然联系。人类社会的发展过程也是一个必然的历史过程。科学社会主义揭示出来的社会主义一定要代替资本主义的规律，就是历史发展中的必然联系。俗话所说的“龙生龙，凤生凤，老鼠养儿会打洞”，也是对必然联系的生动描述。

规律是事物的稳定联系。规律是变动不居的现象中相对稳定和巩固的联系。规律的稳定性突出地表现为它的重复性。就是说，无论在什么地方、什么时候，只要具备了一定的客观条件，就必然会表现出某种特定的自然过程和规律，某种合乎规律的现象就必定会重复出现。例如，力学中自由落体运动的规律，并不是只适用于个别物体的、偶然的联系，一切物体在排除空气阻力的条件下，都必然以该地的重力加速度向地面下落，如果高度相同，必然同时落到地面，而与物体的重量和形状无关。又如，价值规律是一切商品生产的共同规律，任何一种生产，只要它是商品生产，商品的价值规律就必然起作用。规律性联系的稳定性、重复性，也表明了它的普遍性。

2. 规律的类型

按规律起作用的范围划分，可分为普遍规律和特殊规律；按其起作用的领域划分，可分为自然规律、社会规律以及思维规律。各门具体科学是以研究各种物质运动形式的特殊规律为对象的，哲学则是以整个自然界、社会和人类思维发展的最一般的最普遍的规律为对象的。

3. 规律的客观性

规律是客观的，具有客观性，一是指规律是物质本身所固有的，是不以人的意志为转移的客观存在；二是指人们既不能消灭规律，也不能创造规律；三是指规律不能违背，违背规律要受到惩罚。不管是自然规律、社会规律还是人类思维的规律，都是客观的。

中国古代的“拔苗助长”故事，是说一个人急于求成，想用拔高秧苗的办法促进庄稼的生长，违背规律办事，结果是事与愿违。同样道理，我们要想取得某一件事情的成功，就必须下功夫去研究其中的规律性。

规律不同于我们平常所说的一般规则。虽然合理的规则是对客观事物的正确反映,但它总是由人制定的,如果它不符合实际,可以修改和取消。规律则是客观存在的,它既不能创造,也不能人为地消灭。

4. 客观规律性与主观能动性的关系

一方面,尊重客观规律是发挥主观能动性的前提。规律是客观事物本身所固有的,它不以人们的主观意志为转移。不管人们是否认识到它,也不管人们的主观愿望如何,它都客观地存在着并发生作用。人们只能认识规律、利用规律,而不能制造规律、消灭规律、违背规律。例如,尽管历史上罗马教皇把哥白尼的"日心说"当做"异端邪说"加以打击,毁掉哥白尼的书,烧死布鲁诺,审讯伽利略,但是,这并不能改变地球等行星绕着太阳运转的事实和规律。

要正确地发挥主观能动性,必须尊重客观规律。尊重客观规律,才能发挥主观能动性。当人们还没有认识到客观规律之前,他们的行动只能是盲目的、不自由的,一旦人们认识了客观规律,按客观规律办事,就能在实践中获得主动权,取得成功。认清了客观规律,才能成为客观规律的主人。人们对客观规律认识得越深刻,越正确,就越能有效地发挥主观能动性。

人们在任何时候都不能无根据地胡思乱想、任意妄为,不可超越客观条件允许的范围来计划自己的行动,不可勉强去做那些经过努力还做不到的事情。

另一方面,认识和利用客观规律又要发挥主观能动性。客观规律是隐藏在事物内部的本质的必然的联系,要认识它也不是轻而易举的,只有充分发挥人的主观能动性,对客观事物进行反复的实践和科学的分析,才能认识规律、掌握规律。因此,认识和利用客观规律,改造客观世界的过程,也就是人的主观能动性充分发挥的过程。人在客观规律面前又不是消极无为的,人们不仅能够认识规律,还能够利用规律,指导自己的实践活动,改造世界,为自己服务。

(1) 人们能够对事物发展的趋势和方向作出科学的预见,指导自己的行动。事物的本质和规律深藏于事物的内部,往往是看不见、摸不着的。例如,我们每天看见太阳东升西落,似乎太阳绕地球旋转,而实际上是地球绕太阳旋转;我们只能看见熟透的苹果往下落,却看不见使其下落的万有引力。因此,只能通过发挥主观能动性,运用抽象思维才能把握事物的规律。一旦认识了事物的某种规律，就能对事物的发展作出科学的预见，大大提高实践的自觉性。

(2) 人们能够在认识客观规律的基础上，利用客观规律。规律就其客观性而言，本无利害、好坏之分，利害、好坏从来都是对人而言的。自然规律运用得好，就能给人带来巨大的益处；如果利用得不好，就可能形成巨大的祸害。

我国兴建的三峡工程，拦河大坝全长1983米，坝高185米，水电站总装机容量1768万千瓦。三峡工程的各种设施就是人们发挥主观能动性创造出来的新条件，它在防洪、发电、航运、灌溉等方面所起的作用对人民群众是极为有利的。

在实践中，由于人们对事物的复杂规律认识得不清楚，也有不少活动不但没有给人类带来有利的后果，反而造成了很大损失，这方面的教训我们也应当认真地总结和吸取。

(3) 人们可以通过改变或创造某些条件，限制某些规律发生破坏作用的程度和范围，变不利为有利。规律起作用需要一定的条件。在某些条件下，客观规律产生有利的后果，而在另外的条件下，客观规律可能对人产生不利的后果。人的自觉能动性表现在可以自觉地创造条件或改变某些条件，从而改变自然规律起作用的方式，使规律的发挥对人有利。比如洪水对人类有巨大的破坏作用，但人类可以通过利用规律修建各种拦洪、蓄洪、引水、调水的工程，不但限制了洪水的破坏作用，还可以变害为利，为人类造福。

总之，在客观规律面前，否认人的主观能动性，消极坐等、无所作为是不对的；否认客观规律性，不顾客观事实、客观条件，主观蛮干也是不对的。只有在尊重客观规律的前提下正确发挥人的主观能动性，人们才能有效地认识世界、改造世界，在实践中获得更大的自由。正如恩格斯指出的："自由不是在幻想中摆脱自然规律而独立，而在于认识这些规律，从而能够有计划地使自然规律为一定的目的服务。"

（二）从实际出发，实事求是

"实事求是"一词最早出现在我国东汉史学家班固写的《汉书》中，班固在这部书中称赞汉景帝的儿子刘德"修学好古，实事求是"。唐代颜师古对“实事求是”一词作了注解:“务得实事,每求真是也。”务得实事,指务必得到事物的客观情况;“每求真是”,指经常不断地追求“真是”,即客观事物内在的本质的联系。因此,“实事求是”本意是指严谨好学、务求真谛的一种踏实认真的治学态度。

毛泽东对实事求是作了辩证唯物主义的解释:“‘实事’就是客观存在着的一切事物,‘是’就是客观事物的内部联系,即规律性,‘求’就是我们去研究。”邓小平在回顾党的历史时曾说:“马克思、恩格斯创立了辩证唯物主义和历史唯物主义的思想路线,毛泽东同志用中国语言将其概括为‘实事求是’四个大字。”作为党的思想路线核心的实事求是,就是从客观实际出发,找出事物发展的规律,按规律办事。实事求是把唯物论、辩证法、认识论融为一体,是马克思主义哲学的精髓。

实事求是是马克思主义活的灵魂,是我们党的思想路线的核心内容,也是我们党永葆蓬勃生机的法宝。在各项工作中怎样才能做到实事求是,是一个永恒而又常新的课题,是认识的必由之路。从实际出发、实事求是,必须努力做到以下几方面。

1. 调查研究

要做到实事求是,首先要了解和掌握实事。了解和掌握实事,就必须深入实际,调查研究。毛泽东说,没有调查,就没有发言权;没有正确的调查,也没有发言权。

调查和研究是同一认识过程中的两个阶段:调查是获取感性材料,研究是加工感性材料并形成理性认识;调查是研究的前提和基础,研究是调查的继续和升华。调查和研究密切相联,不可分离。

陈云是无产阶级革命家,也是我们党坚持实事求是的楷模。他认为,坚持实事求是,就是要根据现状,找出解决问题的办法。首先要弄清事实,这是关键问题。政策的正确与错误,关系重大。难在弄清情况,不在决定政策,只要弄清了情况,不难决定政策。“从实际出发的关键是,从片面的实际出发,还是从全面的实际出发”,一定要把实际看完全,把有关的各种情况弄清楚,这才真正算是从实际出发。要做到这样是很不容易的。陈云说:“我们犯错误,就是因为不根据客观事实办事。但犯错误的人并不都是没有一点事实根据的,而是把片面当成了全面。”所以,“我们应该用百分之九十以上的时间去弄清情况,用不到百分之十的时间来决定政策”。

调查研究好比是“十月怀胎”，解决问题好比是“一朝分娩”。把调查研究工作做好了，才能够依据对“实事”的科学分析，制定出正确的方针政策，找出解决问题的办法，做好工作。相反，如果离开了调查研究，不了解“实事”，或者对“实事”若明若暗，闭着眼睛捉麻雀，最终只能得到失败的结果，坚持实事求是也只能是一句空话。坚持做好调查研究这篇文章，是我们的谋事之基、成事之道。

2. 解放思想

客观事物是不断发展的，社会实践是不断发展的，人的认识也需要随着实践的发展而发展，使思想认识符合变化了的客观实际。运动永无休止，实践永无止境，发展永无终点，认识真理不是一次完成的，旧的思想僵化解决了，新的思想僵化还会出现，所以解放思想不可能毕其功于一役。解放思想和实事求是是一致的。要始终坚持解放思想，与时俱进，研究新情况，解决新问题，才能把握规律性。

邓小平在 1978 年中央工作会议的讲话中指出，“思想不解放，思想僵化，很多的怪现象就产生了”，条条框框多，随风倒的现象多，本本主义多。他说：“一个党，一个国家，一个民族，如果一切从本本出发，思想僵化，迷信盛行，那它就不能前进，它的生机就停止了，就要亡党亡国。”他又说：“在党内和人民群众中，肯动脑筋、肯想问题的人愈多，对我们的事业就愈有利。干革命、搞建设，都要有一批勇于思考、勇于探索、勇于创新的闯将。”梁启超在《少年中国说》里谈到，少年如朝阳，如乳虎，气盛、豪壮、冒险，所以能创造世界。解放思想，是开拓一切事业的先决条件。

3. 不断学习

无知、自满、书本、权威和经验都可能成为实事求是的阻力，这就得靠学习去克服它。因为这五个方面的东西都只代表过去，是建立在原有的知识和经验上的。要探求新路必须既继承又超越，既保持传统又有创新。只有在学习新事物中才可能找到新规律。

知识是社会成员在探索社会规律过程中的共识和结晶，知识告诉我们世界是什么。只有掌握了最新知识，才能最大限度地贴近客观实际、贴近规律。现在知识更新的速度快，我们学习的节奏也要快。理论是思想方法，是探照灯，比知识更高一层，解决怎么认识世界。理论拨开事物的现象而揭示规律,因此在本质上更切合实际。我们在取得政权后,有很长一段时间搞越纯越好、“一大二公”的公有制和计划经济,忽视商品生产和价值规律,直到探索碰壁后才悟到了一个理论:“商品经济是不可逾越的阶段。”

学习理论知识,一方面,要掌握继承前人的经典理论;另一方面,要学习新理论,从实践中总结新理论,因为过时的、不完整的理论也会成为新探索的阻力。中国特色社会主义理论,就是在总结了经验教训、在改革开放实践中建立起来的。进行实践探索的同时,我们也在不断地进行理论探索。只有尽量掌握全部的新旧知识和理论,我们的思维才可能尽量逼近实际,才可能实事求是。

4. 勇于实践

实事求是,说到底你得去“求”,就是说要实践。要实事求是,探得一点真知,就要勇于实践,要准备吃苦,准备失败,准备牺牲。在新中国成立60多年的今天,回想革命和建设的路,曲曲折折,哪一条真理不是从无数实践中提炼而成的?孙中山、毛泽东、邓小平之所以成为近代百年中国的三位伟人,是因为他们亲自参加了百年来中国革命的实践,并全身心地投入。而一项事业的成功,常常要靠数代人勇敢坚定、锲而不舍的实践才能完成。不敢实践,不肯吃苦,远远站着,或浅尝辄止,是根本谈不上实事求是的。

5. 无私无畏

实事求是,有时表现为艰苦地探求,有时表现为只要敢面对事实说真话。所以无私无畏是实事求是的动力之一,特别是当实事求是遇到来自权威和行政方面的阻力时,更要靠无私无畏去克服和坚持。这时的胜利不在知与不知,而在敢与不敢。文天祥《正气歌》里说“在齐太史简”,说的是齐国的臣子崔杼杀了国君,第一个史官照实记录,崔杀了他。第二个又记,崔又杀。第三个,又杀。第四个还这样,崔实在没有办法了。敢说实话,有高尚的人格,这是做到实事求是的必要条件之一。

6. 自知之明

在实事求是的大路上,骄傲自满是实事求是的大敌,这就需要有“自知之明”这个天敌来制服它。我们在实际生活中之所以会犯不实事求是的错误,有时是因为不知实情,有时是因为不敢知道实情,有时是因为知道了而不敢说出实情,而有的时候则是因为自以为这就是实情,不必要再去了解其他。这样就有可能陷入认识的误区。周恩来、博古等同志在红军时期曾反对过毛泽东的正确主张,但后来自觉不对,立即改正,为革命作出了大贡献。他们襟怀坦荡,甚至于以后还拿这件事教育党内同志。而王明、张国焘则无自知之明,一错到底,直到最后碰壁,碰得粉碎。有自知之明者,就是要清醒地知道自己的不足,随时准备纳新知而求真理。

7. 发扬民主

我们有时可能会因为权威、行政和私念方面的因素而妨碍实事求是,克服的办法有一个:民主制度,民主环境。邓小平强调,"民主是解放思想的重要条件"。他指出,我们要创造民主的条件,重申"三不主义":不抓辫子,不扣帽子,不打棍子。在党内和人民内部的政治生活中,只能采取民主手段,不能采取压制、打击的手段。宪法和党章规定的公民权利、党员权利、党委委员的权利,必须坚持保障,任何人不得侵犯。一个革命政党,就怕听不到人民的声音,最可怕的是鸦雀无声。这是邓小平对历史的深刻总结,高度概括。

只有民主制度、民主环境,才能保证党的政策方针实事求是。政治上不民主,敢说真话的人就少,干部、群众的积极性就会受到压制。经济上不民主,生产力的发展就要受到破坏。1945 年黄炎培访问延安,提出一个政权怎么跳出周期率、永葆活力的问题。毛泽东作了回答:"我们已经找到了新路,我们能跳出这周期率。这条新路,就是民主。只有让人民起来监督政府,政府才不敢松懈。只有人人起来负责,才不会人亡政息。"发扬民主,小者便于人人讲话,集思广益;大者便于一个党、一个政府将自己的政策置于实事求是的基础上。

8. 坚持无神论

唯物主义要求一切从客观存在的物质世界出发,而不是从虚幻的主观意识出发,因此它必然坚持无神论,反对有神论。这是做到从实际出发、实事求是的重要条件。

人的思想有正确和错误之分。正确的思想,是对客观世界及其规律的正确反映;错误的思想,包括不切实际的幻想、宗教与迷信以及伪科学,也是对客观世界的反映,只不过是歪曲的反映罢了。宗教宣扬人类是"神"创造的,人世间的命运是由"神"来主宰的,这是对客观世界虚幻、颠倒的反映。我国实行宗教信仰自由的政策，并不是鼓励人们去信教。伪科学则是打着科学的幌子，玩弄一些遮人耳目的小把戏，达到迷惑人心、骗取钱财的目的。

牛顿是一位卓越的科学家。他在青年时代注重实际，勇于实践，在天文学、光学、力学研究方面作出了卓越的贡献，成为世界著名的经典物理学奠基人。但是，牛顿在他的后半生完全陷入了唯心主义的泥潭，居然花了25年时间去研究神学，企图证明上帝的存在，从上帝那里寻找行星绕太阳转动的"第一推动力"。到了晚年，牛顿的思想完全沉浸在对神学的狂热中，埋首于炼金术的研究，还考证了《圣经》里上帝在7天中创造世界这一类神话。他在这一时期遗留下来的文稿，有关宗教神学等方面的著作竟达150万字之多，这种研究，必然谬误百出、一事无成。青年学生要坚持唯物主义，崇尚科学，热爱真理，不断增强辨别真伪的能力，坚决抵制唯心主义的各种侵蚀，同有神论彻底划清界限，这样才能做到实事求是。

本讲小结

古往今来，人们从来没有停止过对世界本原问题的思考，不同的哲学派别作出了不同的回答。一元论是主张世界统一性的理论或派别。唯物主义一元论坚持世界统一于物质。唯心主义一元论坚持世界统一于精神。二元论是否认世界的统一性，主张世界有两个或多个本原的理论，实质上是唯心主义。

唯物主义对物质的理解经历了古代朴素唯物主义、近代形而上学唯物主义物质观和辩证唯物主义物质观的阶段。列宁认为，物质是不依赖于人的意识并能为人的意识所反映的客观实在。科学的发展不断证明列宁关于物质的范畴，即辩证唯物主义的物质观的正确性。世界的本质是物质，物质世界是多样性的统一。

物质世界发展到一定阶段上产生了意识现象。意识在起源上是自然界长期发展的产物。在意识起源中有三个决定性的环节：由一切自然物质具有的反映特性到低等生物的刺激感应性；由刺激感应性到高等动物的感觉和心理;意识是社会劳动的产物。

意识在本质上是人脑的机能。人脑的活动是意识的生理基础,离开人脑就没有意识。意识是在第一信号系统和第二信号系统基础上进行的精神活动。意识是人脑对客观存在的反映。没有被反映者,就不能有反映;意识的形式是主观的,内容是客观的。

意识在结构上可以进行不同的分类。从意识的主体上看,分为个人意识和群体意识;从意识活动的指向性看,分为对象意识和自我意识;从意识的发展水平上看,分为潜意识和显意识、日常意识和意识形式;从意识的具体内容看,意识是知、情、意的统一。

自觉能动性是人区别于动物的根本特点。意识能动性主要表现为意识活动的目的性和计划性,意识活动的创造性。意识能动性还突出表现为对人类实践的指导作用。人工智能的实质是对人的思维信息过程的模拟。

规律是事物本身所固有的本质的、必然的、稳定的联系。规律具有客观性,它不以人的主观意志为转移。尊重客观规律是正确发挥意识能动作用的前提,意识能动作用的正确发挥依赖于一定的物质条件和物质手段,要通过人的实践才能实现。

正确处理好物质与意识、客观规律性与主观能动性的关系,要求做到一切从实际出发、实事求是。

★ 深度阅读 ★

1. 马克思:《关于费尔巴哈的提纲》,《马克思恩格斯选集》第1卷,人民出版社1995年版。

2. 列宁:《唯物主义和经验批判主义》,《列宁选集》第2卷,人民出版社1995年版。

3. 毛泽东:《反对本本主义》,《毛泽东选集》第1卷,人民出版社1991年版。

4. 邓小平:《解放思想,实事求是,团结一致向前看》,《邓小平文选》第2卷,人民出版社1994年版。

★ 思考题 ★

1. 试述列宁关于物质的范畴及其重要意义。
2. 简述世界的物质统一性原理。
3. 如何理解意识的起源和意识的本质？
4. 说明意识的能动作用及其表现。
5. 如何处理好尊重客观规律与发挥主观能动性的关系？
6. 结合实际谈谈怎样才能做到实事求是。

第二讲
时间与空间

时间实际上是人的积极存在，它不仅是人的生命的尺度，而且是人的发展的空间。

——马克思

引例

同住地球村

奥运会，是世界大家庭四年一聚的重逢，是人类追寻共同梦想的舞台。2008 年北京奥运会的成功举办，使中国人对主办奥运会的百年期待终于变成事实。

北京奥运会早已谢幕了，但是，北京奥运主题歌《我和你》却令我们难以忘怀："我和你，心连心，同住地球村，为梦想，千里行，相会在北京，来吧，朋友，伸出你的手，我和你，心连心，永远一家人。"它唱出了中国人民喜迎奥运、敞开怀抱迎接各国朋友的激动心情，唱出了中国人民对和谐世界的向往和追求，也折射出了当今世界的时空特征。

当今世界，经济全球化浪潮汹涌澎湃，科技进步突飞猛进，人类交往的时空约束被彻底打破，不同国家和地区间的各种交往、交流日益频繁，世界各地在经济、政治、军事、安全、文化以及生活方式、价值观念方面的相互联系和相互影响愈益加深，不同国家和地区从来没有像今天这样被全球化紧紧揽入怀中。

虽然我们天各一方，但现代化的交通、通信手段让我们近若比邻；

虽然我们的生活环境迥异，但我们同在一片蓝天之下；虽然我们彼此并不相识，但我们都是一见如故的地球村村民。环境保护、气候变化、能源危机、金融安全、疾病控制……这些事关当今世界和平与发展的全球性课题，也从来没有像今天这样成为人类需要携手面对的共同挑战。

物质世界是普遍联系和永恒发展的，而物质世界的联系和发展是一个在空间中展开的系统和在时间中延伸的过程。恰如2008年北京奥运会主题歌所唱的，当今世界正朝着你中有我、我中有你、相互依存的方向演进，人们深切地感受到自己赖以生存和活动的地球空间已经变得越来越小，成为名副其实的"地球村"。人类社会已经步入既需要考虑民族国家利益，也需要兼顾全球人类共同利益的新时代。这要求我们树立世界眼光，既从中国的角度看世界，又从世界的角度看中国，努力把握发展时机，开拓更加广阔的发展空间。

一、时间和空间是运动物质的存在形式

普遍联系、永恒发展的物质是以时间和空间作为自己的存在方式的。在日常生活中，人们的一举一动、一言一行都离不开时间和空间。如果你想要自己播种的农作物有一个好的收成，那么就必须根据这一农作物的生长特点和规律，选择适当的土壤和播种时间，并根据土质和季节施肥、管理。军队打仗也是一样，为了迅速摧毁对方的防线，就必须在发起进攻以前尽量摸清对方虚实，侦察好对方的火力配备，以确定适当的进攻时机和突破区域。这就是我国古代兵书上所强调的"天时地利"。日常生活中经常使用的"过去、现在、将来、长久、短暂"等词，表示的就是时间形式或时间关系；而"位置、场所、距离、体积、角度"等词，表示的则是空间形式或空间关系。人们经常说"事件、过程"，这主要是从时间特性表示对象的；而"物体、事物"等则主要是从空间特性表示对象的。

对时间和空间本质的认识一直是人们思考的问题。古代人们仰望苍

天,以为一片空,便称之为“天空”。古希腊自然哲学家德谟克利特认为空间就是“虚空”或“真空”。我国古代把时空叫做宇宙,所谓“四方上下曰宇,往古来今曰宙”。四方上下就是指空间中的四面八方,往古来今就是指时间的过去、现在和将来。近代也有很多人深入探讨过时间和空间的问题,但都没有作出科学的解释。马克思主义哲学诞生之后,对时间和空间的问题作出了真正科学的解释。

(一) 时间和空间及其特点

1. 时间及其特点

时间来无影去无踪,人们感觉它只有靠天上的日月星辰,地上的春夏秋冬,自身的成长衰老,周围的沧桑变化。它本身永远不会出现,是无形的,又是无情的。谁也抓不住它,谁也留不住它。它一秒钟也不停顿地永无休止地按自己的速度前进,谁也不知道它的起点,谁也不知道它的终点。它毫无偏见地迎接每一个人来到世上,又毫不客气地将每一个人打发回去,不管你是百姓还是国王,乞丐还是富翁,最后一律平等待遇。所以,时间是最公平的。

什么是时间?时间是物质运动的持续性、顺序性和间隔性。持续性,是指任何一个物体的运动都要经历一个或长或短的过程。顺序性,是指不同事物之间运动过程的出现有一个先后顺序关系。例如,一朵花这一运动着的物质形态,就其自身来看,它开放了七天,七天就是它的持续性。花谢了后果实出现了,先有花后有果实,这是花果之间的顺序性。花变成果实之间有一间隔,这是物质运动的间隔性。时间就是物质运动的持续性、顺序性和间隔性。持续性是就一物而言的,顺序性和间隔性是就一物与他物的关系和转化而言的。“转化”即运动,是有顺序性和间隔性的,即是有时间的。

时间的特点是一维性或不可逆性。“维”这个字来源于拉丁文,意思是“完全地加以量度”,有几维就要用几个量来量度。时间的一维性有两层含义:一是说对时间的量度只需要一个数量。任何一个时刻,都可以用一个数量完全地把它量度出来,表示出来。另一个意思是说时间的流向只有一个方向,就是从过去到现在再到未来,一直向前不可逆转。一个人只能沿着婴儿、少年、青年、壮年、老年的顺序性生活,不能返老还童。古代不少皇帝想返老还童,长生不死,但都由于违背时间的一维性而归于失败。古人常以“时乎时乎不再来”表达时间的一维性。我们对于时间应当采取何种态度呢?

一要惜时。古人形容说:“一寸光阴一寸金,寸金难买寸光阴。”诗人李白叹息岁月流逝太快,说时间像“白驹过隙”。鲁迅是非常珍惜时间的,他说自己把别人喝咖啡的时间都用在写作上了,他还愤怒地指责无端浪费别人时间的人无异于“图财害命”。世界上有些东西是可以重复的,有些失去的东西还能找得回来,唯独时间一去不返,无法追回。因此,有人说,时间的浪费是最大的浪费。古《乐府》中就有“少壮不努力,老大徒伤悲”的劝诫。一句话:我们对于时间要充分地利用。珍惜时间就是珍惜生命。

二要适时。时间要利用得适当,什么时间适合做什么,什么时间不能做什么;有些正确的事情由于时间的错位成了谬误,也有个别错误的事情由于时间的错位而歪打正着,有些事情的成败却在于利用时间差。人们常说“机不可失,时不再来”。所谓把握机会,抓住机遇,其中所包含的重要概念就是时间。尤其是追求远大的目标,安排重要的活动,往往需要等到一个恰当的时间,不能操之过急。如苏轼在《贾谊论》中所说:“夫君子所取者远,则必有所待。”就是讲,君子想取得的成就是远大的,所以要有所等待。

三要准时。早一点不行,晚一点也不行;赛跑起跑时如果抢跑要犯规,到终点时比别人快零点一秒会得冠军。涉及科技领域的人最懂得这个道理,因为在时间的把握上要求绝对精确,稍不精确就会发生事故,甚至造成生命财产的重大损失。即使对于一般人来说,在日常生活中也要养成守时的习惯,凡事遵守时间是文明的表现。

时间的一维性或不可逆性,给个体人生赋予了不可重复性和短暂性特征,或者说个体人生存在的时间特点是不可重复性和短暂性。人生的一次性和短暂性使人的生死和意义成为人生的最大问题。人是“知其不可为而为之”的生灵,因而当人面对生命的一次性和短暂性时总是追求不朽、无限、永恒,把人生的不朽、无限、永恒作为人生的价值和意义。人生的一次性和短暂性是客观的、经验的、实然性层面,而不朽、永恒、无限则是人生精神的、超验的、价值的层面。人不仅是经验性物质存在,同时还是超验性精神存在，因而人追求不朽、无限、永恒是有意义的。生命的一次性和短暂性是人的物质规定，属命运问题，追求不朽、永恒、无限是人的精神规定，属境界问题。这是时间和人生的关系问题。

每个人的生命都有长度、宽度和高度。生命的长度是人的生理年龄，它以时间为计算单位。生命的宽度和高度是人所追求的人生价值或者精神境界。生命的意义不在于它的长度，而在于它的宽度和高度。人虽然不能决定自己生命的长度，却可以通过充实自己、创造财富、回报社会、帮助他人等途径，不断拓展自己生命的宽度，这样就能够增加自己生命的价值和人生的意义，升华人生的境界，提升人生的高度。

一个人要增加自己人生的宽度，要提升自己人生的高度，是需要努力的。与自然融合，把自己的生命与自然结合起来，让自然更加美丽，那么他的生命就有了宽度和高度；与社会融合，把自己的生命与社会结合起来，让社会更加和谐，那么他的生命就有了宽度和高度；与事业融合，把自己的生命与事业结合起来，让事业更加兴旺，那么他的生命就有了宽度和高度；与家庭融合，把自己的生命与家庭结合起来，让家庭更加美满，那么他的生命就有了宽度和高度。

2. 空间及其特点

什么是空间？空间是指运动着的物质客体的广延性和并存的秩序。广延性是就某物自身而言的，指某物有体积，有长宽高；并存秩序是就某物同周围其他某物的关系而言的，指某物总占有一定的位置，有前后、上下、左右关系。综合起来看，空间其实就是指物质的体积和位置。位置是物体并存的秩序。前面讲时间是物质运动的顺序性，是指物体、事物的过程中的秩序。可见，时间、空间与物质运动的秩序内在相关。老鼠的体积可大可小，但不能大到和猪、牛一样大；其他动物也一样。这里就有个并存秩序的问题。这种秩序是客观的，是物质运动中固有的东西，它属于"自然法"范畴。法律是要研究秩序问题的，因而要很好地注意研究物质运动的时间和空间问题。物质运动及其时空问题是秩序存在的哲学基础或宇宙论基础。

空间的特点是三维性。就是说任何事物的空间从广延性或体积上看，都有长、宽、高三个维度，用这三个维度就可以对某物的广延性、体积加以完全量度；任何事物的空间从并存秩序或位置上看，都有前后、左右、上下三个维度,用这三个维度就可以对某物的并存秩序或位置加以完全量度。例如,要说明喜玛拉雅山的空间位置,就需要说明它所处的经度、纬度以及与地面的距离(即海拔高度)。

物质运动的空间特性一般以两种形式表现出来,一是表现为一定的体积,二是表现为一定的位置。但不管是体积还是位置,都是三维的。几何学是研究空间特性的科学。在几何学中,必须用三根相互垂直并交于原点的直线建立立体坐标系,以区分和表示前后、左右、上下,这实际上是空间三维性在数学上的具体表现。

在科学研究中,通常又把空间和时间联结起来统一考虑,因此,时间和空间又统称为"四维时空",物质世界因此被称为"四维世界"。"四维世界"并不是说空间是四维的,而是说事物存在于三维空间和一维时间之中。因为,科学研究要描述宇宙天体或空中飞行物,必须由三维空间和一维时间构成的四维连续区才能描述。四维时空的概念,科学地说明了具有内在联系的时间、空间与运动着的物质不可分离的原理。

(二)时间和空间与物质运动不可分离

时间和空间是运动着的物质的存在形式,时空同物质运动不可分离。

(1)物质运动离不开时间和空间,没有离开时间和空间的物质运动。从内容和形式的关系看,物质运动是内容,时间和空间是形式,内容离不开形式,因而物质运动离不开时间和空间;从一般和特殊的关系看,物质运动是一般,时间和空间是特殊,一般离不开特殊,一般存在于特殊之中,因而物质运动离不开时间和空间;从内在和外在的关系看,内在的东西离不开外在的东西,物质运动是内在的,它离不开外在的时间和空间;从活动与秩序的关系看,物质运动是活动,时间和空间是秩序,活动离不开秩序,因而物质运动离不开时间和空间。这是从逻辑上来看的。

从现象上或事实上看,物质运动总要经历一定的时间,占有一定的空间。如机械运动就是物质或物质微观粒子在一定时间内的空间的位置移动。基本粒子运动的速度再快也要经历一定的时间,基本粒子体积再小也要有一定的空间。从现代科学成果看,科学证明物质运动的速度是有限的,而不是无限的,因而运动必然要经历时间。光的运动速度是最快的,但也要经历时间。不经历时间、不占有空间的物质运动是根本不存在的。

正因为物质运动离不开时间和空间，所以，时间和空间对人来说非常重要。人类的许多战争，人间的许多斗争、竞争，都是为了空间而进行的。所谓“寸土不让”“寸土必争”，都说的是空间的重要性。当年日本侵略中国和东亚各国就是为了扩大日本的空间。人类发展科学技术探索海洋和宇宙也是为了寻求新的发展空间，即寻找人类运动的形式。人们常说时间就是金钱，时间就是生命，表达了作为物质运动形式的时间的重要性。

（2）时间和空间离不开物质运动，没有离开物质运动的时间和空间。我们说的年、月、日这些时间单位，都有其相应的物质运动内容。年是地球绕太阳公转一周的持续性；日是地球绕地轴自转一周的持续性。我们说的米、公里、光年这些空间单位也都有相应的物质运动内容。1 米是光在真空中于 1/299792458 秒时间内所经过的路程；1 光年是光在真空中一年所经历的长度。时间是以物质在空间中的运动来度量和认识的，空间同样也是以物质在时间上的运动来度量的。

民间流行的“命相”观念认为，人的生存、发展、吉凶祸福与人出生的年月日时相关，因而婚丧嫁娶、商旅等活动要选择黄道吉日。“风水”观念则认为，人的生存、发展、吉凶祸福与人的空间位置相关，因此，居室、室内陈设、祖先墓地等都要选择恰当的空间位置。“命相”和“风水”体现了对时空与物质运动和谐的重视，又带有迷信因素。

总之，时间和空间是物质的存在形式，它们和物质运动密不可分。设想超时空的存在，只能导致唯心主义；设想无物质、无运动的时空，是形而上学的观点。

二、时间和空间是绝对性与相对性的统一

时间和空间作为运动着的物质的存在形式，决定了它既是绝对的又是相对的，是绝对性与相对性的辩证统一。

时间和空间的绝对性，是指时间和空间作为运动着的物质的存在方式，它是客观的，是不以人的意志为转移的；时间和空间的客观实在性是不变的、无条件的，因而是绝对的。人们的时空观念不过是客观存在的时

间和空间的反映。

与唯物主义相反，唯心主义否认物质的客观实在性，当然也就不承认时间和空间的客观性，而把它们看做是观念的产物。康德认为时间和空间是人头脑中固有的“先天形式”，人通过这种“先天形式”去感知事物，才使事物具有了时间性和空间性。马赫则断言，时间、空间仅仅是“感觉系列调整了的体系”，是“判定方位的感觉”。唯心主义的上述看法否认了时间和空间的客观性，既违背科学，也不符合事实。

时间和空间的相对性，是指时间和空间作为运动着的物质的存在方式，它因物质具体形态和运动形式的不同而不同，其具体特性又是可变的和有条件的，人们对此的时空观念也是可变的和发展的，因而又是相对的。否认时间和空间的可变性、相对性是形而上学的观点，也是完全错误的。

时间和空间的绝对性与相对性的统一，已为自然科学特别是非欧几何学和爱因斯坦的相对论所证实。

首先，时间和空间随着物质形态的不同而不同。不同形态的物质，各有其特定的时间和空间。例如，在反映地面狭小范围空间特性的欧氏几何中，三角形内角之和等于 180 度；在反映宇宙弯曲空间特性的罗氏几何中，三角形内角之和小于 180 度；在反映非固体物质形态的空间特性的黎氏几何中，三角形内角之和大于 180 度。这几种几何学虽然结论不同，但科学证明，它们都是运动着的物质的空间特性的反映。欧氏几何只是近似地反映了普遍的、有限的地面空间的特性，它被人们在地面上的实践活动所证实。非欧几何则反映了天体运动的大尺度空间和微观粒子活动的小尺度空间的特性，它们的正确性被人们对天体活动的精密观察和对微观粒子的深入研究所证实。爱因斯坦广义相对论认为，重力场的时间空间特性是依赖于物质的质量分布的，物质的质量愈大、分布愈密、重力场愈强，则空间的“曲率”就愈大，时间的流逝就愈慢。这些都说明空间特性是依赖于物质状态的，具体的空间特性是可变的。

其次，时间和空间随着物质运动速度的变化而变化。爱因斯坦的狭义相对论证明，时间和空间特性会随物体运动速度的变化而变化。当物质运动速度接近光速时，物质内部变化过程的时间就会延长，沿着物体运动方向的长度就会缩短，这就是所谓的“尺缩钟慢”效应。

形而上学唯物主义所设想的与运动着的物质相脱离的、绝对不变的时间和空间，只是主观的、空洞的抽象。唯心主义妄图利用人们对时空观念的可变性否定时间和空间的客观性，也是完全错误的。

总之，时间和空间既是客观的、绝对的，其具体特性又是可变的、相对的，时间和空间是客观性、绝对性与具体特性可变性、相对性的辩证统一。

三、时间和空间是有限性与无限性的统一

时间的有限性，是指每个具体事物是有始有终的；空间的有限性，是指每个具体事物的体积是有限的，向上向下、向左向右、向前向后的延伸是有尽头的。时间的无限性，是指整个物质世界在时间上是无始无终的；空间的无限性，是指整个世界在空间上是无边无际的，即中国古代哲学所说的“至大无外”。

时间和空间的无限性与有限性是辩证统一的。时空无限性的观点与物质和运动永恒性的原理是密切联系的。物质和运动是永恒存在的，它们既不能创造，也不能消灭，只会永无止境地由一种形态转化为另一种形态。这种永恒存在和无休止的转化过程，就表现为时间和空间的无限性。具体事物的存在有其相对静止的一面，它在时间和空间上是有限的。有限和无限既相区别又相联系，是辩证统一的关系。恩格斯指出：“事实上，一切真实的、详尽无遗的认识都只在于：我们在思想中把个别的东西从个别性提高到特殊性，然后从特殊性提高到普遍性；我们从有限中找到无限，从暂时中找到永久，并且使之确立起来。”

1．无限由有限构成，通过有限而存在

无限不在有限之外，无数有限事物构成无限。具体的有限事物构成无限的环节、部分和因素。宇宙中的每一个具体事物在时间和空间上都是有限的，但是，各种具体事物的数量是无限的，它们的转化、发展也是无穷的。正是无数有限的具体事物，构成了无限的物质世界；无数具体事物有限的时间和空间，构成了物质世界无限的时间和空间。总之，物质世界在时间和空间上的无限性，是通过一个个具体事物的有限时间和空间表现出来的，离开了一个个具体事物的有限时间和空间，物质世界在时间和空间上的无限性是根本不存在的。

2. 有限包含着无限,体现着无限

这表现在两个方面。其一,有限的事物在运动变化中通向无限。每一个有限的事物,通过自身的运动变化,打破自己存在的界限,不断地转化为他事物,在这种不断的转化过程中,事物就由有限进入了无限。其二,有限的事物本身包含着无限。一方面,事物是无限可分的。也就是说,事物从结构空间方面看,本身就是无限的,任何事物都其小无内。古人云:“一尺之棰,日取其半,万世不竭。”说的就是事物无限可分、有限包含着无限这个道理。另一方面,有限的事物由无限构成。三分之一是一个有限数,但也是一个无限数,即 1/3 = 0. 33333……,这样的例子是不胜枚举的。

3. 有限与无限紧密联系,不可分割,并在一定条件下相互转化

就是说,有限与无限直接相联系,脱离无限的有限和脱离有限的无限都是不存在的。

众所周知,物质的基本存在形态是实物和场,实物是以间断方式存在的有限的物质形态,场则是以连续方式存在的无限的物质形态。实物和场是相互联系、不可分割的。任何实物周围都有场存在,任何场都是某种实物的场。实物和场密不可分,它们永远联系在一起,而且,在一定的条件之下,两者还相互转化。它们相互转化的规律已经部分地为相对论的质能关系式所揭示。按照爱因斯坦相对论的质能公式 $E = MC^2$,一定质量的物质等价于一定数量的能量,也就是说,物质与能量是相互转化的,即实物与场是相互转化的。

原子弹的爆炸成功证实,一颗原子弹含 6000 克钚 239,在爆炸时,只有 5% 的钚(即 300 克左右)发生裂变,其余 5700 克钚则液化掉了。发生裂变的 300 克钚转化成 35 种不同的放射性同位素。将这些同位素称量,总和仅有 299 克,损失了 1 克静止质量的钚,却得到了 $E = 1$ 克 $\times C^2 = 10^{21}$ 尔格的能量。这个能量相当于 2 万吨三硝基甲苯炸药的能量。这里,质量转化成了能量,也就等于说实物转化成了场。实物与场相互转化的例子是很多的,电子与正电子相撞转化为光子就是这样。

现代宇宙学中的大爆炸宇宙论和暴胀宇宙论都认为,我们的宇宙起源于一次大爆炸,即我们的实物形态的物质宇宙是在 100 多亿年前由于一次大爆炸而产生的,是由完全处于能量状态的场(真空)转化而来的。

宇宙中普遍发现的3K微波背景辐射的存在为大爆炸宇宙论提供了最强有力的支持。这说明,我们这个有限的宇宙(即宇宙学上所说的宇宙,也叫"我们的宇宙")是从无限的宇宙转化而来的。宇宙学的这些理论成果为哲学上论证有限与无限的辩证关系提供了坚实的自然科学基础。它表明,有限与无限紧密相联、不可分割并相互转化的情况不仅在微观和宏观世界普遍存在,而且在宇观世界也是普遍存在的。

四、善于利用时间和空间

时间和空间是物质运动的两种基本形式。一切运动着的物质都有其时空和空间的存在形式,也只有在一定的时空中才能存在、运动和发展,善于利用时间和空间具有十分重要的意义。

(一) 一切以时间、地点、条件为转移

辩证唯物主义的时空观告诉我们,一切事物的发展都有其空间性和时间性,时间和空间是运动着的物质的存在形式。时间、地点、条件不同,物质的运动形式就不同,事物的联系就具有不同的特点,事物的发展就呈现出不同的规律。因此,认识事物联系的特点,把握事物发展的规律,必须注意物质运动的时空特点,由此出发,找出不同时空条件下事物的具体特性,一切以时间、地点、条件为转移。只有因时制宜,因地制宜,才能达到主观与客观、理论与实践的具体的历史的统一,获得正确的认识,取得实践的成功。

毛泽东在谈到战争指导规律时曾经指出,战争情况的不同,决定着不同的战争指导规律,有时间、地域和性质的差别。从时间的条件说,战争和战争指导规律都是发展的,各个历史阶段有各个历史阶段的特点,因而战争规律也各有其特点,不能呆板地移用于不同的阶段。从战争的性质看,革命战争和反革命战争,各有其不同的特点,因而战争规律也各有其特点,不能呆板地互相移用。从地域的条件看,各个国家各个民族特别是大国家大民族均有其特点,因而战争规律也各有其特点,同样不能呆板地移用。

中国革命战争之所以取得最终的胜利,正在于中国共产党人从具体

的时间、地点、条件出发，把握住了中国革命战争的规律，找到了一条中国革命的正确道路。今天，我们进行社会主义现代化建设，同样要以时间、地点、条件为转移，即从时代的特点出发，从中国社会主义初级阶段的现实国情出发，从每一个地方、单位的具体实际出发，努力把各项工作做好，建设中国特色社会主义。

（二）培养战略思维

面对我们赖以生存、活动的地球空间已经变得越来越小，世界在飞速变化发展的现实，善于利用时间和空间，要求我们必须培养战略思维。

战略思维能力，就是统揽全局、兼顾各方，善于把握事物发展趋势和方向的能力，它要求开阔眼界、开阔胸襟、开拓思路。培养战略思维，既要有从纵向的时间因素考察问题的历史眼光和从横向的空间因素考察问题的世界眼光，又要有与时代变化发展密切相关的创新思维。

1. 要有深远的历史眼光

历史是一座内涵无比丰富的知识宝库。善于治史、学史、用史，是中华民族的优良传统。浩瀚而宝贵的历史知识既是人类总结昨天的记录，又是人类把握今天、创造明天的向导。这说明历史眼光既是一种“向后看”的眼光，也是一种“向前看”的眼光。具备历史眼光的人，总是能够站在历史与现实的交汇点上，从历史中引出对现实的分析，从现实中展开对未来的设想。无数事实表明，愈是站在历史的高度，愈能获取历史的滋养，愈能把握今天的现实，愈能看清未来的走向。《孙子兵法》中有一句话，“不谋万世者，不足以谋一时”，讲的就是历史眼光的问题。

唐太宗李世民曾说过这样一段话：“以铜为镜，可以正衣冠；以古为镜，可以知兴替；以人为镜，可以明得失。”历史眼光之所以重要，是因为历史就像一面镜子，通过“向后看”，可以总结出影响事业兴衰成败的经验教训。人们开展工作、进行实践、推进事业能不能取得成功，一个重要的前提条件就是能不能正确认识和把握事物发展的规律。而认识和把握事物发展的规律，不外乎两条途径：一是直接途径，即自己进行探索和实践；二是间接途径，即学习和借鉴前人和他人的认识成果。无论通过哪条途径，历史眼光都不可或缺。历史的长河绵延不断，人类的探索永无止境。今天的人们总是站在前人的肩膀上来进行思考和实践的，前人的成功经验是宝贵财富，前人的失败教训也是宝贵财富。重视历史，善于总结前人的经验教训，才能取得新认识、开辟新道路、实现新发展。

历史是一个动态概念，历史眼光是一种动态思维。昨天所发生的固然已经成为历史，而人们今天所做的和明天将要做的也必将随着时间的流逝而成为历史。因此，所谓历史、现实和未来，昨天、今天和明天，既是紧密相连的，也是相对而言的。由此来看，所谓历史眼光，就不仅意味着"向后看"，而且还意味着"向前看"，即把今天的实践看做正在形成的历史，高度重视并努力把握其对未来的影响和作用。今天的人们在继承历史，同时也在创造历史。作为历史的创造者，应当具有强烈的历史责任感，对历史负责，努力使自己所做的一切经得起历史的检验，为后人创造良好的生存发展条件。那种只想"乘凉"不想"栽树"，甚至"吃祖宗饭、断子孙粮"的人，是缺乏历史责任感的，也是谈不上具有历史眼光的。

历史眼光就是唯物辩证的眼光，即从普遍联系和永恒发展中来认识并把握事物。历史由无数事件和人物组成，对于这些事件和人物不能用孤立、静止、片面的眼光来看待，而必须将其放到历史发展的长河中去考察，放到具体的历史背景、历史条件中去分析，这样才能看得更全面、更准确、更深入。因此，培育历史眼光，除了学习了解历史知识，还应学习掌握哲学知识。培养树立辩证思维，关键是坚持以辩证唯物主义和历史唯物主义为指导，认真学习中国历史和世界历史，善于总结我国革命、建设、改革的宝贵经验，积极借鉴其他国家谋求发展的经验教训，真正站在当今世界和当代中国发展进步的历史高度，观察、认识、研究复杂多变的国际国内形势，不断深化对规律的认识，从而使我们的各项工作更能体现时代性、把握规律性、富于创造性。

历史眼光是一种机遇意识。"机不可失，时不再来"，世界眼光要求积极寻求、发现和把握机遇，以施展抱负和才智，为国家、为民族建功立业。机遇的形成和出现有其客观性，它只钟情于那些具有敏锐的战略眼光和具有充分的精神准备的人。机遇还往往同历史责任相联系。历史把责任赋予谁，历史也就把机遇和舞台提供给谁，而且责任本身往往既是机遇又是挑战。

2. 要有宽广的世界眼光

世界眼光是一种看问题想办法的胸怀、视野和境界。胸怀的宽度决定成功的大小,视野的广度决定思想的深浅,境界的高度决定工作的成败。井底之蛙不会“一览众山小”,向隅而泣不可能“横看成岭侧成峰”,鼠目寸光当然难有“直挂云帆济沧海”的豪情。可以说,没有登高临远、全局在胸的世界眼光,加快发展、创新超越就是一句空话。

世界眼光是以开放和自强的心态看世界、求发展的眼光。《孙子兵法》中有一句话,“不谋全局者,不足以谋一域”,讲的就是世界眼光的问题。自古以来,志士仁人都以胸怀天下自勉,但当时的“天下”与“世界”并不完全等同。启蒙思想家梁启超1901年发表《中国史叙论》一文,将中国历史划分为三个时代,一是“中国之中国”,从传说中的黄帝到秦以前,是中华民族自主发展阶段;二是“亚洲之中国”,自秦统一后至鸦片战争前,是中华民族作为亚洲大国辉煌发展阶段;三是“世界之中国”,鸦片战争以后,是中华民族被列强侵略瓜分而奋起复兴的阶段。可见,在国人的眼里,秦以前的“天下”,只是“中国眼光”,鸦片战争前的“天下”,多是“亚洲眼光”,鸦片战争后的“天下”,才是被迫睁开眼看世界的“世界眼光”。改革开放30多年的历程也告诉我们,当今的天下,决不再是一州一县的天下,也不再是“天朝大国”疆域辽阔的天下,而是真正要“面向现代化、面向世界、面向未来”的全球化的天下,是用最宽广的视野参与竞争、博采众长、自强自立、创新超越的天下。

纵观人类社会发展史,可以看出,有没有世界眼光,在很大程度上影响、决定着一个国家和民族发展的进程以及实力的强弱。我国的汉唐时期,比较注重对外交往,与周边国家乃至西亚、欧洲的贸易活动和文化交流十分活跃,因而呈现出国力强盛、自信大度的局面,中华文明走在了世界文明的前列。而在鸦片战争以后,中华民族之所以落后挨打,一个重要原因就是清王朝实行闭关锁国政策,对当时的世界潮流茫然无知。世界其他国家和民族的情况也大抵如此。特别是近现代以来,一些西方国家之所以逐步发展强大起来,是与他们注重以世界眼光看问题、努力跟上时代潮流分不开的。

树立世界眼光,意味着要以更加开放的姿态面对世界。求和平、谋发展、促合作,是当今时代不可阻挡的潮流。中国发展离不开世界,世界繁荣稳定也离不开中国。面对飞速发展的世界,我们唯有以更加开放的姿态,积极参与经济全球化进程,加强与各国的合作,才能真正走向世界,跟上时代发展潮流。每个地区、每个部门都应当进一步增强开放意识，自觉把自己的工作放到世界格局中去思考和谋划，努力学习、掌握有关的国际知识和国际规则，在进一步扩大对外开放中实现更大的发展。

树立世界眼光，意味着要以更加谦虚的态度向世界学习。应当看到，我国面临的国际竞争日趋激烈，发达国家在经济科技上占优势的压力长期存在。在深刻变动的国际格局中，我们必须正视差距、找准位置，抓住机遇、应对挑战，虚心学习和大胆借鉴人类文明发展的一切优秀成果，努力把握发展的主动权。

树立世界眼光，意味着要处理整体与局部的关系。世界眼光是一种全局意识。世界眼光要求胸怀全局，善于统揽，驾驭全局。毛泽东说的"没有全局在胸，是投不下一着好棋的"，讲的就是全局谋划。当今经济全球化、政治格局多极化和社会经济信息化等趋势日益突出，这既为发挥自身才干、开创工作新局面提供了难得的历史机遇和巨大的活动空间，又形成了极大的压力和挑战。世界眼光的一个基本要求，就是在宏观的层次进行全局谋划，运筹帷幄。在全球视野的取向中确立起社会责任的崇高使命，不仅要有为民造福的服务态度，更要有以全局利益为重、以局部发展推动全局发展的自觉意识。

3. 持续推进创新

人类社会的发展是通过不断创新来实现的。一部社会发展史就是一部人类创新史。没有创新，就没有社会的进步。创新是一个民族进步的灵魂，是一个国家兴旺发达的不竭动力。我们生活在一个以变革、调整、创新为显著特征的时代，当今世界正在发生深刻变化，科技进步日新月异，各种思想文化相互激荡，创新成为时代精神的核心。面对充满机遇与挑战的新时代，培养战略思维，必须强化创新意识，不断推进实践创新，特别要增强自主创新能力。

（1）激发创新精神。任何改革创新，都不是轻而易举的事情，必然会遇到种种困难、阻力和障碍，必须具有良好的精神状态，才能不断取得突破和进展。积极创新的过程，就是勇于实践、探索规律的过程，这就要求我们具有强烈的改革创新意识和除旧布新的内在动力，以昂扬向上、奋发有为、知难而进、开拓创新的勇气和毅力，克服各种传统观念和陈规陋习的影响，克服不思进取、满足现状的惰性。这就要求我们具有追求真理的志向和勇气，坚持解放思想、实事求是、与时俱进，保持强烈的创新欲望和探索未知领域的坚定意志，对新事物新知识特别敏锐，敢于挑战权威和传统观念，为追求真理、实现创新而勇往直前。

在各项工作中，要具有强烈的改革创新意识和除旧布新的内在动力，树立迎难而上、改革创新的思想作风，防止和克服畏首畏尾、安于现状的倾向。要克服封闭式、保守性的思维方式，采取开放式、创造性的思维方式，敢于突破陈规陋习，不断推陈出新。勇于变革，勇于创新，永不僵化，永不停滞，不为任何风险所惧，不被任何干扰所惑，大力弘扬改革创新的时代精神，是增强我们民族凝聚力和创造力、推动科学发展和促进社会和谐的重要保证。

（2）坚持自主创新。从内容上看，创新是全面的创新。科学技术的发展，社会各项事业的进步，都要靠不断创新。创新包括理论创新、体制创新、科技创新及其他创新。创新是知识经济时代社会发展的核心动力。科技创新特别要突出自主创新，建设创新国家。当今时代，国家核心竞争力越来越表现为对智力资源和智慧成果的培育、配置、调控能力，表现为对知识产权的拥有、运用能力。谁在知识和科技创新方面占据优势，谁就能在综合国力竞争中占据更有利的战略地位。从这个意义上来说，自主创新是国家竞争力的核心，增强自主创新能力是我国应对未来挑战的重大抉择，是建设创新型国家的基础。

没有自主创新，也就没有利益分配上的话语权。多年来技术上受制于人的切肤之痛，让加强自主创新的呼声比以往任何时候都要高涨。然而众多事实告诉我们，自主创新能力的形成不是一蹴而就的，它是一场寂寞的长跑，只有耐得住寂寞才可以成为最终的胜利者；自主创新能力的突破不是靠单打独干就能干出来的，它是一场团队的战争，只有政府、企业、科技工作者团结协作才能结出丰硕果实。任何一方耐不住寂寞，自主创新都将前途黯淡。

飞跃的时代更需要甘坐冷板凳的人。国家重奖 2009 年度国家最高科学技术奖获得者，中国科学院院士谷超豪、孙家栋各获奖金 500 万元，空缺两年的国家自然科学奖一等奖颁发给了一群用半个世纪时间辛勤耕耘才最终完成《中国植物志》的中国科学家。在荣耀的光环下，映衬的是科学家们几十年如一日的寂寞。谷超豪坚守在偏僻孤寂的实验室，孙家栋跋涉在人迹罕至的荒漠。当代中国,没有哪一部著作能像拥有126卷册、5000多万字、9000多幅图的《中国植物志》一样,用了半个世纪的时间才最终完成;也很少有什么著作能像《中国植物志》那样由四代科学家辛勤耕耘、通力合作而成。毫无疑问,这样一批甘于寂寞者,才是中国科学界真正值得骄傲的中坚力量,他们才是科学界坚硬挺拔的脊梁。

自主创新能力与国家利益和人民福祉息息相关。在拥有自主创新能力才能拥有利益上的话语权的今天,在自主创新能力已经成为国家核心竞争力的今天,只有耐得住长跑的寂寞,才能跑在自主创新的前列,才能最终赢得未来。

总之,培养和增强战略思维,就要有深远的历史眼光,追寻人类社会和中华民族的发展轨迹,总结历史教训与经验,在对历史规律的不断认识和把握中找到指导我们前进的正确方向和道路;就要学会用世界眼光看问题,善于研究世界大局、全国大局,树立大局意识,站在宏观的高度"俯瞰"整体,求得开阔的眼界;同时,要用改革创新的方式不断开辟通向未来发展的新境界。这就是要善于把时间、地点和条件综合起来考虑,把时间和空间统一起来考虑,形成时空一体化思维,对当前和未来世界历史大变动、大发展、大转折要有清醒的认识,对我们的国情、优劣及走向要有充分的把握,在错综复杂的矛盾中运筹帷幄,统筹兼顾,趋利避害,谋求有利的态势,以更博大的胸怀面对世界、走向世界。

本讲小结

时间和空间是运动着的物质的存在形式。时间是物质运动过程的持续性,表现为:运动过程依次出现的顺序,运动过程进行的久暂,运动过程之间间隔的长短。时间的特点是一维性,即不可逆性。空间是运动着的物质的广延性,表现为:物体间的并存关系和分离状态,物体体积、形态、位置和排列次序。空间的特点是三维性。通常将时空联结起来,称为四维时空。

时间和空间与物质运动不可分离。时空离不开物质运动;时空的具体特性由物质运动所决定。物质运动离不开时空。没有空间和时间特性就没有可感知的物质运动。时空与物质运动不可分，表明了时空的客观性。形而上学唯物主义将时空与物质运动割裂开来，认为时空可以脱离物质运动而独立存在。

时间和空间是绝对性与相对性统一。时空作为物质运动的存在形式，其客观实在性是不变的、无条件的，因此是绝对的；时空的具体形态和具体特性是可变的、有条件的，因此是相对的。

时间和空间是有限性与无限性的统一。物质世界是无限的，物质的存在形式空间和时间也是无限的，但是，每个具体事物的时空是有限的。无限的时空存在于有限的时空之中，无限是由无数的有限构成的，时空的无限性与有限性是辩证统一的。

坚持辩证唯物主义的时空观，要做到一切以时间、地点、条件为转移，因时制宜，因地制宜，培养战略思维，激发创新精神，坚持自主创新，努力把各项工作做好。

★ 深度阅读 ★

恩格斯：《反杜林论》，《马克思恩格斯选集》第3卷，人民出版社1995年版。

★ 思考题 ★

1. 时间和空间各有何特点？
2. 为什么说时间和空间是绝对性与相对性的统一？
3. 如何理解时间和空间是有限性与无限性的统一？
4. 怎样才能更好地利用时间和空间？

第三讲
共性与个性

知彼知己，百战不殆；不知彼而知己，一败一负；不知彼不知己，每战必殆。

——孙武

引例

“白马非马”论

公孙龙是战国时期名家的代表人物，他最有名的辩论是“白马非马”说。一天，公孙龙牵一匹白马出关被阻，便以“白马非马”的命题与守关人辩论，守关的人辩不过他，他就牵着马出关去了。公孙龙说，“白马为非马者，言白所以名色，言马所以名形也；色非形，形非色也。夫言色则形不当与，言形则色不宜从，今合以为物，非也。如求白马于厩中，无有，而有骊色之马，然不可以应有白马也。不可以应有白马，则所求之马亡矣；亡则白马竟非马。”

公孙龙的话大意是说：“马”指的是马的形态，“白马”指的是马的颜色，而形态不等于颜色，所以白马不是马。这在逻辑学上是一个典型的偷换概念的例子。他把“白马”和“马”这两个不同的概念，用在了一个问题里来进行论证，并作为同等意义上的概念来分析。在哲学上，这是把事物的共性和个性的关系混淆了。

世界的本质是物质的，而物质世界上的一切事物又都是普遍联系和永恒发展的,发展是事物由简单到复杂、由低级到高级的矛盾运动过程。

哲学作为理论化、系统化的世界观,它要回答两个基本问题:一要回答世界的本原问题,即世界的本原"是什么";二要回答世界存在的状态问题,即世界是"怎么样"地存在着。对世界"是什么"和"怎么样"这两个问题作出系统和一致的回答,即构成世界观的基本内容。在这两个问题中,前者是后者的基础,不解决"是什么"的问题,一切都将无从谈起;后者是前者的深化,不进一步解决"怎么样"的问题,对"是什么"的理解就不深刻、不全面,就不能真正做到按照世界的本来面目如实地反映世界。哲学史上,对第一个问题的不同回答,产生了唯物主义和唯心主义的对立,而对第二个问题的不同回答,则形成了辩证法和形而上学的对立。哲学的发展史,就是唯物主义与唯心主义、辩证法与形而上学对立和斗争的历史。

"辩证法"一词源于古希腊文,意为谈话的艺术,指在辩论中揭露对方议论中的矛盾并克服这些矛盾而获得真理的方法。辩证法在历史发展中经历了三种形式,即古代朴素的辩证法、近代唯心主义辩证法和现代唯物主义辩证法。古代朴素的辩证法亦称自发的辩证法,是辩证法的最初形态。在欧洲古希腊哲学中,赫拉克利特是这种辩证法的主要奠基者,他以朴素的形式提出并说明了对立统一的辩证思想。近代唯心主义辩证法是辩证法发展的第二种历史形态,以黑格尔为主要代表。他第一次全面有意识地叙述了辩证法的一般运动形式及其基本规律和主要范畴,对辩证法作出了重大贡献。但黑格尔的辩证法是唯心的,在他那里,观念的辩证法成了第一性的东西,是决定客观世界辩证过程的主宰。现代唯物主义辩证法,即马克思主义哲学,是建立在唯物主义基础上的科学形态的辩证法,是用联系、发展、全面的观点看世界的世界观。

"形而上学"一词原是古希腊哲学家安德罗尼科给亚里士多德编的一部著作的名称,意思是"物理以后诸篇",拉丁文为"Metaphysica"。中文译者根据《周易·系辞》中"形而上学者谓之道,形而下者谓之器"之说,将 Metaphysica 译为"形而上学"。在欧洲哲学中,"形而上学"一词在很长时期内是指研究经验以外的对象的哲学。直到黑格尔,他除了在上述意义上运用形而上学这一概念外,还在与辩证法相对立的思维方法的意义上使用形而上学一词。马克思主义哲学则把形而上学当做是一种反辩证法的、非科学的发展观来加以考察。形而上学是用孤立、静止、片面的观点看世界的世界观。

唯物辩证法和形而上学作为两种对立的世界观，其分歧主要表现在以下几个方面。

(1) 联系观点与孤立观点的对立。既然客观世界是普遍联系的，那么，作为客观世界本来面目的反映的唯物辩证法，就必须用联系的观点看世界，把世界看成是普遍联系的整体。形而上学否认事物的普遍联系，把各种运动形式、各种事物都看成是彼此分离的，把事物之间的界限绝对化，用孤立的观点看世界。

(2) 发展观点与静止观点的对立。唯物辩证法认为，发展是事物的普遍本性，因此，坚持以发展的观点来看世界。形而上学否认联系，必然否认事物的运动、变化、发展，把事物看成静止不动的，即使承认变化，也仅仅是承认量变，而否认事物的质变、飞跃，主张用静止的观点看世界。

(3) 全面观点和片面观点的对立。唯物辩证法主张全面地看待事物，既要看到事物的普遍联系，又要承认事物之间存在确立的界限；既要看到事物运动的绝对性，又要承认事物的相对静止；既要用发展的观点看问题，又要承认发展是一个过程；既要看到事物的正面，又要看到事物的反面；既要看到事物的现在，又要看到它的过去和未来。形而上学则用片面观点看问题，只见树木，不见森林，看问题绝对化、极端化。

(3) 承认矛盾的观点和否认矛盾观点的对立。唯物辩证法坚持用对立统一的观点看世界，认为矛盾是普遍存在的，是事物发展的动力和源泉，没有矛盾，就没有世界。形而上学否认矛盾的存在，否认矛盾是事物发展的源泉和动力，企图到事物外部去寻找事物发展的根本原因。辩证法与形而上学分歧的焦点，在于是否承认事物的内部矛盾。

马克思主义哲学对世界的本原“是什么”的问题作了辩证的唯物主义的回答，而对世界是“怎么样”地存在着的问题作了唯物的辩证法的回答，真正做到了按世界的本来面目如实地反映世界，展示出了真实的全面的世界图景。

一、矛盾是事物发展的动力

世界上的一切事物都包含着矛盾。矛盾是事物变化发展的动力和源泉。要掌握共性和个性的关系原理,就必须首先了解矛盾及其基本属性。

(一)矛盾及其基本属性

1. 矛盾的含义

辩证法所说的矛盾是指客观事物内部或事物之间所固有的既互相对立又互相统一的性质和倾向。简单地说,辩证的矛盾就是对立统一的关系。这是现实世界中普遍存在的一种不依人的主观意志为转移的客观关系或属性,具有客观性。

我国古代哲学名著《老子》中有这样一段话:“有无相生,难易相成,长短相形,高下相倾,音声相和,前后相随。”这说明中国人很早就认识矛盾的存在了。我们通常所说的上下、左右、东西、南北、攻守、进退、义利、荣辱等,都是对立统一,都是矛盾。又如,药品是我们人类战胜各种细菌、病毒所不可缺少的重要保证,然而任何一种药品都具有治疗作用和毒副作用,这就是矛盾。

谈到矛盾,人们自然会想起韩非子关于“自相矛盾”的寓言故事。战国时期,一个在大街上卖兵器的楚国人说:“吾盾之坚,物莫能陷也。吾矛之利,于物无不陷也。”意思是讲,他的盾坚硬无比,什么利器也刺不破它;他的矛锋利无比,任何东西都能刺破。这时,旁边有一个人说:“以子之矛,陷子之盾,何如?”结果这个楚国人哑口无言。这就是自相矛盾的故事。这里讲的矛盾是逻辑矛盾。

逻辑矛盾是形式逻辑所讲的矛盾,是违反形式逻辑的矛盾律所造成的逻辑错误。形式逻辑有一条规则叫做矛盾律,它要求人们在思考和论证问题时,要保持前后一致,不允许对同一事物同时作出两个完全相反的论断。如果不遵守这个规则,就会导致思维混乱,出现前后不一致、无法自圆其说的情况。那个楚国人所犯的错误,正是逻辑矛盾的错误。逻辑矛盾存在于不正确的思维之中,是主观矛盾,是科学认识所不允许的,是我们应当力求避免的。

唯物辩证法所讲的矛盾与逻辑矛盾是不同的。辩证矛盾是指客观事物内部或事物之间所固有的既互相对立又互相统一的关系，即对立又统一。辩证矛盾是客观矛盾，是我们力求认识、利用和解决的。

世界上的任何事物都充满着矛盾，矛盾无处不在，无时不有。要深刻理解矛盾范畴，必须进一步弄清矛盾的同一性和斗争性的含义以及两者的相互关系。

2. 矛盾的基本属性：同一性和斗争性

矛盾的同一性和斗争性是矛盾的两种基本属性。矛盾的同一性、斗争性及其相互关系，是对立统一规律的基本内容。

(1) 矛盾的同一性。矛盾的同一性也叫统一性，是指矛盾对立面之间相互连接、相互依存、相互渗透和相互贯通的性质和趋势。它包括以下两种情形：

一是矛盾双方相互依存，互为条件，共处于一个统一体中。任何矛盾的对立双方都不能单独存在，而是在一定条件下，各以自己的对立方面作为自己存在的前提，如果没有对方，它自己也将不存在。

俗话说“一山难容二虎”，在“一山”这个矛盾的统一体中，两个强者才发生现实的矛盾。“不是冤家不聚头”，这说的也是矛盾双方的相互依存问题。正因为是冤家，是对立面，它们才能聚集在一起，共同维持统一整体的存在。数学中的正和负，力学中的作用和反作用，物理学中的阳电和阴电，化学中的化合和分解，生物学中的遗传和变异，社会领域中的生产力和生产关系，认识领域的主观和客观等，双方都是依赖对方的存在而存在的。

二是矛盾的对立面之间的相互渗透、相互贯通，包含了相互转化的趋势。相互依存，只是指彼此不可分离，相互渗透则进了一步，是讲矛盾双方中都包含着对方的因素。例如，生产中包含消费，消费中包含着生产；感性认识中包含着理性认识，理性认识中又包含着感性认识。讲两者之间的共同点，除了非此即彼，还有亦此亦彼，它们不仅为彼此间架起了一座互相转化的桥梁，而且规定了彼此转化的趋势，可以从此到彼，也可以由彼到此。例如，好事和坏事，胜利和失败，先进和落后等，无不在一定条件下互相转化。战国时期，道家创始人老子曾经说过，“祸兮，福之所倚；福兮，祸之所伏”，体现了矛盾相互转化的思想。

（2）矛盾的斗争性。矛盾的斗争性是指矛盾对立面之间相互排斥的属性，体现着对立双方相互分离的倾向和趋势。矛盾的斗争性可以用许多不同的术语来表达，如互相反对、互相限制、互相离异、互相分化、互相批评等，这些都从不同侧面表现着矛盾的对立面互相排斥的含义。

矛盾的斗争性是一个具有广泛含义的哲学范畴。如在自然界中吸引和排斥、化合和化分、凝聚与扩散、裂变与聚变、同化与异化、遗传与变异等，在社会领域中市场上的竞争、战场上的厮杀、学术上的争鸣、看法上的争议、批评与自我批评等，都属于矛盾的斗争性范畴。

矛盾的斗争性不仅具有无限多样性的表现形式，而且还有矛盾斗争的发展程度的过程性，即同一事物的矛盾斗争有一个逐步展开、激化直至最终完成、解决的过程。有矛盾就有斗争，不同矛盾要采取不同的斗争形式，同一矛盾在其发展过程的不同阶段上，也要采取不同的斗争形式。但这些仅仅是矛盾的斗争性表现形式的不同，而不是矛盾的斗争性有无问题，更不能认为斗争皆为对抗，没有对抗就没有斗争，以斗争的特殊性否定或者代替斗争的普遍性是形而上学。

（3）矛盾的同一性和斗争性的关系。矛盾的同一性和斗争性是对立统一的关系。

同一性和斗争性是相互联结、相辅相成的。斗争性寓于同一性之中，没有斗争性就没有同一性，没有同一性也就没有斗争性。比如，美国NBA篮球赛中的火箭队与湖人队的比赛，“球赛”是矛盾的同一性，而球场上两个队的“对抗”是矛盾的斗争性，没有球赛就没有对抗，没有对抗也就无所谓球赛。正所谓没有统一性就没有斗争性，没有斗争性也就没有统一性。

同一性是有条件的、相对的，斗争性是无条件的、绝对的。在事物的矛盾中，矛盾的斗争性是无条件的、绝对的，矛盾的同一性是有条件的、相对的。矛盾斗争性的绝对性体现了物质运动的绝对性，矛盾同一性的相对性体现了物质静止的相对性。例如，资本主义社会的基本矛盾是生产的社会性和资本主义私人占有制之间的矛盾，这也是生产力和生产关系的矛盾在资本主义的具体表现。这种生产力和生产关系的矛盾是人类社会始终存在的矛盾，所以它是无条件的、绝对的。而作为矛盾的统一体——资本主义社会形态，它是在生产力发展到一定阶段上的产物，随着生产力的发展它迟早会被取代，所以，这种统一性是有条件、暂时的、相对的。

（二）矛盾是事物发展的动力

矛盾范畴不仅反映了事物内部对立统一的本质联系，而且揭示了事物发展的机制和动力。无条件的、绝对的斗争性与有条件的、相对的同一性相结合，构成事物的矛盾运动，推动事物的发展。

1. 矛盾双方既同一又斗争，由此推动事物不断发展

（1）矛盾同一性在事物发展中的作用。矛盾的同一性在事物发展中的作用主要表现在以下几方面。

① 矛盾双方的相互依存是事物存在和发展的基础。在矛盾双方中，一方的发展以另一方的发展为条件。如在社会发展中，工业与农业、物质文明与精神文明是相互依存的，忽视其中一方，另一方也难以得到存在和发展。又比如，计算机病毒软件和杀毒软件之间的较量，使两者都在不断提高，病毒软件提高后，杀毒软件也要相应提高，杀毒软件提高后，病毒软件也会进一步再提高。因此，双方构成了互以对方的发展作为自己发展前提的关系。常言道“一个篱笆三个桩，一个好汉三个帮”，说的也是这个道理。

② 矛盾双方相互利用、相互吸取有利于自己的因素，促进事物各自得到发展。比如，植物和动物之间，植物通过光合作用吸取二氧化碳，放出氧气，动物正好相反，吸取氧气，呼出二氧化碳，它们就是这样相互利用、相互促进的。在社会生活中，工业和农业的相互促进，学术界不同意见的争鸣以及不同社会制度之间在某些方面的相互借鉴等。在各种棋类比赛中，比赛双方相互交流棋艺，取长补短，共同提高各自的水平。矛盾一方的发展还会刺激或促进另一方的发展。如药物能消灭细菌和害虫，而细菌和害虫也会由于药物的作用而产生抗药性，具有更强的生命力，这又促使人们去研制药力更大的药物，促使药物的发展。

③ 矛盾双方的相互贯通规定着事物发展的基本趋势。事物发展的基本趋势是向着自己的对立面转化。矛盾双方之所以相互转化，就是因为对立的双方之间包含、存在着由此达彼的桥梁。成语“因祸得福”“乐极生悲”“穷则思变”“居安思危”等，讲的都是矛盾双方的转化趋势问题。

（2）矛盾斗争性在事物发展中的作用。矛盾的斗争性在事物发展中也起着十分重要的作用，主要表现在以下几方面。

① 在事物的量变阶段，矛盾的斗争推动双方力量状况的变化，引起矛盾双方力量的消长，为发展积蓄力量，创造条件。从矛盾的观点看，事物发展必须首先通过各种形式的斗争推动双方力量对比的改变，打破现有的平衡，实现此消彼长，为质变创造条件。

② 在事物质变阶段，矛盾的斗争突破旧事物的限度使旧事物解体，使质变从可能转化为现实。从本质上说，旧事物的衰落还不是质变，只有旧事物灭亡，新事物产生，新事物取代旧事物才是质变；矛盾双方力量对比中量的变化还不是质变，只有这种量的变化突破了度，才成为质变，旧矛盾才能转化为新矛盾，这正是矛盾的斗争性作用最突出的表现。比如，1640年英国资产阶级革命，1789年法国资产阶级革命和1775年美国的独立战争，都是从封建社会、殖民地社会向资本主义社会的飞跃，是人类社会形态发展过程中的质变。

矛盾的同一性和斗争性对事物发展的作用不是孤立的，而是互相联结、交融在一起发生作用的。矛盾双方既统一又斗争，才构成事物的矛盾运动，推动事物的发展。正是从这个意义上说，矛盾是事物发展的源泉和动力。

自然科学表明，非生命世界中的一切运动都是由吸引和排斥的矛盾斗争引起的。推动天体运动和演化的动力，是吸引和排斥既斗争又统一的相互作用；生命运动的发展和进化，则是同化和异化、遗传和变异既斗争又统一的矛盾斗争；社会科学告诉我们，人类社会就是由于生产力和生产关系、经济基础和上层建筑的既斗争又统一才不断发展的。思维的发展也证明，正确认识与错误认识、不甚深刻的认识与深刻的认识、先进思想和落后思想的既斗争又统一，是推动思想前进的动力。

（3）在对立中把握同一，在同一中把握对立。矛盾着的对立面既统一又斗争，由此推动事物的运动和变化。矛盾的同一性和斗争性原理，要求我们观察各种具体问题时，要在对立中把握统一，在统一中把握对立，在对立面的统一中认识和把握它的每一个方面。

在对立中把握同一，就是要善于在对立面中看到统一的因素、部分和趋势，弄清它们是怎样统一的，在什么条件下互相转化，以便创造条件保持统一或促使转化。

在同一中把握对立，就是善于在统一物中看到对立的因素、部分、方面和趋势，弄清它们是怎样对立的，对立表现在哪些方面，对立的性质和程度如何，以便采取恰当的斗争形式。

统一是对立中的统一，对立是统一中的对立。看不到统一中的对立，把统一绝对化，那么，这种统一就是凝固的、僵死的统一，没有生机和活力的统一；看不到对立中的统一，把对立绝对化，就会陷入无休止的对抗和冲突之中，任何事物的存在和发展都是不可能的。

毛泽东根据同一性和斗争性原理，制定了在统一战线中既联合又斗争的根本策略原则。统一战线中的不同阶级、阶层、社会政治集团和个人，他们之间既在共同目标下实行联合，又由于各自不同的利益、政见而存在矛盾和斗争。因此，我们党的基本政策就必须是既联合又斗争，斗争是联合的手段，联合是斗争的目的。毛泽东统一战线中主张和实行把目标的坚定性与手段的灵活性相结合，坚持独立自主、既统一又独立的策略，显示了毛泽东高超的统战艺术。

坚持在对立中把握同一，在同一中把握对立，必须摒弃严格的"非此即彼"的形而上学思维方式。形而上学的"非此即彼"的思维定势，就是喜欢用一种非此即彼、非好即坏、两极对立的思维方式去看待事物和分析问题，其结果往往是把问题简单化、绝对化。

其实，事物总是复杂的，现实的情形既有非此即彼的关系，又有亦此亦彼的关系。如真与假、是与非、对与错、好与坏、美与丑等，并不是绝对的非此即彼的对立关系，因为它们往往是相互渗透、相互包含，在一定的条件下还会相互转化的。因此，事物更多的情况是在两极之间存在着多样的可能性。

对立面双方既然有相互一致的共同方面，它们就存在着相互结合的基础。既然对立面双方又有各自不同的特点和优势，它们之间的结合就有可能迸发出比对立面斗争更大的力量和作用。男女相结合才有人类的延续，阴晴结合才有风调雨顺和五谷丰登，正物质和反物质的结合会产生巨大的能量，市场机制和宏观调控相结合才能促进国民经济又好又快发展。

2. 内因与外因相结合，推动事物不断发展

矛盾是事物发展的动力。然而，任何一个事物的发展，不但其内部矛盾存在着多方面的相互作用，而且这个事物又同其他事物相联系，同其他事物构成矛盾。这种内部和外部的矛盾相互作用、相互影响、相互结合，共同推动事物的变化发展。

（1）内因与外因的含义。任何事物的运动发展都是由矛盾推动的，但当我们具体地分析事物矛盾的时候，就会发现这些矛盾可分为两类：一类是该事物自身所包含的矛盾，即该事物内部不同要素、不同性质、不同方面、不同发展阶段之间的矛盾；另一类则是该事物及其属性与周围其他事物及其属性之间的矛盾。前一类矛盾是事物的内部矛盾，简称内因；后一类是事物的外部矛盾，简称外因。

（2）内因与外因的关系。毛泽东指出，在事物发展中，“外因是变化的条件，内因是变化的根据，外因通过内因而起作用”。内因与外因的辩证关系表现在以下几方面。

① 内因是事物变化发展的内在根据。事物的内部矛盾是事物发展的动力，是事物存在的基础，是一事物区别于他事物的内在本质，决定着事物发展的特殊规律、基本趋势和发展方向。一个事物为什么会运动变化，发生什么样的变化，变成什么样子，主要由事物的内因决定。

自然界的变化，主要是自然界内部矛盾的发展。社会的变化，主要是社会内部矛盾的发展，即生产力和生产关系的矛盾、阶级之间的矛盾、新旧之间的矛盾，这些矛盾的发展，推动了社会的进步，推动了新旧社会的代谢。形而上学者在看到事物的发展时，往往从事物的外部找原因，比如用地理环境和气候的变化来说明某个国家的社会制度的变化，这就不能解释为什么地理环境和气候相同的国家，有的发生了很大的变化，而有的基本没有发生变化。

在市场经济的条件下，企业之间竞争非常激烈，有的企业发展了，有的企业却破产了。究其原因，主要在于企业内部的矛盾，如企业内部的管理模式、管理水平、技术条件、企业的凝聚力及员工的奋斗精神等。同处在改革开放、发展市场经济的条件下，有的领导干部立场坚定、一尘不染，有的则以权谋私、贪污受贿，甚至堕落为人民的罪人。之所以有如此大的差别，皆取决于内因。古人说，“物必先腐也，而后虫生之；人必先疑也，而

后诿人之”，就是这个道理。

② 外因是事物变化发展的条件。一个青年人的进步，主要是由他自身的思想矛盾所推动的，但好的社会风气、好的学校和家庭教育等外部条件也起着很大的作用。一个人的堕落固然主要是由他自身的思想所决定的，但不良的外部条件和环境也有不可忽视的影响。这些说明外因的作用不可忽视。

我国汉朝刘向的《列女传》中有孟母择邻的故事：孟子小时候，他的父亲就死了，孟母仉氏守节。母子俩居住的地方离墓地很近，孟子学了些丧葬、躄踊痛哭这样的事。孟母想：“这个地方不适合孩子居住。”就离开了。将家搬到街上，离杀猪宰羊的地方很近，孟子学了些做买卖和屠杀的东西。孟母又想：“这个地方还是不适合孩子居住。”又将家搬到学宫旁边。夏历每月初一这一天，官员进入文庙，行礼跪拜，揖让进退，孟子见了，一一记住。孟母想：“这才是孩子居住的地方。”就在这里定居下来了。

“孟母三迁”的故事告诉我们，一个人的成长，要有一个健康、良好的外部环境。孟子最终能够成为著名的思想家，“三迁”之功不可没。孟母也成为孩子教育的典范。

外因是事物存在和发展的必要条件，这些条件对事物发展的作用依具体情况不同而不同。在一定条件下，外因可以对事物发展起着十分重要的作用。例如种庄稼，种子选得好，其他条件也大体齐备，只是缺水，这时有没有水，对种子能否发芽并长成庄稼，就起相当重要的作用。可是无论如何，外因都不能成为内在根据，还是“种瓜得瓜，种豆得豆”。

小说《三国演义》中有“火烧赤壁”的故事，从这里流传出一句成语，叫做“万事俱备，只欠东风”。东风就是一个很重要的外部条件，没有东风，火烧赤壁的军事计划就不可能实现。

③ 外因通过内因而起作用。外因对事物发展有重大作用，但不管外因作用有多大，都必须通过内因才能发挥其作用。例如，同样的营养和生活环境，病菌能使身体虚弱的人得病，而对体魄健壮的人却无可奈何；腐朽的思想文化可以让意志薄弱者迷失方向，而对意志坚强的人却无能为力。

任何事物和其他事物之间都不是孤立的，而是相互联系、相互影响的,所以事物的发展既需要内因,也需要外因。事物的发展是内因和外因共同起作用的结果。只看到外因作用的"外因论",或只看到内因的作用而否认外因作用的观点,都是片面的。

人生总是与人所处的社会条件,与在既定社会条件下人自身的所作所为联系在一起。确实,有的人生相当成功,从而辉煌;有的人生充满挫折,从而悲惨。一般说来,人生的辉煌和悲惨总可以从人生所处的社会条件(外因)和人自身的所作所为(内因)中找到原因和得到解释。如果所处的社会条件相同,那么人生的辉煌和悲惨就不能不从人自身的所作所为的合理与否中寻找根源了。

内因与外因的辩证关系原理,要求我们既要坚持独立自主,也要对外开放,向外国学习。中国近代屈辱的历史告诉我们:要改变落后挨打的局面,就要首先彻底改变封建社会遗留下来的夜郎自大、固步自封、闭关锁国等错误的观念和政策,就要开眼看世界,大胆对外开放,虚心向比我们先进的国家学习。

经过新中国以来,特别是改革开放以来的持续发展,中国发生了历史性的巨变,取得的成就举世瞩目。但同时我们要清醒地认识到,我国与西方发达国家,甚至与一些新兴发展国家在某些方面还存在很大的差距,所以,我们要认真地向外国学习。但同时也要注意克服一些不良甚至错误的倾向,比如面对西方发达国家的先进而妄自菲薄、崇洋媚外,这是有害的。因此,在向外国学习的过程中,要正确地看待和把握自已,要树立信心、明确目标、迎头赶上。

二、矛盾的共性与个性

矛盾是自然、社会以及人的思维中客观的普遍的现象,而每一具体事物的矛盾又是各不相同的。矛盾的普遍性和特殊性的关系,也就是共性和个性的关系。

(一)矛盾是普遍存在的

矛盾是普遍存在的。毛泽东指出,矛盾的普遍性,其一,是说矛盾存在于一切事物的发展过程中;其二,是说每一事物的发展过程中存在着自始至终的矛盾运动。这就是说,矛盾无处不在、无时不有;事事有矛盾,时时有矛盾;没有矛盾,就没有世界。

在自然界里,一切物质都是运动的物质,而物质的各种运动形式都包含着各自的矛盾。机械运动中,连简单的位移都存在着前进与后退、作用力与反作用力、快与慢的矛盾等;物理运动中存在着吸引与排斥、吸热与散热、正电与负电的矛盾等;化学运动中存在着化合与分解、酸性与碱性、阴离子与阳离子的矛盾等;生命运动中存在着同化与异化、遗传与变异、生与死的矛盾等。

社会本身和人本身也永远是一个矛盾的对立统一体。尽管各个社会、各个时期、各个人的矛盾性质和内容有所不同,甚至大不相同,但矛盾的存在却是绝对的。希望寻找无差别的境界和绝对平衡的境界,那只能是幻想。有矛盾,才会有奋争;而一旦在奋争中使矛盾得到转化和解决,事物也就得到了发展和进步。所以,矛盾的普遍性是一个永恒的真理。对于侵略者和被侵略者来说,主要矛盾就是民族矛盾;对于压迫者和被压迫者来说,主要矛盾就是阶级矛盾。对于大多数人来说,矛盾当然会主要集中表现在生产、消费、分配、占有等方面,特别是在这些方面所表现出来的先进与落后、积极与消极、创新与守旧的矛盾,就更带有普遍性。在人们的日常生活中,存在着学习与工作的矛盾、爱情与友谊的矛盾、理想与现实的矛盾、消费需要和消费能力的矛盾等。人生就是在不断解决矛盾中度过的,在解决矛盾中实现自身价值,没有矛盾就没有人生。

可见,整个世界充满着矛盾,没有矛盾,就没有事物,就没有世界。正是矛盾的不断解决又不断产生,推动着事物的运动变化和发展。矛盾的普遍性原理要求我们在实际学习、工作和生活中,敢于承认矛盾、揭露矛盾,如实地反映矛盾,这样才有利于正确地分析事物、解决问题。正如毛泽东所说的:“一切矛盾都是客观存在的,我们的任务在于尽可能正确地反映它和解决它。”如果一味地回避现实中存在的矛盾、掩盖矛盾,不敢正视矛盾,只会导致错误地认识事物,不利于矛盾的解决,甚至导致问题更加严重。

(二) 矛盾也有特殊性

矛盾的特殊性是指每一具体事物所包含的矛盾以及每一矛盾的各个

方面都有各自的特点。世界上的事物之所以千差万别,就在于它们的内部都有其特殊的矛盾。矛盾的特殊性具体表现在以下几方面。

1. 矛盾性质及矛盾发展阶段的特殊性

客观世界的事物都有各自的物质运动形式,而每一种物质运动形式都包含着自身的特殊矛盾,这种特殊矛盾就构成运动形式相互区别的特殊本质,构成事物特殊的质的规定性,这为我们区分和把握不同事物提供了基本的依据。

在实践中,我们认识事物的时候,不但要看到它们的共同点,更要注意分析其特点,看到事物之间的差别。农民种庄稼要"因地制宜""因时制宜",教师教学要"因材施教",医生治病要"对症下药",裁缝做衣服要"量体裁衣"等,都体现了矛盾特殊性原理的要求。

同一事物在不同发展阶段的矛盾也各有特殊性,这种特殊性就是区分此一阶段与其他阶段的根据。这里要注意区分基本矛盾和非基本矛盾。所谓基本矛盾,也叫根本矛盾,是指贯穿于一事物发展过程的始终,并规定事物及其过程本质的矛盾。非基本矛盾是指那些不规定事物及过程本质,也不一定贯穿事物发展始终的矛盾。基本矛盾规定和制约非基本矛盾,非基本矛盾反过来影响基本矛盾,加速或延缓基本矛盾的解决,从而加速或延缓事物的发展过程。研究事物过程的发展,应着重把握其根本的矛盾。例如,贯穿人类社会发展始终的生产力和生产关系的矛盾,就是人类社会发展过程中的根本矛盾。

2. 矛盾地位及作用的特殊性

事物所包含的矛盾往往不是单一的,而是由许多矛盾构成的一个复杂的矛盾系统,在复杂的矛盾系统中,各种矛盾力量是不平衡的,在事物发展中所处的地位和所起的作用是不相同的。我们要正确认识和处理主要矛盾与非主要矛盾、矛盾的主要方面与非主要方面的关系问题。

(1) 主要矛盾与非主要矛盾。事物发展的一定阶段,在其复杂的矛盾系统中,必定有一种矛盾处于主导地位,起着决定作用,其存在规定和影响其他矛盾的存在与发展,这个矛盾我们称之为主要矛盾。在这个矛盾系统中处于从属地位、对事物的存在和发展不起决定作用的矛盾,我们称之为非主要矛盾。

主要矛盾和非主要矛盾的区分不是绝对的,两者相互联系、相互作用，主要矛盾对非主要矛盾的存在和发展起决定、制约作用，而非主要矛盾又影响、反作用于主要矛盾的发展和解决。

主要矛盾和非主要矛盾的区分也不是凝固不变的，随着事物的变化和发展，在一定条件下两者还可以相互转化。抗日战争时期，我国社会的主要矛盾是中华民族与日本帝国主义之间的矛盾。现在，我国社会主义初级阶段的主要矛盾是人民日益增长的物质文化需要同落后的社会生产之间的矛盾。这是由于条件的变化导致了主要矛盾和非主要矛盾的转化。

主要矛盾和非主要矛盾之间的辩证关系，要求我们既要重视主要矛盾，也要兼顾非主要矛盾，首先要抓好主要矛盾的解决，但也不能忽视非主要矛盾。

在现实生活中，有经验的医生治病，不是头痛医头，脚痛医脚，而是找准病根才对症下药；高明的棋手下棋，也绝不过分计较一兵一卒的得失，而是关注对全局输赢有决定意义的棋子，否则必定“棋错一着，全盘皆输”。这其中都蕴含着集中力量抓住主要矛盾的哲学道理。我们在人生的各个发展阶段上都会遇到矛盾，只有正确地分清主次，抓好主要矛盾，才不至于“眉毛胡子一把抓”，“捡了芝麻丢了西瓜”。

（2）矛盾的主要方面与非主要方面。在复杂的矛盾系统中，有主要矛盾和非主要矛盾之分。但无论是主要矛盾还是非主要矛盾，都有矛盾的两个方面。矛盾的双方在事物发展中所处的地位、所起的作用也是不相同的，其中必有一方居于主导地位，起支配作用，决定事物的性质，我们称之为矛盾的主要方面，另一方处于从属地位，不起决定作用，我们称之为矛盾的非主要方面。

矛盾的主要方面和非主要方面是相互依存、相互作用的，其中主要方面决定非主要方面，并决定事物的性质，但非主要方面也影响主要方面。例如，在我国“人民日益增长的物质文化需要同落后的社会生产之间的矛盾”这对主要矛盾中，“落后的生产”是矛盾的主要方面，“人民的需要”是矛盾的非主要方面。因为，生产决定消费，生产什么决定消费什么，生产多少决定消费多少，但是消费又反作用于生产，因此我们既要大力发展生产，也要努力扩大消费，以促进生产的可持续发展。

矛盾的主要方面和非主要方面的区分不是绝对的，也不是凝固不变的，而是在一定条件下可以相互转化，并导致事物性质的根本改变。例如，水的物理形态是固态还是气态，是由水分子的凝聚力和排斥力之间的矛盾所决定的。当凝聚力居于主导地位，起支配作用，成为矛盾的主要方面，水呈现为固态；当排斥力居于主导地位，起支配作用，成为矛盾的主要方面，水呈现为气态。可见，矛盾的主要方面和非主要方面是相互作用的，并在一定条件下可以相互转化，事物的性质由矛盾的主要方面决定。

既然事物的性质主要由矛盾的主要方面规定的，因此，要正确认识事物，就必须分清矛盾的主要方面和非主要方面。只有把握矛盾的主要方面，才能抓住事物的本质和主流，才能辨清方向、识别大局。如果不分主次，或者主次颠倒，就会混淆事物的性质。

唯物辩证法关于主要矛盾与非主要矛盾、矛盾主要方面与次要方面之间的辩证关系原理，要求我们在观察矛盾和处理矛盾时，必须坚持“两点论”和“重点论”的统一。

两点论，就是在研究复杂事物的发展过程中，既要看到主要矛盾和矛盾的主要方面，又要看到次要矛盾和矛盾的次要方面。如果只肯定其一，忽略或否定其二，就从根本上否认了矛盾，就变成了形而上学的“一点论”。

坚持“两点论”就是要对事物进行全面的分析，克服“只知其一，不知其二”的片面性。《孙子兵法》的杰出命题“知彼知己，百战不殆”，就是强调用矛盾分析的方法，深刻了解、准确把握敌我双方情况，并找到克敌制胜的途径和措施。屈原曾经说过：“夫尺有所短，寸有所长，物有所不足，智有所不明。”毛泽东说：“一万年都有两点。将来有将来的两点，现在有现在的两点，各人有各人的两点。总之，是两点而不是一点。说只有一点，叫知其一不知其二。”

“兼听则明，偏信则暗”这一至理名言，说明了全面了解情况的益处和片面性的害处。唐太宗李世民有一天问大臣魏征：“做君主要怎样行事才能做到明智，患了什么毛病就会昏暗呢？”魏征回答说：“兼听则明，偏信则暗。尧舜能够倾听各方面的意见，因而治好了国家。相反，秦二世、梁武帝、隋炀帝由于偏信宠臣的言论而遭到失败。”李世民很赞成这个见解，表示愿意这样去做。公元643年，魏征病死，李世民大哭一场说：“用铜作镜子，可以端正衣冠；用历史作镜子，可以知道兴衰；用人作镜子，可以明白得失。从前我用这三面镜子防止了自己的过失，现在魏征去世了，使我失去了一面镜子。”

重点论，就是在研究复杂事物的发展过程时，要着重把握主要矛盾和矛盾的主要方面，而不是把两者等量齐观、平等对待。如果把各种矛盾和矛盾的两个方面平均看待，就变成了形而上学的“均衡论”。

人们时常所说的打蛇要打七寸、牵牛要牵牛鼻子、工作要做到点子上、力气要用到节骨眼儿上、好钢要使在刀刃儿上等，这些讲的都是抓重点、抓关键的道理。

唯物辩证法主张的两点是有重点的两点，重点是两点中的重点。善于分析矛盾、解决矛盾，要坚持把“两点论”和“重点论”相结合起来，做工作不能搞“单打一”，而要学会“弹钢琴”，统筹兼顾，不断推进事物的发展。

3. *矛盾解决方式的特殊性*

认识矛盾的目的是为了解决矛盾。由于矛盾的性质及其外部条件是不同的，因此，解决矛盾的形式多种多样。矛盾从性质上来说，有对抗性矛盾和非对抗性矛盾，前者一般采取外部冲突的形式，后者则采取比较缓和的非冲突形式解决。矛盾解决的方式主要有以下几种。

(1) 矛盾的一方克服另一方。如自然界生物进化过程中新物种代替旧物种，社会领域中无产阶级战胜资产阶级，思维领域中真理战胜谬误，等等。又如我们看到的“弱肉强食，适者生存”也属于这种形式。

(2) 矛盾双方“同归于尽”，被新的矛盾双方所代替。成语“鹬蚌相争，渔人得利”就属于这种情况。这种矛盾解决形式在各个领域也是普遍存在的。如自然界中的费米子和它的反粒子相碰变成光子或介子，质子和反质子相碰可以变成光子或正、负、中性介子，电子和正电子相碰可以变成一对光子。在社会领域中，奴隶阶级和奴隶主阶级双方在斗争中同归于尽，退出历史舞台，社会矛盾被新兴的封建地主阶级和农民阶级的矛盾所取代。在思维领域中，两种相反的错误观点相斗争，结果被一种正确观点所替代。

(3) 矛盾双方融合为一种新事物。有些矛盾双方经过一系列发展阶段，最后达到对立面的融合，形成一个新事物。如社会领域里的城市与乡村的对立，经过长期发展，最终将形成两者融合的城乡一体化的新形式。

体力劳动者与脑力劳动者融合形成新型劳动者。“斗转星移,天行有常”也是如此。我们知道,地球对月球具有吸引力,而月球对地球具有离心力,这两种力的相互融合,构成了月球围绕地球旋转的这种形式,从而使矛盾双方得以融合。

(4)在解决社会生活领域内的矛盾时,要特别注意严格区分对抗性的矛盾和非对抗性的矛盾及其解决的方式。社会领域内的对抗性的矛盾是指双方根本利益互相冲突基础上的矛盾,对抗性的矛盾一般只能用对抗性的方式来解决;非对抗性矛盾是指双方根本利益一致基础上的矛盾,这类要用非对抗性的方式解决。在一定的条件下,如果处理不当,一些非对抗性的矛盾也可能激化,变成对抗性矛盾。在社会主义社会中,一定要正确区分两类不同性质的矛盾,切不可用对抗性的方式来解决本来属于非对抗性的矛盾。

矛盾既有普遍性,又有特殊性,这要求我们不仅要敢于承认矛盾、揭露矛盾,而且要善于分析矛盾、解决矛盾,做到对具体矛盾作具体分析。具体问题具体分析,就是要在矛盾普遍性的指导下,着重把握矛盾的特殊性,用不同的方法解决不同的矛盾。具体问题具体分析是我们认识事物的基础,也是解决矛盾的关键。列宁指出:“马克思主义的精髓,马克思主义的活的灵魂:对具体情况作具体分析。”毛泽东说:“用不同的方法去解决不同的矛盾,这是马克思列宁主义者必须严格地遵守的一个原则。”只有如实地分析矛盾的特殊性,才能认清事物的本质和发展规律,才能采取正确的措施和办法去解决矛盾。

例如,抗战全面爆发后,国民党内部出现了“速胜论”和“亡国论”等论调。共产党内部,也有一些人寄希望于国民党正规军的抗战,轻视游击战争。但是,抗战10个月的实践证明,“亡国论”“速胜论”是完全错误的。抗日战争的发展前途究竟如何一时成了人们关注的问题。1938年5月,毛泽东写了《论持久战》,初步总结了全国抗战的经验,批驳了当时盛行的种种错误观点,系统阐明了党的抗日持久战方针。在这篇光辉著作中,毛泽东从当时的现实出发,分析了中日两国的社会形态、双方战争的性质、战争要素的强弱状况、国际社会的支持与否,指出抗日战争是持久战,最后的胜利属于中国。他还科学地预见到中国的抗日战争必将经过战略防御、战略相持、战略反攻三个阶段。他强调“兵民是胜利之本”,抗战胜利的唯一正确道路是实行人民战争。《论持久战》是中国共产党领导抗日战争的纲领性文献,它指明了抗战的前途,提出了正确的路线。抗战后来的实践充分证明了这篇著作的预见是完全正确的。这是坚持具体问题具体分析、解决复杂问题的典范。

(三) 共性与个性的辩证统一

矛盾的普遍性和特殊性的关系,也就是共性和个性、一般和个别的关系,它们是辩证统一的。

1. 矛盾的普遍性和特殊性是相互区别的

矛盾的普遍性,是事物的共性,这一点是无条件的,因而是绝对的。矛盾的特殊性,是事物的个性,它的存在是暂时的、有条件的,因而是相对的。个性比共性丰富,共性比个性深刻,所以,两者不能互相代替,尤其不能用矛盾的普遍性代替特殊性,因为特殊事物的性质比普遍性丰富得多。

2. 矛盾的普遍性和特殊性是相互联结的

没有独立的共性和普遍性,共性存在于个性之中,普遍性存在于特殊性之中。共性总是无数个性中带有的共同性的东西,没有个性就没有共性。同样,特殊性中包含着普遍性,特殊性与普遍性相联系而存在。世界上的事物无论怎样特殊,它总与同类中的其他事物有相同之处,总要服从这类事物的一般规律,不包含普遍性的特殊性也是不存在的。

战国时期公孙龙的"白马非马"论之所以错误,就是因为他割裂了共性与个性的辩证关系,没有看到作为共性的马正是寓于作为个性的白马、黑马、红马等之中并通过它们表现出来的结果。

3. 矛盾的普遍性和特殊性在一定条件下可以互相转化

矛盾的普遍性和特殊性不是凝固不变的,随着层次的不同和范围的扩大,以及发展过程的无限性,在这个场合为普遍性的东西,在另一场合下则变成了特殊性,反过来也一样。例如,阶级斗争对阶级社会来说是普遍性的,但对于整个人类社会的发展来说则是特殊性的,因为阶级社会只是人类历史发展长河中的一个特殊阶段。再如,今天被称为"毛孩""毛人"的罕见的"返祖"现象,在从猿到人的进化时期,却是普遍现象,因为人类的祖先曾经全身长毛。

三、把握共性和个性的道理

矛盾的共性和个性、绝对和相对的道理，是关于事物矛盾问题的精髓，是正确理解矛盾学说的关键，不懂得它，就不能真正掌握唯物辩证法。毛泽东说："共性个性、绝对相对的道理，是关于事物矛盾的问题的精髓，不懂得它，就等于抛弃了辩证法。"用共性和个性的道理观察分析事物，具有重要的方法论意义。

（一）遵循从特殊到普遍到特殊的思维方法

遵循从特殊到普遍到特殊的思维方法，也就是要从事物的个别特性中发现和把握事物的共同本质，然后在普遍性原理的指导之下去更进一步地认识特殊性，解决实际问题，达到改造世界的目的，并在实践中进一步检验、丰富和发展普遍性的认识。

比如，科学家从铁、铜、铝能导电的个性中发现金属能导电这样的普遍性，然后在金属能导电这个普遍性认识的指导下去进一步认识其他金属导电的特殊性，从而把握不同金属导电的特殊性。

具体说来，遵循这一思维方法就是要做到同中求异和异中求同。

同中求异，就是在貌似相同的事物中找出它们的不同之处，发现新事物；异中求同，就是在不同的事物中找出它们的共同点，寻找规律性。人类科学发展史上对惰性气体和避雷针的发现与研制，就是基于对这一哲学原理的应用结果，因而留下了创新性思维的故事。

1892 年 9 月，科学家瑞利在英国《自然》杂志上发表一篇短文，说明自己在制取氮气的过程中，发现用不同方法制取的氮气的密度不一样，这是极不正常的现象，希望同行们予以证实，并解决这种矛盾。化学家拉姆赛据此进行科学推测，用不同方法制得的氮气比重不一致，说明从空气里制取的氮气中还混有某种比重较大的未知气体。为了证实自己的推测，拉姆赛做进一步的实验活动，先用瑞利制氮的方法取得一定量的氮气混合物，再耗尽混合气体中的氧和氮，结果测得所剩气体的体积是原来混合物的 1/80，密度却是氢气的 20 倍。后来根据光谱和其他实验得知，所剩气体是由氩、氦、氖等许多惰性气体组成的混合气体。

上述制取氮气的过程中，当时的科学界取得了一致的共性的看法和操作步骤，即从空气中提取，并认为空气中所含非氧即氮的看法，这是矛盾的普遍性原理，是公认的工作原则；但普遍性中有特殊性，特殊性也离不开普遍性，离开共性的事物的某种个性是不可能存在的。同理，离开混合气体的某种特殊气体也是无法独存的，混合气体在耗尽氧气和氮气以后，其体积仍然存在，其密度还是氢气的20倍，从而充分说明未知气体的混存。这是同中求异的方法，这种方法是共性中求个性的哲学原理的应用，并用其支撑科学研究活动。

与上述同中求异不同，避雷针发明的故事则是异中求同原理的应用。18世纪初，人们都认为天空中的雷电是上帝制造的，人类无法控制它。1751年夏天，美国杰出的科学家富兰克林，在目击了雷电击毁其住处附近的一座教堂并着了大火的过程以后，大胆推测天空中雷电现象和实验室里聚集的正负电荷间的爆炸并产生火花现象是同样的道理，对此他冒险进行了风筝放飞引诱电流的试验。后来他引电入地试验成功，并根据这一试验原理发明了避雷针，把高空雷电引入大地，使高层建筑物免遭雷电的袭击。

富兰克林把实验室里正负电荷间的碰撞与天空中的强大正负电荷爆炸作了类比，并把它们统一起来，经过试验，找到了共同点，从而发明了避雷针。这种科学做法，是在两种特殊性的事物间寻求到了普遍性、规律性的东西，是共性寓于个性之中的哲学原理的表现和应用。

（二）克服教条主义和经验主义

共性和个性是相互联系的，在一定条件下可以相互转化。如果只看到矛盾的共性，看不到矛盾的个性及条件的变化，把一些原理公式，甚至是别人的经验照抄照搬，就会犯教条主义错误。教条主义的主要特点是，把书本、理论当教条，思想僵化，一切从定义、公式出发，不从实际出发，反对具体情况具体分析。教条主义既有唯书唯上的土教条，也有妄自菲薄、崇洋媚外的洋教条。

相反，如果把狭隘的个别经验夸大为一般到处套用，就会犯狭隘的经验主义错误。经验主义的要害在于轻视马克思主义理论的指导作用，满足于个人狭隘经验，把局部经验误认为是普遍真理，到处生搬硬套，也否认具体问题具体分析。经验主义者还有一个致命的缺点，就是排斥他人，不愿学习新思想、新知识、新经验。

教条主义和经验主义是主观主义的两种表现形式，都割裂矛盾共性和个性的辩证统一关系，割裂理论与实践、主观与客观的具体的历史的统一，都会导致实践的失败。在中国共产党历史上，教条主义不懂得马克思主义普遍真理必须同中国的具体实践相结合，曾给革命和建设带来严重危害。

坚持共性和个性统一的道理，要求我们向书本学习，因为书本是人类智慧的承载，是人类进步的阶梯，但同时要防止和克服教条主义；要向实践学习，因为实践出真知，向实践学习才能更好地指导实践、搞好实践，但同时要防止和克服经验主义。

我们党一贯倡导实行的注重调查研究、从群众中来到群众中去、一般号召与个别指导相结合、解剖麻雀、先试点再推广、兴办特区、干部下乡蹲点等工作方法，都是共性和个性统一的道理在实际工作中的具体运用，是应当坚持的行之有效的科学领导方法和工作方法。

（三）坚持共性和个性的统一，走自己的路

坚持共性和个性相统一原理，是我们坚持把马克思主义普遍真理同中国具体实际相结合，走自己的路的哲学基础。马克思主义是世界性的理论而不是地域性的理论，它的基本原理是涵盖整个世界的。但是，马克思主义反映的普遍规律就寓于各个国度、民族、地域的特殊发展规律之中，只有把普遍原理与具体情况正确地结合起来，实现了一般和特殊的统一，这些普遍原理才能实际上得到体现，在生活中得到实现。马克思主义的世界化和本土化是统一过程的两个方面。马克思主义如果没有世界性的本质，就不可能在各个国度、民族或地区实现本土化；同样，没有成功的本土化，马克思主义的世界性也只能是高悬在空中的一般道理，不能解决各个国度、地区和民族千差万别的特殊问题，不能实际地实现世界化。就中国而言，马克思主义的本土化就是中国化，就是马克思主义普遍真理与中国实际相结合，解决中国的实际问题，走自己的路。

毛泽东开创的“井冈山的道路”，是马列主义普遍真理与中国革命具体实践相结合的光辉典范。邓小平指出：“把马克思主义的普遍真理同我国的具体实际结合起来，走自己的道路，建设有中国特色的社会主义，这就是

我们总结长期历史经验得出的基本结论。”邓小平成功地开创了中国特色社会主义道路。

当今世界，人类社会的变化更加剧烈而深刻，新情况、新问题层出不穷，因此，掌握矛盾共性与个性的辩证关系原理，要求我们把马克思主义同本国实际和时代发展相结合，与时俱进，开拓新境界，提出新思路，发展中国特色社会主义。

同理，社会在不断发展，人也在不断地完善自己。人生的目的只有符合社会一般的客观条件和人自身特定的主观条件才能实现。要善于运用全面的、历史的、辩证的观点和方法，放眼世界，放眼未来，正确认识社会发展规律，认识国家的前途命运，认识自己的社会责任，这样才有可能对人生道路上所面临的矛盾和问题作出科学的判断，把握人生方向，找准人生定位，实现好人生的价值。

本讲小结

辩证法和形而上学是两种根本对立的发展观。辩证法是关于联系和发展的学说。形而上学是用孤立、静止、片面的观点看待世界状态的学说。辩证法和形而上学的根本对立在于是否承认事物的内在矛盾性。

矛盾是事物之间以及事物内部对立统一的关系。作为哲学范畴，矛盾有其特定涵义。哲学矛盾范畴有别于逻辑矛盾。在思维过程中违反了逻辑规律就会造成思维混乱。

同一性和斗争性是矛盾的两种基本属性。矛盾的同一性是指矛盾着的对立面之间相互依存、相互吸引、相互贯通的性质和趋势。其一，矛盾着的对立面的相互依赖，即矛盾的一方的存在、发展，要以对方的存在和某种发展为前提，失去了对方，也就失去了自己存在的依据。其二，矛盾着的对立面之间的相互贯通，即矛盾双方的相互包含和相互转化的趋势。矛盾双方的相互包含是指矛盾双方相互渗透，即你中有我，我中有你；相互转化的趋势，是指事物向和自己有内在联系的对立面的转化，即向对方所处的地位转化。矛盾的斗争性是指矛盾着的对立面之间互相排斥的属性，体现着对立双方互相分离的倾向和趋势。矛盾的斗争性具有多样的表现形式，形式的不同，只是斗争性的差别性问题，不是斗争性的有无问题。斗争性形式的多样性，就是事物存在状态的多样性。

矛盾的同一性和斗争性之间是绝对和相对的关系。矛盾的同一性是相对的，主要指它的条件性。矛盾的斗争性是绝对的，主要指它的无条件性。它既受特定条件限制，又打破限制，创建事物发展的新条件，在任何情况下都能贯彻下去。同一性和斗争性互相联结。同一性是包含着差别和对立的同一，受斗争性所制约；斗争性寓于同一性之中，受同一性制约，两者缺一不可，不可分割。

矛盾是事物发展的动力。矛盾双方既同一又斗争，推动事物的发展。同一性在事物发展中的作用表现在：使对立面在相互依存的统一体中得以存在和发展，在相互利用、相互促进中各自得到发展，矛盾双方的相互贯通规定事物发展的基本趋势。斗争性在事物发展中的作用表现在：在量变过程中，推动着矛盾双方力量的变化；在质变过程中，促使旧的矛盾统一体分解。

矛盾既有内因又有外因。内因是事物的内部矛盾，外因是事物发展的外部条件。内因是事物存在的基础，规定事物发展的方向；外因是事物发展的条件。外因对事物发展起加速或延缓的作用。外因通过内因起作用。

矛盾既有普遍性又有特殊性。矛盾的普遍性，一是指矛盾存在于一切事物发展过程中，二是指每一事物发展过程中存在着自始至终的矛盾运动，即矛盾无处不在、无时不有。矛盾的特殊性指矛盾的个性，即矛盾着的事物性质、地位等方面以及矛盾解决形式上的各自特点。分析和研究矛盾的特殊性，是一切科学认识的基础，是解决矛盾的关键。

矛盾发展的不平衡性是矛盾特殊性的重要表现。有两种情形：一是矛盾发展的不平衡性，即在矛盾体系中有主要矛盾和次要矛盾的不平衡；二是矛盾双方发展的不平衡性，即在矛盾双方中有矛盾的主要方面和次要方面的不平衡性。矛盾发展的不平衡性告诉人们，要坚持两点论和重点论的统一。两点论就是在抓住重点的前提下，注重全面性，反对一点论；重点论就是要分清矛盾各方面的主次，抓住重点，反对均衡论。

矛盾的普遍性和特殊性的关系，是共性和个性、一般和个别、绝对和相对的关系。矛盾的普遍性与特殊性既相互区别，又相互联结。矛盾的普遍性存在于矛盾的特殊性之中，共性统摄着个性；矛盾的特殊性包含着矛盾的普遍性。矛盾的普遍性与矛盾的特殊性在一定条件下是可以相互转化的。

矛盾的普遍性和特殊性、共性和个性、绝对性和相对性的道理是矛盾问题的精髓。懂得这个道理是理解矛盾学说、掌握唯物辩证法的关键，是坚持马克思主义普遍真理同具体实践相结合原则的理论基础，也是批判教条主义和经验主义的思想武器。

★ 深度阅读 ★

1. 恩格斯：《自然辩证法》中的“《反杜林论》旧序。论辩证法”，《马克思恩格斯选集》第 4 卷，人民出版社 1995 年版。

2. 列宁：《谈谈辩证法》，《列宁选集》第 2 卷，人民出版社 1995 年版，第 556—608、711—715 页。

3. 毛泽东：《矛盾论》，《毛泽东选集》第 1 卷，人民出版社 1991 年版。

4. 邓小平：《建设有中国特色的社会主义》，《邓小平文选》第 3 卷，人民出版社 1993 年版。

★ 思考题 ★

1. 辩证法与形而上学的对立主要表现在哪些方面？
2. 如何理解矛盾同一性和斗争性的含义及其关系？
3. 如何理解内因和外因的含义及其关系？
4. 为什么说矛盾是事物发展的动力？
5. 如何理解矛盾普遍性和特殊性的含义及其关系？

第四讲
量变与质变

合抱之木，生于毫末；九层之台，起于垒土；千里之行，始于足下。

——老子

引例

达·芬奇画蛋

达·芬奇的名字，可谓无人不晓。他在人类知识诸多领域取得的卓越成就，特别是为我们留下了壁画《最后的晚餐》和肖像画《蒙娜丽莎》等许多流传千古的名作，使之无愧于意大利历史上著名的文艺复兴时期"三杰"之首的美誉，名垂青史。

1452 年 4 月 15 日，达·芬奇诞生在意大利佛罗伦萨郊区芬奇镇的安基亚诺村，在他 14 岁时，父亲决定把他送到佛罗伦萨著名艺术家委罗基奥的画坊当学徒。

达·芬奇到了画坊以后，委罗基奥先拿来一个鸡蛋让他画素描。达·芬奇很快画好了几张，可是老师看过后什么也没说，还是让他继续画，一连几天都是如此。达·芬奇终于不耐烦了，认为老师太小看自己。委罗基奥看出了他的心思，意味深长地对他说："你不要以为画鸡蛋是一件很容易的事。世上没有两个完全相同的鸡蛋，即使是同一个蛋，由于观察角度和光线的不同，它的形状也是不一样的。"达·芬奇这才知道，原来老师是为了培养自己观察事物的能力。这就是著名的“达·芬奇画蛋”的故事。此后,达·芬奇开始废寝忘食地锻炼自己的绘画基本功,学习各种艺术与科学知识,为他以后在绘画和其他领域的成就打下了坚实的基础。

达·芬奇在他的著作《达·芬奇论绘画》中谈道:“求得快速之前,应先学会勤勉。当你如此用心地练熟了你的手和判断时,你就会在不知不觉之间,已经落笔神速。”达·芬奇的作品之所以件件是珍品,与其早年辛勤练习的苦功是分不开的,是进行艰苦的量的积累的必然结果。

任何事物都具有质的规定性和量的规定性,都表现为质与量的统一,事物的变化发展表现为量变和质变的两种基本状态。

一、事物是质与量的统一

世界上的一切事物都具有一定的质和一定的量,都是质和量的统一体。

(一)事物的质

事物的质是指一事物内部固有的规定性,是一事物和他事物相区别的特殊性。事物的质是由事物内在的特殊矛盾决定的。世界上各种各样的事物,山川湖海,日月星辰,飞禽走兽,草木虫鱼,我们之所以能够把它们区别开来,是因为它们各有自己特殊的质。

事物的质与事物的存在是直接同一的。也就是说,质与事物是直接联系在一起的,是不可分割的。事物总是一定质的事物,不存在没有质的事物;质总是一定事物的质,也不存在同事物相脱离的抽象的质。比如,我们说好坏、优劣,总是不能脱离具体的人或具体的物,脱离了具体的人或具体的物,也就无所谓好坏和优劣。质和事物这种不可分割的关系,说明了质是事物本身所固有的,不是人为强加的。

人们认识事物首先认识它是什么,即首先认识质。认识事物的质是认识事物的开始。指鹿为马的故事,说的就是认识事物的质的问题。这一典故警示后人不能颠倒是非,混淆黑白,鹿和马本是质上不同的东西,是不能混淆的。在第一次国内革命战争时期,面对中国社会复杂的阶级状况,毛泽东撰写了《中国社会各阶级的分析》一文,明确地提出了"谁是我们的敌人?谁是我们的朋友?这个问题是革命的首要问题"。通过对中国社会各阶级的本质和特点的分析,分清敌、我、友,为提出新民主主义革命的总路线奠定了基础。

事物的质是事物本身所固有的,它通过属性表现出来。属性就是一事物与他事物发生联系时表现出来的质,人们正是通过认识事物的属性去认识事物的质的。在事物的多种多样的属性中,有本质属性和非本质属性的区别。本质属性的有无,直接决定着事物的质,而非本质属性的消失,则不影响事物的存在。例如,商品的本质属性是价值和使用价值,没有这两者,就不成其为商品,至于商品的重量、颜色、体积等都是商品的非本质属性。因此,研究事物的质主要要把握它的本质属性。

(二) 事物的量

事物不仅有质的规定性,还有量的规定性。量是事物的规模、程度和速度以及它的构成成分在空间上的排列组合等可以用数量表示的规定性。物体有大小、运动有快慢、温度有高低、颜色有深浅、分子中有原子的多少和排列顺序、生产力有发展的水平和速度、人口有密度和增长速度等,这些都是事物量的规定性及其表现。

事物量的规定性同事物质的规定性一样,也是事物本身所固有的,是客观存在的,同事物不可分离。一方面,事物总是具有一定量的事物,没有量的事物是不存在的;另一方面,量总是一定事物的量,脱离开事物的量也是不存在的。

例如,当我们说"这是书"时,总是有一定数量的,是一箱书、一堆书或者是一本书。反之,当我们说一箱、一堆、一本时,总是指一定事物的数量。数学是从"纯粹"形态上研究量的科学,它研究数和形以及两者关系的变化,但数和形的原型则是现实事物的数量关系和空间形式。恩格斯指出:"数和形的概念不是从其他任何地方,而是从现实世界中得来的。"

量的规定性和事物不是直接同一的。质的规定性与事物的存在是直接同一的，某一事物失去了自己的质，该事物就变成了他事物。量的规定性则不同，同一事物可以有不同的量。在一定的范围内，量的增减并不影响事物的质。比如，一个人虽然身高和体重都增加了，但这个人还是这个人，并没有发生质的变化；在标准大气压下，把10℃的水加热到80℃，水并不会发生质的变化。这些都是量的规定性与事物的存在不是直接同一的具体表现。

量的规定性是多方面的。量和质一样，也是多种多样的，有内涵的量与外延的量、精确的量与模糊的量、要素的量与结构的量等。内涵的量标志质的程度，如温度的高低、颜色的深浅、硬度的大小等。外延的量标志质的规模，如物的数量、体积、重量等。质把不同事物区别开来，量则进一步把同质的事物从量上区别开来。事物的量虽然是多方面的，但在特定的认识和实践中，人们没有必要也没有可能把握一切方面的量，而总是根据实践的客观需要考察其中某一方面或某些方面的量。研究事物量的规定性，同研究事物质的规定性一样，不能脱离实践的客观需要。

认识事物的质是认识事物的开始，是认识量的前提；认识事物的量是对事物认识的深化和精确化。在没有对事物进行定量研究、弄清数量关系、找到决定事物质的数量界限之前，人们对事物的认识还是初步的、粗略的，因而难以对实践进行准确具体的指导。由定性到定量的发展，是人类认识发展的规律，也是科学进步的规律。

例如，我们看到的化学元素周期表，每一种元素都和其他的元素有着质的区别，如果我们想要对某一个化学元素有更深入的认识，就要对它进行量的分析。比如“钾”，就有密度、熔点、沸点、原子序数、原子半径、电子排布、原子质量等量的规定性。

现代科学研究、生产实践、经营管理和社会生活等方面，都离不开数量分析和定量研究。在现代，数学的应用已经达到非常广泛的程度，宇宙之大、粒子之微、火箭之速、化工之巧、地球之变、生物之谜、日用之繁，无处不用数学。对此，马克思曾经指出，一门科学只有能够成功地应用数学时，才算达到了真正成熟的地步。这是对认识和把握事物量的重要性的充分肯定和高度概括。

（三）事物的度

任何事物都既有质又有量，是质和量的统一体，哲学上称之为“度”。

事物的质和量是有区别的。质使事物成为某种事物而不是其他事物。质发生了变化，该事物就变成了另一事物。而量则不同，同质事物可以有不同的量。在一定范围内，量的变化并不影响事物的质。例如，学校规模可大可小，班组人数可多可少，桌子可宽可窄，水温可高可低，颜色可深可浅等，在一定限度内，都不影响它们的质。

事物的质和量又是相互联系的。质决定量，没有一定的质就没有一定的量，量总是一定质的量，质规定着量的活动范围。同时，一定的量又是质的条件，质总是一定量的质，量制约着质，没有量也就没有质。质和量是统一的，这种统一就是“度”。

度是事物质和量的统一，是事物保持自己质的数量界限、范围或幅度。事物度的两端的界限叫关节点或临界点。关节点是一定质的事物所能容纳的量的活动范围的最高界限和最低界限。事物的量在度的范围内变化，事物不会发生质变，量变超出度的范围，事物就会发生质变。

例如，在标准大气压下，水保持其液体的物理性质的度就是0℃～100℃。这个度的两端，即0℃和100℃就是关节点或临界点。度也就是两个关节点之间的量的活动范围。如果水温的变化低于0℃的关节点或高于100℃的关节点，就突破了度，液体的水就会变成冰或水蒸气。任何事物都有其“度”，这是一个普遍现象。例如，每种液体都有其冰点和沸点，每个生物都有其生命的界限，所有这些“关节点”，都是保持事物质的界限。

19世纪俄国著名作家雷洛夫写了一篇寓言，叫《杰米扬的汤》。该寓言说，主人公杰米扬用鲜美丰盛的鱼汤款待客人。这本是一件好事，可是他一盆接着一盆地请客人吃，没有休止，最后客人忍无可忍，逃席而去，从此再也不敢登门。这个故事说明，任何事物都有保持其一定质的数量界限。鲜美的鱼汤无疑是待客的佳品，但过量了，则变成了灾难。

列宁说过一段很深刻的话：“只要再多走一小步，仿佛是同一方向迈的一小步，真理便会变成错误。”这里讲的就是认识中的度的问题。

（四）掌握适度原则

1. 定性分析与定量分析相结合

质、量、度作为事物存在和发展的最基本范畴，转化方法就是定性方法、定量方法以及定性分析与定量分析相结合的原则。这是人类认识和实践的最基本的方法和原则。

质的范畴启示我们，对事物的认识要重视定性分析，没有对事物性质的研究，就不能把握彼事物与此事物之间的根本区别；量的范畴启示我们，对事物的认识要做到定量分析，要具体地深入到事物的质当中，要把握决定事物质的数量界限；度的范畴启示我们，要真正准确地了解事物，就必须把定量分析与定性分析结合起来，因为单纯的量变或单纯的质变都不足以科学地说明事物。

在科学研究中，确定事物及其状态的性质，叫做定性研究；对事物进行数量分析是定量研究。定性是定量的基础，定量是定性的精确化，把定性和定量结合起来，是科学实验和调查研究的重要任务。

定性分析是确定事物的结构、性质及其运动状态，定量分析是运用数学工具对事物进行数量的分析、计算和测定。定性分析是认识事物的起点。人们认识事物，首先就是认识事物特定的质，确定事物“是什么”，只有这样，才能把它从千差万别的事物中区别开来，才能进一步深入认识事物的量和质。定量分析是定性分析的深化和精确化。若对事物的分析仅仅停留在定性上，那么，对事物性质的认识就只能是初步的，就不能深入了解决定事物质的数量界限，认识也就在实践中难以发挥具体的指导作用。以人造卫星为例，对卫星的各方面的数量关系，如第一宇宙速度、火箭的推力、各种轨道的具体参数等，如果没有准确甚至精密的数据，那么，我们对人造卫星性质的了解就是不精确、不完整的，这样既不能把它造出来，更不能把它送上预定轨道。

现代科技的发展，对量的分析的要求越来越高。像中子反应堆、洲际导弹、宇宙飞船、太空实验站等尖端科学技术，没有精确性极高的量的计算和分析，工作就无法开展。而一旦出现丝毫差错，就可能造成严重事故。一艘核潜艇在海底连续航行三个月，艇上的时钟与陆地标准钟如果相差百万分之一秒（一微秒），就会造成三百米的定位误差。正所谓：“失之毫厘，差之千里。"1986 年 1 月 28 日,美国"挑战者"号航天飞机升空 1 分钟后,因为一个小小的失误而发生爆炸,7 名宇航员全部遇难,12 亿美元的飞行器顿时化为乌有。定量认识在科研和实践中的重要性由此可见一斑。

任何事物的质和量都是不可分割的,因此,定性分析和定量分析不能彼此割裂、孤立进行。定性分析是定量分析的基础,定量分析是定性分析的继续和深化。只有把两者结合起来,才能对事物形成清晰、准确的认识。因此,定性分析与定量分析相结合的原则是人们认识和实践的基本原则。

2. 掌握适度原则

掌握质和量的统一,重要的是善于把握事物的度。适度是指人的认识和行动要与事物的度相适应,与事物的客观进程相一致,不能主观随意地超越或破坏事物的度。

适度原则是关于质量统一、质量互变原理的生动体现,是做好一切工作的重要原则。我们平时所说的"注意分寸""掌握火候""划清界限"等,讲的都是适度的原则。

我国古代的许多思想家早就注意到掌握事物的度所具有的方法论意义。孔子说"过犹不及","过"与"不及"都不是辩证法。"不及",即达不到一定的度,不能保证一定事物的质;"过",则是超过了一定的度,使事物的质受到破坏。

在《孙子兵法》中,孙武指出事物发展变化"度"的问题。事物发展都有一定限度,超过了一定的"度",事物就要走向反面。《孙子兵法·地形篇》讲到爱卒不能骄纵时指出,"视卒如婴儿,故可与之赴深褩;视卒如爱子,故可与之俱死。厚而不能使,爱而不能令,乱而不能治,譬若骄子,不可用也"。他强调对士卒关心、爱护,士卒就会赴汤蹈火;但如果超过了一定的"度",变爱护为骄纵,那样便会后患无穷,以至无法用来作战。

把握适度原则要求我们做到以下几点:

一是要注意把握关节点。关节点是度中最实质的部分,规定着度的上限和下限。如 0.15% 和 1.7% 是炼钢含碳量的下限和上限,超出这两个关节点,炼出的就是熟铁和生铁,而不再是钢了。

二是要注意寻求最佳适度。最佳适度是指在事物的质所能容纳的量的范围内,能够最好地满足人们实践需要的量。如最佳温度、最佳湿度、最佳速度、最佳工作年龄等。在科学研究中，有基础研究、应用研究和开发研究之分，这三者之间只有保持适当的比例关系，一个国家的科学技术才能得到较快的发展。历史上，英国政府对科学技术的发展不可谓不重视，它们投入的人力、物力和财力并不比其他国家少，然而，由于民族传统和心理因素的作用，它们普遍重视基础研究而忽视应用研究和开发研究，结果，英国政府为世界各国培养了大批优秀的人才，自己的经济发展却很落后，世界科技中心的地位不久也因此丧失了。究其原因，就是因为没有处理好基础研究、应用研究和开发研究三者之间的关系，没有把握好最佳适度的原则。这一历史教训是值得记取的。

三是要注意分寸，掌握火候。在需要保持事物稳定时，既要反对"过"，又要避免"不及"；而当条件具备、时机成熟时，又要敢于突破度的限制，把事物的发展推向前进。

在政治领域中，"左"和右的错误都是没有把握好事物的度，脱离了实际情况。我们应该既要防"左"，又要防右，避免左右摇摆。在经济建设中，要掌握好发展的"适度"原则，努力实现国民经济"又好又快发展"。好是注重发展品质；快是强调发展速度。应当看到，自然资源是有限的，人类可以而且应当充分利用自然资源，但不能无节制地过度索取，只有这样才能保持人与自然的和谐，实现经济社会的可持续发展。

在实际生活中，必须掌握好各种分寸。中肯的评价，有助于同志的进步，苛刻的要求，常常使人反感；正当的友谊，使人得到温暖、鼓舞和力量，哥们儿义气，则使人感情用事，是非不分，丧失理智和原则；适当的玩笑，能增加乐趣，过分的玩笑则显得低级无聊，甚至伤害感情；谦虚谨慎使人不断前进，谨小慎微则使人裹足不前。因此，我们看问题，待人接物，都必须注意适度原则，才能收到好的效果。德国哲学家黑格尔说得好："凡一切人世间的事物——财富、荣誉、权力，甚至快乐痛苦等——皆有其一定的尺度，超越这尺度就会招致沉沦和毁灭。"

二、事物的变化是量变与质变的统一

任何事物的存在都是质和量的统一，但这种统一不是固定不变的。事物总是通过量变和质变的相互交替，实现由低级到高级、由简单到复杂的发展的。量变和质变是事物变化发展的两种基本状态；量变、质变及其相互转化构成事物发展的基本过程。质量互变规律是唯物辩证法的基本规律之一。

（一）量变和质变的含义

1. 量变

量变就是事物数量的增减、场所的变更以及事物内部各个组成部分在空间排列组合上的变化。量变是一种渐进的、不显著的变化，是在原有度的范围内的变化，它不改变事物的根本性质，因而也称渐变。量变体现了事物发展过程中的连续性和稳定性。人们经常看到的统一、平衡、相持和静止等，都是事物处在量变过程中呈现的面貌。量变有两种形式。

一是数量的增减和场所的变更。当数量的增减和场所的变更超出一定的限度，就会引起事物质的变化。人们常说的“不积跬步，无以至千里”“千里之堤，溃于蚁穴”“冰冻三尺，非一日之寒”等这些成语，都体现着数量变化和场所变更引起质变的情形。

物体运动速度的变化能引起运动的轨道质变。把人造地球卫星送上天至少具有的速度是7.9千米/秒（第一宇宙速度），只有等于或大于（但又小于11.2千米/秒）这个速度时，它才能克服地球引力而成为地球的卫星。如果小于这个速度，卫星就上不了天；如果达到或超过11.2千米/秒（第二宇宙速度），它又会挣脱地球引力的束缚，成为绕太阳运动的人造行星了。

二是构成事物的成分在排列顺序和结构方式上的变化。例如，1、2、3、4、5、6、7七个音符通过各种不同的排列组合，既可以组成催人奋进的雄壮乐曲，也可以组成格调低下的靡靡之音。同等数量和素质的军队，由于组织、协同、部署等的不同，就会产生不同的战斗力和不同的战争结局。

乙醇（酒精）和甲醚这两种物质，它们每个分子中所包含的都是两个碳（C）原子、六个氢（H）原子和一个氧（O）原子，分子式都是C_2H_6O。但是，由于这些原子之间排列顺序不同，结构方式不同，就形成了两种不同质的化合物：

甲醚 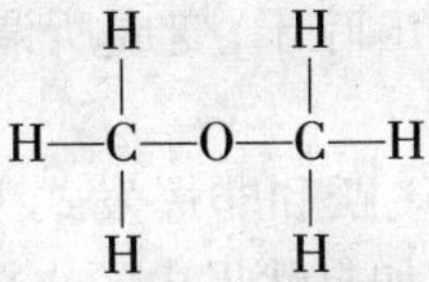　　乙醇 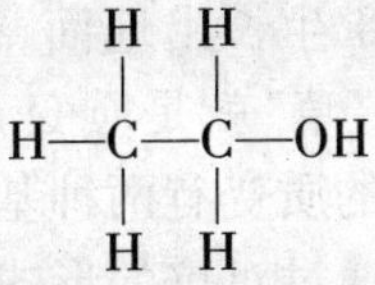

甲醚是气体,几乎不溶于水;乙醇是液体,在78℃时沸腾,能以任何比例与水混合。它们之间的化学性质也甚少相似。

同样,石墨与金刚石是典型的同素异形体,它们都要由相同的碳元素组成,但是由于它们内部的碳原子具有不同的空间排列形式,因而产生了显著的质的差异。石墨的晶体是层状结构,在每一层内,碳原子排列成六边形,一个个六边形排列成平面的网状结构,每一个碳原子都跟其他3个碳原子相结合,因此片层之间容易滑动,质软。而金刚石晶体里,每个碳原子都被相邻的4个碳原子包围,处于4个碳原子的中心,成为正四面体结构,构成一种坚实的彼此联结的空间网状晶体,因此坚硬无比。

战国时齐威王和大将军田忌赛马,两人各出上、中、下等马各一匹,比赛时,以上等马对上等马,中等马对中等马,下等马对下等马。由于齐威王诸马无论哪一等都比田忌的马强,结果田忌三战三败。著名军事家孙武的后代孙膑得知此事后,帮田忌出了一个好主意,并请求齐威王再比一次。比赛又开始了,这时田忌以下等马对齐威王的上等马,上等马对中等马,中等马对下等马,结果二胜一负,这次田忌胜利了。这个故事也说明,同样的事物由于构成成分的组合和结构形式上的变化,也可以引起事物的质变。

2. 质变

质变是事物根本性质的变化,是一事物变为他事物。质变是事物超出度的界限的变化,是事物的显著变动状态,是事物连续性的中断,因而又称飞跃、突变或革命。因此,区分量变和质变的根本标志,在于事物的变化是否超出度的界限。例如,一个人从劳动模范变成了罪犯,就是一个人思想意识和道德品质发生了质变。

冬虫夏草是我国高原地带的一种名贵的中草药。它的形成过程是:蝙蝠蛾为繁衍后代,产卵于土壤中转变成幼虫。此时,虫草菌侵入土壤中正在冬眠的幼虫体内不断繁殖,噬食幼虫的“五脏六腑”,将其内脏吃得一干二净,只留下躯壳,致使幼虫死亡。在新的一年天气转暖时,虫草菌自幼虫头部生长出地面，被人们发现后挖出晾干，变成所谓的“草”。由“虫”变成“草”就是质变。

事物的质变有两种基本形式：爆发式飞跃和非爆发式飞跃。爆发式飞跃是指通过对抗的形式来实现的质变。如自然界中的火山爆发、地震、海啸、原子弹爆炸等，社会生活中的暴力革命和战争等。近代以来，西方资产阶级经过资产阶级革命推翻了封建主义制度，建立了资产阶级专政的资本主义制度；中国人民经过不懈的努力和流血牺牲，推翻了压在自己头上的帝国主义、封建主义和官僚资本主义三座大山，建立起了人民当家做主的社会主义国家；等等，这些都是爆发式飞跃。

非爆发式飞跃是指不通过对抗的形式，而通过新质要素的逐渐积累和旧质要素的逐渐消亡来实现的质变。比如物种的演变、从猿到人的转化、人们世界观和人生观的根本改变；通过发展生产，提高科学技术水平，变不发达的国家为现代化强国；等等，都属于非爆发式飞跃。

事物的质变到底是采取爆发式飞跃还是采取非爆发式飞跃，取决于事物的性质及其所处的条件。毛泽东指出：事物的质变“依事物本身的性质和条件，经过不同的飞跃形式，一事物转化为他事物”。一般来说，对抗性矛盾采取爆发式飞跃的质变形式，非对抗性矛盾采取非爆发式飞跃的质变形式。但也不能一概而论。在特定的条件下，某些对抗性矛盾也可以采用非对抗的形式加以解决，某些非对抗性矛盾的激化也可能转化为对抗性矛盾，从而需要采取对抗的形式加以解决。

比如，原子核的裂变在原子弹爆炸中是爆发式飞跃，而在核电站的原子反应堆中就是非爆发式飞跃；又如，实现祖国的统一，我们主张和平统一，也就是采取非爆发式飞跃的形式来实现祖国的统一，但我们决不承诺放弃使用武力，一旦台独势力的活动超出一定的度或外国势力插手干涉，我们就不得不采取武力统一的形式即通过爆发式飞跃的形式来实现祖国的统一。

（二）量变与质变的关系

量变与质变的关系是既相互区别又相互联系的。量变引起质变，质变又引起新的量变，新的量变发展到一定程度又引起新的质变，如此交替，循环往复，不断转化，这就是事物变化和发展的质量互变规律。这一规律的基本内容包括以下几方面。

1. 量变是质变的必要准备

没有量变就没有质变。量的变化积累起来,达到一定的程度,就不可避免地引起质变。这就是说,质变依赖于量变,没有量变就没有质变。事物的质变不是偶然的,更不是凭空产生的,而是以量变为基础,是由逐渐的、不明显的量变所准备好的。楼总要一层一层地盖,布总要一线一线地织,饭总要一口一口地吃,路总要一步一步地走,这些普通的常识说明,事物的变化和发展是一个由量变到质变的过程。

战国时期的唯物主义哲学家荀子在《劝学》中说:"不积跬步,无以至千里;不积细流,无以成江海。"常言道,"万丈高楼平地起","冰冻三尺,非一日之寒",说的都是一个意思,即量变是质变的必要准备,量变到一定程度才有质变。

古人云:"应知学问难,在乎点滴勤。"人的学问就是一点一滴积累起来的。众所周知,司马迁著《史记》,用了 15 年,达尔文著《物种起源》用了 20 年,马克思著《资本论》用了 40 年。

2. 质变是量变的必然结果

任何事物的量变都不会永远持续下去,量变积累到一定的程度,必然会突破事物的度,引起事物的质变。这就是量变到质变的转化。比如,液态水的温度不断升高或者不断降低,当达到其临界点即沸点或冰点的时候,必然会变成气体形态的蒸汽或者固体形态的冰。

我们平时所说的"千里之堤,溃于蚁穴""善不积不足以成名,恶不积不足以灭身""勿以善小而不为,勿以恶小而为之"等格言,都反映了量变必然引起质变的道理。

西方哲学史上有两个著名的辩论,一个叫做"谷堆辩",另一个叫做"秃头辩"。前者说的是"增加一粒谷子,能否造成一堆谷子?"回答是不能。那就再加一粒,还是不能。再增加一粒,还是不能。继续一粒一粒地增加,结果会怎样?最终会造成一堆谷子。也就是说,量变的积累最终会引起质变。"秃头辩"从相反的方向说明了同一个道理,当一个人的头发一根一根地少下去,最终会变为秃头。

西方流传的一首民谣也对此作了形象的说明:丢失一个钉子,坏了一只蹄铁;坏了一只蹄铁,折了一匹战马;折了一匹战马,伤了一位骑士;伤了一位骑士，输了一场战斗；输了一场战斗，亡了一个帝国。可见，质变是量变的必然结果。

3. 质变引起新的量变，并为新的量变开辟道路

事物在实现了质变以后，在新的基础上又开始新的量变，这是由质变到量变的转化。量变可以引起质变，质变同样也可以引起量变。这且，在一定意义上说，质变在事物发展中具有比量变更为重要的意义。因为只有质变，才能把量变的成果肯定下来、巩固下来，并为新的量变开辟道路；只有质变，才能打破事物旧质的局限，使事物的根本性质发生变化，从而使旧事物灭亡，新事物产生，使事物由低级向高级发展。所以，质变是事物发展的决定性环节。

4. 量变和质变相互渗透，量变之中有质变，质变之中有量变

由于事物发展的复杂性和不平衡性，量变和质变往往不是以纯粹的形式进行的，而是互相交错、相互渗透的。就是说，量变之中有质变，质变之中有量变。这主要表现为量变过程中有部分质变，质变过程中又有量的扩张。量变和质变的相互渗透有两种情形：

一是在总的量变过程中有阶段性和局部性的部分质变。阶段性的部分质变，是说事物的根本性质未变，而比较次要的性质发生了变化，使事物的发展呈现出阶段性的特征，因而叫阶段性的部分质变。蚕的一生经历了卵、幼虫、蛹、成虫的过程，每一次变化都是阶段性的部分质变。一个人从童年到少年、青年、壮年和老年，从小学到中学、大学和研究生，在生理上、心理上、知识上和素质上都会有变化，这些都是人一生中的阶段性部分质变。

局部性的部分质变，是指事物就全局来说，性质未变，而其中个别部分发生了性质的变化。这种变化，它只要不改变全局，就属于局部性的部分质变。在中国第一次国内革命战争时期，中国共产党在国民党反动派的许多薄弱环节，建立一块又一块的革命根据地。这些革命根据地的性质同旧中国半殖民地半封建的社会性质是完全不同的，它们是具有新民主主义性质的红色政权。

二是在质变过程中也有旧质在量上的收缩和新质在量上的扩张。就是说，质变也具有量的特征。

质变过程中量的扩张，是指当事物的质变开始时新质并不是一下子

同时出现,而是先突破一点或几点,然后在量上迅速扩张,最终完成整体质的飞跃。例如,解放战争时期的战略决战特别是三大战役,就是质变过程中量的扩张的表现。在理解质变过程中量的扩张时我们要注意,质变过程中有量变的特征,这不属于量变的范畴,而属于质变的范畴。

总之,量变不是单纯的量变,质变也不是单纯的质变。它们之间的相互渗透,造成了事物发展过程中量变和质变错综复杂的局面。因此,我们在把握事物发展的复杂过程时,必须具体分析,切不可简单从事。

三、千里之行,始于足下

质量互变规律揭示了事物存在和发展的最基本的状态,是唯物辩证法的重要内容之一,它对于我们认识和改造世界具有重要的指导意义。

(一)坚持脚踏实地与锐意创新相结合

量变和质变的关系体现了事物的发展既是连续的又是分阶段的,各个阶段既相互区别又相互衔接,事物的发展是连续性和阶段性的辩证统一。量变与质量及其相互关系,转化为方法就是连续性与间断性相结合的原则。

连续性是指事物及其运动的毗连性和持续性,事物及其运动无差异地衔接和连贯在一起,各个部分等同,彼此同一。间断性是指事物及其运动的分立性与跳跃性,事物和运动分为许多层次和类型,各个层次各个类型都有差异,彼此各异。例如,河流持续地流动,风连续地刮着,地球不停地绕着太阳运动,这些具有持续性的事物和现象就都具有连续性。“抽刀断水水更流”,“剪不断,理还乱”,就是对事物连续性的文学描述。相反,植物的种子是一粒一粒的,细胞是一个一个的,能量是一份一份的(量子),基本粒子是一个一个的,原子核外的电子可以从一个能级跳跃到另一个能级,等等,这一切具有独立性、跳跃性的事物和现象就具有间断性。客观世界中的每个事物及其运动过程都是间断性与连续性的统一。

客观世界总是从间断中显示连续,又从连续中显示间断。可以说,连续者,间断之所依;间断者,连续之所伏。事物量变与质变的关系及其原理转化为方法就是连续性与间断性相结合的原则。

坚持连续性与阶段性相结合，要求我们既要有脚踏实地、兢兢业业的工作作风，又要有高瞻远瞩、勇于进取的创新精神。在实际工作中，我们的步子要稳、胆子要大，要锐意改革、敢于创新，努力促进事物向更高阶段转化。

（二）坚持艰苦奋斗与志存高远相结合

古人治学有这样的经验：古人学问无遗力，少壮工夫老始成。学习如春起之苗，不见其增，日有所长；辍学似磨刀之石，不见其损，年有所亏。《中国植物志》的作者们，坐在“冷板凳”上，一干几十年，一钻大半生，耐住时间的寂寞，熬住功名的诱惑，终于淬炼出耀眼的科技成果。因此，学习和研究都不能投机取巧，也不能好高骛远，应当老老实实，步步深入，一点一滴积累，通过量的积累去实现质的飞跃。

在实际工作中，我们应当坚持把远大理想与艰苦奋斗相结合，把国家发展、民族前途与个人的奋斗结合起来，把一生的追求与每天的行动结合起来。《老子》一书中有这样一段话：“合抱之木，生于毫末；九层之台，起于垒土；千里之行，始于足下。”这说明，天下大事必做于细，小事不为，大事不成。要想成就大的事业，就要埋头苦干，从我做起，从现在做起，从点滴做起，爱岗敬业，努力在平凡的岗位上作出不平凡的贡献，创造出无愧于时代、无愧于历史、无愧于人民的工作业绩。

坚持连续性与阶段性相结合，做到脚踏实地与锐意创新相结合、艰苦奋斗与远大理想相结合，要克服两种不良倾向：一是不愿做艰苦细致的工作，一心幻想事业成功，这是不务实际的幻想家。有的人在学习和工作中急于求成，企图毕其功于一役，凡事都想立竿见影、一蹴而就，就是这种不良倾向的表现。二是满足于微小进步，在量的积累已经成熟的时候，不善于抓住时机，把事物推向新的发展阶段。有的人办事优柔寡断、畏首畏尾、坐失良机，就是这种不良倾向的表现。

本讲小结

任何事物都具有质的规定性和量的规定性，都表现为质与量的统一。

质是一事物区别于他事物的内部规定性。质与事物的存在直接同一。属性是一事物与他事物在相互联系中表现出来的质。认识质是认识事物的起点。量是事物固有的可以用数量表示的规定性。量在一定幅度内的变化不影响事物的存在。对事物量的认识,是认识的深化和精确。

度是指事物保持自己质的数量界限,体现着质与量的统一。度的两端存在着的极限或界限叫关节点。坚持"适度"原则,在实际工作中要防止"过"与"不及"两种情况。

事物的变化表现为量变和质变两种状态。量变是事物在数量上的变化,特点是渐进性、微小变动性——在度内的变化,体现了事物发展的连续性。量变的基本形式有数量的增减和构成事物的成分空间关系的变化。质变是事物根本性质的变性,是一种质态向另一种质态的转变,特点是突变性、显著变动性——对原有度的突破,体现了事物发展的间断性。质变的基本形式有爆发式飞跃和非爆发式飞跃。区分质变和量变的根本标志是事物的变化是否超出度的范围。

量变与质变是辩证的关系。质变和量变互相依存:量变是质变的必要准备,质变是量变的必然结果;质变体现、巩固量变,为新的量变开辟道路。质变和量变互相渗透:在总的量变过程中的部分质变,包括阶段性部分质变和局部性部分质变;质变过程中有量的扩张,即新质在数量上不断增长。质变和量变互相转化,事物总是量变—质变—量变不断变化发展的。

千里之行,始于足下。做任何工作都应当把脚踏实地与锐意创新、把志存高远和埋头苦干结合起来。

★ 深度阅读 ★

1. 恩格斯:《反杜林论》中的"辩证法。量和质"部分,《马克思恩格斯选集》第 3 卷,人民出版社 1995 年版。

2. 恩格斯:《自然辩证法》中的"辩证法"部分,《马克思恩格斯选集》第 4 卷,人民出版社 1995 年版。

3. 列宁:《卡尔·马克思》中的"辩证法"部分,《列宁选集》第 2 卷,人民出版社 1995 年版。

★思考题★

1. 在实践中如何掌握适度原则?
2. 如何理解量变和质变的关系?
3. 掌握量变与质变的关系及其原理对学习和工作有何指导意义?

第五讲
内容与形式

美的事物应当是内容和形式的完美统一。

——爱因斯坦

引例

老鹰的新生

也许你听说过这样一则关于老鹰的故事：鹰是世界上寿命最长的鸟类之一，理论上可以生活到70岁。可是，鹰在活到40岁的时候，面临着一个艰难的选择：要么等死，要么经过一个非常痛苦的过程，让生命获得新生。因为这时的鹰，它的爪子开始老化，无法有效地抓住猎物；它的喙变得又长又弯，几乎碰到胸脯，难以进食；羽毛又长又厚又重，翅膀也就越加沉重，飞翔起来十分吃力。

如果鹰选择重整后再生，要经过一个痛苦更新的过程。它首先要努力地飞到山顶，在悬崖筑巢，在那里度过漫长而又痛苦的150天。在这段时间里，鹰要用力将又长又弯的喙击打岩石，直到完全脱落，然后等候新的喙长出来；再用长出的新喙将趾甲一个一个地拔出来；新趾甲长出来后，再将全部羽毛一根一根地拔掉。待新的羽毛长出后，老鹰焕然一新，又可以翱翔于广阔的天空，开始新的生活，续走后30年的生命旅程。

鹰在40岁的时候，经过一次脱胎换骨的改变，付出血的代价来改变自己，使自己获得新生，得以再过30年的辉煌岁月，给人生以深刻的启示。雄鹰具有坚韧不拔的毅力，高瞻远瞩的眼光，搏击长空的雄心，的确是人们学习的榜样。这大概也是人们常常称赞鹰为雄鹰，把生活强者勇于迎接挑战、战胜困难比作鹰击长空的根本缘故。

现实中的任何一个事物，都有内容和形式两个侧面，都是内容和形式的对立统一体。不难想象，雄鹰能够展翅高飞，搏击长空，是依靠其羽毛。雄鹰的羽毛对于其生命来说，虽是形式，但十分重要。内容和形式的关系问题，是我们在这里要讨论的问题。

一、内容与形式的含义

内容和形式是揭示事物的内在要素和它们的外在结构以及表现方式、相互关系的一对范畴。在现实生活中，我们有时会遇到或听到名不符实和弄虚作假的事情，如假烟假酒、假广告等。这就涉及内容和形式的问题了。名不符实，就是形式与内容不相符合。

内容是指事物内部各种要素的总和，是事物存在的基础。事物的内容并非组成该事物的诸要素的简单相加，而是构成事物的各要素有机结合的整体，即事物的各种内在矛盾以及由这些矛盾所决定的事物的内在特征、构成成分、运动过程、发展趋势等的总和。不同的事物有不同的内容，同一事物往往包含着许多要素，其内容是多方面的。比如，水（H_2O）的内容包含了氢元素和氧元素；一个人的人格包含性格、气质、能力等内容。

事物不仅有内容，也有自己的形式，两者缺一不可。形式是指把内容诸要素统一起来的结构及其表现方式。事物的形式，从其与内容联系的性质来划分，可分为内在形式和外在形式两种。内在形式与事物的内容有本质的联系。如制作花瓶的材料本身的原子数量和结构方式；又如体现书籍内容的小说、散文、诗歌等文艺形式。外在形式与事物的内容没有本质的联系。如花瓶，其外形可以是圆的，也可以是方的；又如同样是书籍的装帧，其形式可以是精装本也可以是简装本。

任何事物都有外在形式与内在形式。只有内容而无形式或只有形式而无内容的事物在现实世界中是根本不存在的。

二、内容与形式的关系

事物内容和形式的关系不仅是对立统一的关系,而且是相互作用、相互交错的关系。

(一)内容与形式是对立统一的

内容和形式的对立是指在世界上一定范围内、一定关系上,内容和形式的区别是确定的。内容就是内容,形式就是形式,两者不能混淆和颠倒。二氧化碳的内容是两个氧原子和一个碳原子,而其结构 CO_2 则是二氧化碳的形式。人头脑中的观念所反映的客观现实是认识的内容,而感觉、知觉、表象、概念、判断、推理则是认识的形式。

内容和形式的统一是指两者的相互依存、相互转化。相互依存表现为内容和形式都不可能孤立地存在。实际上,世界上任何事物都是一定内容和一定形式的统一体,从无机物到有机物,从简单的运动形式到复杂的运动形式,从微观到宏观世界,从自然界到人类社会等,每一个事物都是内容和形式的矛盾统一体。任何内容都具有某种形式,是某种形式的内容;反之,任何形式都具有某种内容,是某种内容的形式。不具有某种形式的内容和不具有某种内容的形式,都是不存在的。

内容和形式的区别又是相对的,在一定的条件下,两者可以相互转化。由于事物的范围无限广大,在一种关系中作为一定内容的形式,在另一种关系中可以转化为另一种形式的内容;反之亦然。如正方形、长方形、角锥体、圆锥体、圆柱体、棱柱体等是物体的一定形式,而把这些形式作为研究对象,就成为几何学的内容了。服装、道具对舞台演出是一种形式,但对生产服装、道具的厂家和销售商来说,则构成了内容。在社会基本矛盾中,生产关系对生产力而言是形式,对上层建筑而言又是内容。思维对于物质世界而言是形式,但对于语言形式来说它却是内容。

（二）内容与形式是相互作用的

1. 内容决定形式

一般而言，有什么样的内容就要求有什么样的形式；内容一旦发生变化，形式迟早也要发生相应的变化。例如，文学作品的题材决定体裁。如果题材是描写重大的历史事件，一般不能用短诗或散文的形式，只能用小说、电影、电视剧等形式；如果题材只是一个感想，一般只能用短诗或散文等形式。在社会生产中，生产力的性质决定生产关系的性质，生产力的发展决定生产关系的变革，这也是内容决定形式的具体表现。

2. 形式反作用于内容

虽然内容决定形式，但被一定内容所决定的形式并不是消极被动无所作为的，形式也能反作用于内容，影响、制约着内容的发展变化。形式对内容的反作用有两种情形：当形式与内容适合时，对内容的发展起积极的促进作用；当形式不适合内容时，对内容的发展起消极的阻碍作用。例如，文学作品如果用的体裁恰当，塑造的人物形象是活生生的，具有典型性，情节曲折，语言生动，就有利于表现题材；如果用的体裁不当，塑造的人物形象概念化，情节公式化，语言枯燥，就不利于表现题材。在社会生产中，生产关系适合生产力的状况时，能推动生产力的发展；生产关系不适合生产力的状况时，就阻碍生产力的发展。这也是形式对内容具有反作用的表现。

3. 内容和形式的相互作用构成两者的矛盾运动

内容和形式的统一，是在它们的矛盾运动中实现的。一般而言，内容是活跃易变的，形式则是相对稳定的。活跃易变的内容与稳定少变的形式之间自始至终存在着矛盾。在事物发展的初期，形式与内容是基本适合的，这时形式对内容的发展起促进作用。经过一段时间，内容有了较大的变化，形式落后于内容，逐渐成为内容进一步发展的障碍。这时就发生了变革旧形式以适合新内容进一步发展的客观要求。经过变革，打破旧形式，代之以适合内容发展要求的新形式，形式与内容又基本适合。形式与内容的矛盾运动，就是这样从基本适合到基本不适合再到新的基本适合的波浪起伏无限发展的过程。

在内容与形式的对立统一和相互作用的矛盾运动中，两者的关系是错综复杂的。事物的内容是极其丰富的，事物的形式是无限多样的。

在一定的条件下，同一内容可以采取多种形式，同一形式也可以表现不同的内容。例如，都是资产阶级专政的国家，可以用君主立宪制和民主共和制等政权形式来表现；同是无产阶级专政的国家，有巴黎公社、苏维埃和人民代表大会等政权形式；社会主义公有制这一内容的形式有全民所有制、集体所有制和各种公有制的联合体等；同一题材的内容可以用小说、电视、电影、戏剧、诗歌、舞蹈等多种文艺形式来表现。反之，如小说、电视、戏剧、诗歌等文艺形式，既可表现革命的内容，也可以为反动阶级所利用；同是商品、货币、工资、利润等经济形式，既可为发展资本主义的经济内容服务，也可为社会主义的经济内容服务。

在一定的条件下，新内容可以利用旧形式，但旧内容也可以新形式的面貌出现。如按劳分配从内容上来说是新的，但采用工资的形式就是利用旧形式。旧事物也可以借用新形式而新生。上面谈到的鹰通过脱变其羽毛让其生命得到延续就是证明。至于旧事物、旧内容利用新形式死灰复燃，在社会生活中更是常见的现象。如一些封建迷信的东西以“科学预测学”的形式招摇过市，骗钱害人。只有坚持具体问题具体分析，才能全面、正确地认识事物的内容和形式。

三、实现内容与形式的和谐统一

形式与内容的辩证关系及其矛盾运动的原理，对于实践活动具有重要的指导意义。

（一）重视事物的内容，反对忽视内容的形式主义

根据内容决定形式，形式必须适合内容的辩证关系原理，在实际工作中，要充分注意事物的内容，反对忽视内容的形式主义。

注意内容，就是根据内容的需要保持或改变形式。当形式基本上适合内容时，我们要使这种形式相对稳定，不能任意改变这种形式；当内容发生了较大变化，形式基本不适合内容时，要及时地采取措施，抛弃旧形式，建立新形式，为内容的不断发展开辟道路。

以公有制为主体，多种所有制经济共同发展，是我国社会主义初级阶

段的一项基本经济制度。发展多种所有制经济是由我国生产力状况决定的。我国生产力的现实情况是总体水平比较低,发展很不平衡,层次比较多。与这些社会化程度差别很大的不同层次的生产力相适应,客观上要求发展多种所有制经济。一切反映社会化生产规律的经营方式和组织形式都可以大胆利用。要努力寻找能够极大促进生产力发展的公有制实现形式,这样才能使各种经济形式在不同层次上适应生产力发展的要求,推动生产力的发展。在改革开放的实践中,为了发展生产力,我国推进了公有制实现形式的创新,出现了如合作制、股份制、股份合作制以及承包制和租赁制等多种实现形式。这是对生产力与生产关系、内容与形式的辩证关系的创造性运用。

注重内容要反对忽视内容,甚至以形式伤害内容,片面追求形式的形式主义。只图虚名而不办实事、粗制滥造、罗列现象、空话连篇、言之无物等,都是形式主义的常见表现。

(二)善于利用形式的积极作用,反对形式虚无主义

根据形式反作用于内容的唯物辩证法原理,在实际工作中,要善于分析各种形式,利用旧形式或创造新形式为新内容服务,反对抹煞形式作用的形式虚无主义。形式对内容有反作用,我们不能忽视形式,要善于根据时间、地点和条件,不失时机地选择、利用和创造最适当的形式,从而促进内容的发展。

形式虚无主义与形式主义相反,只要内容不要形式,实际上也否认了内容,从另一极端割裂了内容和形式的辩证统一。任何内容都要通过形式表现出来,不能认为一讲形式就是形式主义。比如工作和学习上的正规化、制度化、法制化,这不是形式主义,因为这是我们的学习、工作所必需的。

法理学在研究法律和法律现象的过程中,根据法律规定内容的不同,可以将法律分为实体法和程序法。实体法是规定、确认权利和义务以及职权和责任为主要内容的法律,如宪法、行政法、民法、商法、刑法等;程序法是规定以保证权利和职权得以实现或行使,义务和责任得以履行的有关程序为主要内容的法律,如行政诉讼法、行政程序法、民事诉讼法、刑事诉讼法、立法程序法等。

实体法的主要功能在于规定、确认权利和职权以及义务和责任，而程序法的主要功能在于及时、恰当地为实现权利和行使职权提供必要的规则、方式和秩序。实体法和程序法之间的相互关系，是内容与形式之间的关系，因此，只重视实体法而忽视程序法是错误的。正如马克思指出的："实体法却具有本身特有的必要的诉讼形式。例如中国法里面一定有笞杖，和中世纪刑律的内容连在一起的诉讼形式一定是拷问，以此类推，自由的公开审判程序，是那种本质上公开的、受自由支配而不受私人利益支配的内容所具有的必然属性。审判程序和法二者之间的联系如此密切，就像植物的外形和植物的联系，动物的外形和血肉的联系一样。审判程序和法律应该具有同样的精神，因为审判程序只是法律的生命形式，因而也是法律的内部生命的表现。"程序法与实体法密不可分，如影随形，相辅相成，相互依存。为此，要转变现实中人们重实体法轻程序法的观念，努力强化人们的程序法意识，不断完善程序法。

（三）努力实现内容与形式的和谐统一

根据内容和形式矛盾运动的原理，既不能过早地任意改变尚有积极作用的形式，也不能死抱住过时的形式不放，而是要适时地创造出有利于事物发展的新形式。在发展中国特色的社会主义的实践中，我们既要保持那些适合我国社会主义经济发展的形式的相对稳定性，又要变革那些不适合我国社会主义经济发展的旧形式，还要创造出有利于社会主义经济、政治和文化发展的新形式，以保证我国社会主义各项事业的顺利发展。

毛泽东在谈及文艺问题时曾经指出："我们的要求则是政治和艺术的统一，内容和形式的统一，革命的政治内容和尽可能完美的艺术形式的统一。缺乏艺术性的艺术品，无论政治上怎样进步，也是没有力量的。"这一论述不仅适用于文学作品，也适用于其他工作。任何工作都要把正确的充实的内容与恰当的完美的形式结合起来。根据内容的需要，善于选择利用和创造最恰当的形式，促进内容的发展，应当成为我们必须掌握的学习、工作、生活的方法和艺术。

俗语说得好，爱美之心人皆有之。面对大自然的美景，人们会流连忘返；置身于美妙的旋律中，人们会如痴如醉。美的需要是人类生存和发展的重要方面，人们通过爱美来表现人的本质力量，人类就是在不断地追求美、探索美、创造美的过程中发展起来的。对自然之美、人造之美、人类自身之美，要善于发现，善于欣赏，善于发展，善于创造，用越来越多的美装点生活，增加生活的幸福、信心和力量。

人美是一种复杂的综合美，是内容和形式的统一，是内在美与外在美的统一。人的内在美是人美的核心，体现在思想品德、道德情操、志趣爱好等方面，反映着人的修养的自觉程度。人的内在美主要包括人格美、生活情趣美、人际合群美。人格美，就是表现人的本质的美，德、识、才、学是构成人格美的诸要素；生活情趣美，指对人生、生活的积极向上的情感态度和心理倾向；人际合群美，其核心是主体同他人、社会所达到的和谐统一的关系。

人的内在美要通过人的语言、行为、仪表、风度以至一定的活动方式表现出来，因此，人美既有内在美又有外在美。人的外在美主要包括仪表美、语言美、举止美、行为美。仪表美，就是要衣着整洁、美观、大方，容貌打扮自然、端庄；语言美，就是要谈吐文雅流利，准确生动，语调和气，谦虚自然；举止美，就是要举止端庄大方，待人接物文明礼貌，不卑不亢，日常举止活泼开朗，文雅利落，步伐矫健；行为美，就是要求行为符合社会发展规律，反映出社会的发展趋势，自觉把个人利益放在国家利益、集体利益之后，以服务人民为荣，以背离人民为耻。

人的内在美与外在美的统一，体现了内容和形式的辩证统一关系。内在美决定外在美，外在美反映着内在美。人应当不断加强德、识、才、学方面的内在修养，同时又要注重自身的言谈举止，努力塑造真善美相统一的理想人格，做一个和谐发展的人。

本讲小结

内容和形式是揭示任何事物都具有的内在要素与它的结构及表现方式的一对范畴。任何现实事物都是内容和形式的统一体。内容是构成事物一切要素的总和，即事物的各种内在矛盾以及由这些矛盾所决定的事物的特性、成分、运动的过程、发展的趋势等的总和。内容是事物存在的基础。形式是把内容诸要素统一起来的结构或表现内容的方式。

内容与形式是对立的统一。两者既有区别,是对立的,又相互依存、密不可分。内容与形式的区别和对立是相对的,在一定条件下,内容和形式可以相互转化。

内容和形式又是相互作用的。内容决定形式,形式依赖于内容。同时,形式对内容有巨大的反作用。内容和形式的相互作用构成两者的矛盾运动。形式和内容之间的矛盾运动,就是由基本适合到基本不适合再到新的基本适合的不断发展过程。

在内容与形式的相互作用和矛盾运动中,两者的关系是错综复杂的。首先,内容决定形式是归根到底意义上的决定,而不是僵死的决定。在一定条件下,同一内容可以采取多种形式,同一形式也可以表现不同的内容。其次,在一定条件下,新内容可以用旧形式,旧内容也可以以新形式的面貌出现。要坚持具体问题具体分析,全面认识事物的内容和形式的关系。

掌握内容和形式的辩证关系原理具有重要意义。在观察和处理问题时,要首先重视内容,反对忽视内容的形式主义,但同时不能忽视形式对内容的反作用,反对抹煞形式作用的形式虚无主义。

★ 深度阅读 ★

1. 列宁:《辩证法的要素》,《列宁选集》第2卷,人民出版社1995年版。

2. 毛泽东:《反对本本主义》,《毛泽东选集》第1卷,人民出版社1991年版。

★ 思考题 ★

1. 试述内容和形式的辩证关系。

2. 我们如何才能做到内在美与外在美的和谐统一?

第六讲
现象与本质

我们看事情必须要看它的实质，而把它的现象只看作入门的向导，一进门就要抓住它的实质，这才是可靠的科学的分析方法。

——毛泽东

引例

隐真示假，巧施妙计

自古以来，战争就是人类社会一种比较普遍存在的现象。战争现象较之于别的社会现象，更难捉摸，更少确实性，更带所谓"盖然性"。因此，对于战争现象而言，尤其需要"由此及彼、由表及里的改造制作功夫"，透过现象看本质，使认识不断深化。于是，探讨战争现象和本质，总结战争规律的兵书便应运而生。

孙子，名武，春秋末齐国人，生卒年代大约与孔子（前551—前479）同时期。春秋中后期，战争十分频繁，为了适应战争的需要，孙子总结春秋时代丰富的战争经验和规律，并将之上升为军事理论，写成《孙子兵法》这部伟大著作，成为兵家始祖。《孙子兵法》是我国也是世界上最早的军事理论著作，在世界上广为流传。

《孙子兵法》中饱含着光辉的哲学思想。孙子在《行军篇》中有这样一段论述，可称为透过现象看本质的经典："众树动者，来也；众草多障者，疑也；鸟起者，伏也；兽骇者，覆也。"这里所说的"树动""草障"

"鸟起""兽骇"是现象，而"来""疑""伏""覆"则是本质。孙子在《势篇》中还有这样一段描述："故善动敌者，形之，敌必从之；予之，敌必取之。以利动之，以卒待之。"其意思是：向敌示以军形，敌人就会听从我之调动；投放小利，敌人必然会来夺取。用利益诱动敌人，再用劲兵去对付它。

在战争实践中，常常运用假象调动或者迷惑敌人，隐真示假，巧施妙计。如孙子的后代孙膑令军减灶而示怯，以破庞涓，可谓范例。公元前342年，庞涓指挥魏赵两国联军攻伐韩国，韩国求救于齐，齐以孙膑领兵，仍以"攻其必救"战术首先直捣魏都大梁，迫使庞涓回师自救。而后利用"彼三晋之兵素悍勇而轻齐"这一特点，采取逐日减少做饭用的土灶的办法，隐匿作战意图，调动敌人。最终导致魏军判断错误，尽弃辎重，星夜追击齐军，魏将庞涓兵败自刎。在这个战例中，锅灶越来越少，这只是事物的表面现象，而且还是假象。庞涓之所以兵败身死，主要原因是孙膑隐真示假，巧施妙计，而庞涓没有区别假象与真象，没能透过现象看本质而被假象所迷惑。

任何事物都是现象与本质的统一体。科学认识的任务和途径，就在于透过现象抓住事物的本质。

一、现象与本质的含义

宋代诗人苏轼在游览庐山时，曾经写下了脍炙人口的诗句："横看成岭侧成峰，远近高低各不同。不识庐山真面目，只缘身在此山中。"现实生活中，也有人因轻信他人而上当受骗，感慨"人心隔肚皮，知人知面不知心"。这些都涉及现象与本质的关系问题。

任何事物都具有现象和本质两个不同的方面。本质和现象是揭示客观事物的内在联系和外在联系及其相互关系的一对范畴。

现象是指事物的外部联系和表面特征，是事物的外在表现。现象可为我们的感官而感知。现象有真象和假象之分。真象是从正面直接地表现本质的现象。假象是从反面歪曲地表现本质的现象。如苹果落地的现象是真象,因为“苹果落地”正面、直接反映的本质是地球对地表物质的引力作用。在日常生活中,事物的本质大量表现为真象,如一个人的本质就是通过他日常的被许多人直接感知的言论和行为表现出来的。当然,假象在社会生活中也是十分常见的,有些犯罪分子就以各种方式制造假象,掩盖自己的犯罪事实。这类罪犯在案发之前常被人看做是“好人”的原因,就在于他们一直用假象掩盖着自己的本质。假象作为事物的某种外部联系,同真相一样,也是不以人的意志为转移的客观存在,是由各种具体的物质条件造成的。

假象与错觉不同,在实际生活中,人们往往把假象混同于错觉。错觉是人的感觉造成的,属于主观范畴,与假象有实质的区别。例如,从地球上观察到的太阳每天东升西落绕着地球转,这是一种假象,它歪曲地表现着太阳系中地球的运动。这种假象是客观的。与此相对照,太阳初升时看起来显得较大,到中午时看起来显得较小,则是人们在背景不同的情况下主观上产生的错觉,其实太阳的大小并没有变化。

错觉不是本质的反映,而是由于我们人体生理机能的限制所致。例如,当我们将一个物体快速地在人眼面前划过时,我们看到的不是这个物体本身,而是一条瞬间的弧线,其机理是人眼对移动物体的反应存有“滞后性”。科学家就是利用人眼的滞后性发明生产出电影、电视机,让这些装置按一定速度连续播放一幅幅独立的图像,而展现在我们眼前的则是活动的画面。插入水中笔直的木棍,由于光的折射,在人的视觉上也会留下木棍是“折”的错觉。

不只是眼睛容易产生错觉,人体还有其他的反应错觉。如当我们把两只手分别放入热水盆和冷水盆中时,会感觉一只手热,而另一只手冷,但当我们将双手抽出来后再把它们同时放入温度一样的温水盆中时,先前放入热水盆中的手此时感觉水是冷的,而放入冷水盆中的手此时感觉水是热的。这都是反应上的错觉。错觉是我们感觉上的盲区,因而在探寻本质时必须将它排除,否则就可能犯认识上的错误。

可见,错觉是主观的,假象是客观的,两者不能混为一谈。但假象容易引起人的错觉,因此在实践中对事物的现象作抽象概括时,一定要分清哪些是真象哪些是假象,以保证对事物本质联系的把握是建立在客观真象的基础之上的。

本质是指构成事物基本要素的内在联系，是一事物区别于他事物的最根本性质，事物的本质是由其本身所固有的特殊矛盾决定的。一事物的本质对于该事物来说就是它的特殊矛盾，而对其他事物来说，就是它们之间的本质区别。

本质同必然性、规律性是同等程度的范畴。规律就是本质的关系或本质之间的关系，认识事物的本质，就是认识事物的必然性、规律性。例如，懂得了化学运动的本质是原子的化合和化分，也就从根本上认识了化学运动的基本规律；懂得了生产力与生产关系、经济基础与上层建筑的基本矛盾运动是构成社会运动的本质，就从根本上理解了社会运动的发展规律。

但是，也不能把本质和规律看做是完全等同的。本质的含义更广泛一些，它是事物内部所包含的一系列必然性、规律性的综合。例如，生命的本质即蛋白体的存在方式，但不能将之简单地归结为生命运动的某一规律。又如，人的本质是一切社会关系的总和，却不能把社会某一方面发展的必然性或运动规律归结为人的本质。

二、现象与本质的关系

事物的现象与本质既相互区别，又相互联系，两者的关系是辩证统一的关系。

（一）现象和本质的区别

现象和本质是相互区别、相互对立的。主要表现在以下几方面。

一是现象外露于事物的表面，人们的感官可以直接感知；而本质则深藏于事物的内部，往往是看不见、摸不着的，人们的感官也不能直接感知，只能通过抽象思维才能把握。

例如，我们每天看见太阳东升西落，似乎太阳绕地球旋转，而实际上是地球绕太阳旋转；我们只能看见熟透的苹果往下落，却看不见使其下落的万有引力；等等。

二是现象是个别的和具体的东西，而本质则是同类现象中一般的、共同的东西。同类现象具有共同的深刻的本质，而共同的本质则通过千差万别的个别现象表现出来。例如，苹果落地、房屋倒塌、河水流动、飞机坠落、卫星遨游、陨石降落、海潮汹涌澎湃、流星划过长空、地球绕日旋转、太阳东升西落、星系演化发展、黑洞现象形成等，这些表现形态可谓多姿多态、千差万别，可是它们有着共同的本质，即都是引力相互作用的具体表现。

三是现象多变易逝，本质则相对平静、相对稳定。在客观事物的发展过程中，本质是相对不变的，但它表现出来的现象则是经常变化的，不断改变着自己的具体形态。如社会必要劳动决定商品价值是商品价值的本质，价格则是价值的现象，它常因商品的供求关系不同而上下波动，而价值则具有相对稳定性。

中国古典小说《西游记》里的孙悟空，有时变作白发苍苍的老头，有时变作英俊潇洒的少年，有时变作一颗大树，有时又化作一股青烟……七十二般变化，可以说是变化多端，但他变化招数再多，也仍然是一个伴随唐僧左右的孙猴子。水有三态，即液态、气态和固态，但这三种状态都是水的表现或现象，其本质仍然是 H_2O。

四是现象比本质丰富、生动，本质则比现象单纯、深刻。由于现象是个别的、具体的和表面的东西，形之于外，千差万别，且多变易逝，所以它比本质丰富、生动；而本质则是同类现象的共性，深藏于事物内部且相对稳定，所以它比现象单纯、深刻。列宁曾经用湍急的河流来比喻现象和本质的关系，他说："河水的流动就是泡沫在上面，深流在下面。"就是说现象五彩缤纷、瞬息万变，但本质则是扎实的、稳固的。

（二）现象与本质的统一

现象和本质既相互区别，又相互联系、相互依存。主要表现在以下几方面。

1. 现象与本质相互联系

一方面，现象不能脱离本质，任何现象都从一定的方面表现本质，真象从正面直接地表现本质，假象则从反面歪曲地表现本质，没有不表现本质的纯粹现象。在社会生活中，人的思想品德是内在的、相对稳定的，而人的言行则是外在的、多变易逝的。一个人有好的思想品德，会通过言行表现出来；一个人有坏的思想品德，也会通过言行表现出来。他们的言行都从一定方面表现着其思想品德。有的人，尤其是思想品德很坏的人，他有的言行是真象，如背着人的言行；有的言行是假象，如在众人面前的言行。假象也是本质的表现，在众人面前的言行表现了他狡猾或两面派的本质。一个人的思想品德是其言行的根据，决定其言行。

另一方面，本质也不能脱离现象，本质总是现象的本质，没有不表现本质的现象，现象总是从不同的侧面表现事物的本质，它的存在和变化，归根到底是从属于本质的，脱离现象的赤裸裸的本质也是不存在的。

比如，水的三种状态从不同的侧面表现了由氢原子和氧原子这两种元素结合成的化合物 H_2O。固态是水的本质在冰点以下所表现的现象，气态是水在沸点以上所表现的现象，液态则是水在冰点和沸点之间所表现的现象。在这里，无论是哪一种形态，都从不同的侧面表现了水（H_2O）的化学本质。生物体新陈代谢这一本质特征，在植物生长过程中是通过发芽、生长、开花、结果、凋谢、枯萎等各种现象表现出来的，其中每一种现象都从不同的阶段和侧面表现了植物生长过程的本质。

历史上和现在的一切侵略者往往施放“和平”的烟幕，以掩盖此好战的本质，它们叫嚷“和平、缓和、友好、亲善”等口号，其目的总是和其扩军备战的活动相配合的。这种假象恰恰是一切侵略者虚伪和狡猾本质的表现。列宁说：“假象的东西是本质的一个规定，本质的一个方面，本质的一个环节。”就是说，假象同本质也是同一的。

2. 现象与本质相互转化

由于物质世界是普遍联系与永恒发展的，因此，一种现象的本质又是另外一种本质的现象，这种现象与本质之间的不断转换，为人类对世界的认识不断推向新的高度提供了现实的可能。例如，皓月当空是我们观察到的现象，然而它的实质是太阳的光线反射所致；而明亮的太阳发出的光线是我们察觉到的现象，其实质是由于太阳内部发生核聚变后的能量转换出来的。列宁指出，人们的认识“由现象到本质，由所谓初级的本质到二级的本质，这样不断地加深下去，以至于无穷”。

总之，世界上任何现象都是本质的现象，任何本质又都是现象的本质，脱离本质的纯粹的现象和脱离现象的纯粹的本质都是不可能存在的。本质与现象的统一和联系，是人类科学认识之所以可能并赖以进行的前提和基础。

三、透过现象抓住事物的本质

现象和本质的辩证统一,是科学研究的必要性和可能性。正因为现象和本质是对立的,正因为事物的表现形式和事物的本质不是直接合而为一的,所以科学认识、科学研究才是必要的。马克思指出:“如果事物的表现形式和事物的本质会直接合而为一,一切科学就都成为多余的了。”同时,也正因为现象和本质是统一的,就决定了科学认识、科学研究是可能的。因此,坚持本质和现象的对立统一,是科学认识和科学研究的前提。万有引力定律揭示了物质之间的引力相互联系,元素周期律揭示了元素的化学性质与原子序数之间的联系,生产关系和生产力状况相适应的规律揭示了物质生产的内容和形式之间的联系。这些定律或规律是人类认识的结晶。

现象和本质的辩证关系原理,要求我们在认识和实践活动中透过现象把握本质。既然世界上的一切事物都是本质和现象的对立统一,那么,我们要揭示事物的本质,就既不能使认识停留在表面现象的层次上,也不能脱离现象去凭空地构想事物的本质,而应在实践的基础上,通过对现象的分析研究揭示事物的本质。正如毛泽东所说的:“我们看事情必须要看它的实质,而把它的现象只看作入门的向导,一进了门就要抓住它的实质,这才是可靠的科学的分析方法。”

1867 年,俄国彼得堡军需部开仓发放冬装,发生了奇怪的现象,这次发放的军大衣全都没有扣子,官兵们对此十分不满。此事一直闹到沙皇那里。沙皇听了大臣的报告后,大发雷霆,要严厉处罚负责监制军装的官吏。军需大臣恳求宽限几天,以便对此事进行调查。这位大臣到军需仓库查看,他翻遍了整个仓库,竟没有一件大衣上有扣子。负责仓库保管的军官和士兵们都说,这些军装入库时,都钉有扣子,扣子是不可能丢的。那么,这数以万计的扣子究竟哪里去了?军需大臣委托一位科学家来破这个案。当科学家得知这些军装上的扣子全是用金属锡制造的时候,沉思了一会儿说:“扣子失踪的原因是由于天气奇冷,锡扣子变成粉末脱掉了。”但现场的军官都不相信科学家的解释。于是,科学家拿了一个锡壶放在花园一个石凳子上。几天后，科学家请大臣一起到花园去看，“锡壶”仍放在原处，看上去和原来没有什么两样，但当他们上前用手指一碰时，怪事发生了，锡壶变成了粉末。众人看得目瞪口呆，忙问科学家：“这究竟是怎么回事呢？”原来，锡具有与其他金属不同的物理性质。当环境温度极低时，其晶体结构会发生改变，体积增加20%左右，变成一种灰色粉末；到了-33℃时，这种变化的速度就会大大加快。那年冬天，俄国彼得堡地区的气温下降到-33℃以下，所以银光闪闪的锡扣子都不见了，只有钉纽扣的地方留下一小撮灰色的粉末。这就是问题的本质所在。

无独有偶，一些多次去南极探险的科学家们曾找到了一些若干年前在南极遇难的探险家们的尸体，他们是被暴风雪困在帐篷里冻饿交加而死的，奇怪的是帐篷里有充足的食物，只是装燃料的油桶是空的。科学家们经过仔细调查后发现，这些桶是用锡焊接的，在低温下，锡变成了粉末，致使燃油全部漏光。当疲惫不堪的探险队员回到基地帐篷中时，因为没有燃料取暖，而食物又冻得像岩石般坚硬，只能无可奈何地坐在那里等待生命最后时刻的到来。

上述两个例子说明，科学认识的途径必须是透过现象去把握本质。但是，事物的各种现象是十分复杂的，认识各种现象背后隐藏的本质不是容易的，有时需要专门的科学知识。我们怎样才能在复杂的现实生活中做到透过事物的现象认识其本质呢？

（一）客观全面地把握事物的各种现象

认识事物的本质，首先要客观把握事物的现象。认识事物的本质的前提，是对认识对象本来面目的了解，“不附加以任何外来的成分”。黑就是黑，白就是白，丁是丁，卯是卯，不拔高，不贬低，不掩盖，更不能扭曲和颠倒。同时也要认真区分现象中的真象和假象，不被假象迷惑。这种观点用巴甫洛夫的话讲就是“要研究事实，对比事实，积累事实”，用梁启超的话讲就是“科学的根本精神，全在养成观察力”。一切从实际出发，如实客观地研究和把握事物的真实的、固有的联系，是实事求是的内在要求，是科学发现、技术发明的前提和基础。

认识事物的本质，也要全面地把握事物的各种现象，切忌仅仅看到一些局部的、个别的现象，就轻率地对事物的本质下结论。在认识事物的过程中，把个别事物从普遍联系中抽取出来，或者把事物整体的各个组成部分分割开来，单独地、分别地加以研究，这是完全必要的；但在研究个别事物或其组成部分时，不能忘记它同周围有关事物的相互联系、相互作用和相互制约，不能忘记它同整体以及整体中其他部分之间的联系。黑格尔曾经生动地举例说：人的手只有作为人体的有机组成部分，与其他器官有机地联系在一起，才是真正的手。把手割下来，使之脱离开人体，它就不再是现实的手。爱因斯坦也曾举例说："如果人体的某一部分出了毛病，那么，只有很好地了解整个复杂机体的人，才能医好它；在复杂的情况下，只有这样的人才能正确地理解病因。"

形而上学主张用孤立的、静止的、片面的观点去看事物和现象。形而上学者只见局部不见整体，只见树木不见森林，似瞎子摸象，坐井观天，就难免以偏概全，把事物简单化、表面化，得出不正确的认识。例如，上述那位科学家如果离开当时的环境和天气变化，就不可能解释扣子丢失的现象。同理，如果把地球孤立起来，离开它同太阳系的联系，就不能认识地球的运行，无法理解地球上的昼夜交替、四季变化和潮汐涨落等现象。如果离开微观物理系统，我们就很难对质子、中子、电子等微观客体的属性和规律有确切的理解。因此，用唯物辩证法联系的观点来观察和处理问题，揭示客观存在的事物的内部本质联系，必须反对形而上学孤立、片面的观点。

（二）对各种现象进行科学分析和研究

掌握和认识大量的现象并不等于认识了本质，要把握事物的本质，我们的认识不能停留在现象领域，满足于一些零散的、表面的认识，还必须开动脑筋，对大量的现象以及它们之间的相互关系进行科学的分析和研究，只有这样，才能深入事物的本质。

毛泽东指出，要完全地反映整个的事物，反映事物的本质，反映事物的内部规律性，就必须经过思考作用，将丰富的感性材料加以去粗取精、去伪存真、由此及彼、由表及里的改造制作功夫，造成概念和理论的系统，就必须从感性认识跃进到理性认识。

感性材料是多种多样的，往往粗精混杂，真伪并存，彼此相隔，表里莫辨，必须进行比较分析。去粗取精，就是对已经搜集到的大量感性材料进行分析、筛选，抓住主要的能够说明问题本质的现象，舍弃与本质无关的或次要的现象；去伪存真，就是对感性材料进行分析、鉴别，如果其中有虚假材料必须去除，否则就会得出歪曲事物本质的结论；由此及彼，就是将大量个别的感性材料联系起来思考，从总体上进行研究，特别要注意把看起来毫不相干的现象联系和统一起来，发现其中的规律性；由表及里，就是透过表面的现象发现事物内在的联系、内在的规律性。

李瑞环讲得更生动真切，学会分析综合，就要“认真把情况搞全了、弄准了，把材料掰开了、揉碎了，把关系理顺了、摆正了，把措施具体了、落实了”。“搞全了”就是讲全面，“弄准了”就是讲准确，“掰开了”就是讲分析，“揉碎了”就是讲综合。唯有如此，才能认识事物的本质和规律，才会有科学的决策。

丹麦天文学家第谷，用了三十年的时间观察和记录行星的位置，积累了大量的感性材料，可惜由于他缺乏理论思维，始终没有能从这些材料中发现行星运动的规律。而第谷的助手开普勒却借助于他积累起来的丰富材料，经过一系列的推理和计算，最终从这些感性材料中发现了行星运动的三大规律。这说明客观对象是形成科学认识的客观内容，但如果没有理论思维的抽象、概括、升华，是开不出科学之花、结不出科学之果的。

透过现象认识本质是认识的深化，但并非是认识的结束。由现象进入本质，在一定程度上认识到事物的规律性以后，我们还必须在这种认识的指导下，继续研究尚未研究过或尚未深入研究过的现象，从而进一步补充、丰富和加深对事物本质的认识。人的认识由现象到本质、由初级本质到二级本质，不断地深入下去，以至无穷，这是人类认识由浅入深、不断深化的辩证过程。

培养对各种现象进行科学的分析和研究能力，根本的是要掌握辩证唯物主义和历史唯物主义及其指导下的现代思维方法。这种思维方法是“望远镜”，可以登高望远，“不畏浮云遮望眼”；是“显微镜”，可以见微知著，于细微处探真知；是“解剖刀”，可以由表及里，由此达彼，由偶然揭示必然，把握事物的本质和规律。其中，很重要的是要运用统筹兼顾的思维方法。“统”就是统揽、总揽，就是宏观调控，适时适当干预，“筹”就是筹划、协调，兼顾就是照顾到方方面面，协调好各种关系。这种思维方法就是用联系的而不是孤立的、发展的而不是静止的、全面的而不是片面的观点看问题，通俗地讲，就是左顾右盼、瞻前顾后、仰上俯下、“弹钢琴”、“一盘棋”的方法。

透过现象认识事物的本质，也就是实事求是的过程。陈云说：“在延安的时候，我曾仔细研究过毛主席起草的文件、电报。当我全部读了毛主席起草的文件、电报之后，感到里面贯穿着一个基本指导思想，就是实事求是。那么，怎样才能做到实事求是呢？当时我的体会就是十五个字：不唯上、不唯书、只唯实，交换、比较、反复。”这十五个字，前九个字是唯物论，后六个字是辩证法，总起来就是唯物辩证法。

本讲小结

现象和本质是揭示客观事物的内部联系和外部表现的相互关系的一对范畴。本质是指事物的根本性质，以及组成事物基本要素的内在联系。本质和必然性、规律性是同等程度的范畴，但比较起来，本质的含义要更宽泛一些，它是事物内部所包含的一系列必然性、规律性的综合。

现象是事物的表面特征以及这些特征之间的外部联系。假象是一种虚假的现象。根据表现本质的方式不同，可以把现象分为真象和假象。真象是指那些从正面直接表现本质的现象，假象是指那些以否定方式或从反面歪曲地表现本质的现象。假象同真象一样，是客观存在的，是由各种客观的实际条件造成的，因而不能把它同主观上的错觉混为一谈。

现象和本质是对立的统一。现象和本质是对立的。现象是个别的、片面的东西，本质是同类现象中一般的、共同的东西；现象是多变的、易逝的，本质是相对稳定的；现象是表面的、外在的，本质是内在的、深刻的。现象和本质又是统一的。任何本质都要通过一定的现象表现出来，任何现象又都从某一特定方面表现出事物的本质。

掌握本质与现象的辩证关系原理具有重要的实践意义。本质和现象的对立，说明了科学研究的必要性；本质和现象的统一，说明了科学研究的可能性。科学认识的任务是透过现象抓住本质。在实际工作中，要把现象作为入门的向导，经过调查研究，在掌握全面丰富材料的基础上，运用科学的抽象思维方法，对各种现象进行分析和研究，从而把握事物的本质。要揭露用假象掩盖本质的种种手法。人们对事物的认识，就是从现象到本质，从不甚深刻的本质到更深刻的本质的无限深化的过程。

★ 深度阅读 ★

1. 列宁：《黑格尔〈逻辑学〉一书摘要》，《列宁全集》第 38 卷，人民出版社 1959 年版。

2. 列宁：《黑格尔〈哲学史讲演录〉一书摘要》，《列宁全集》第 38 卷，人民出版社 1959 年版。

★ 思考题 ★

1. 如何理解本质与现象的辩证统一关系？
2. 怎样才能做到透过现象把握事物的本质？

第七讲
实践与认识

知识就是力量。

——培根

引例

毛泽东的读书生活

毛泽东是伟大的革命家，也是举世公认的、学识渊博的学问家。孜孜不倦的读书生活伴随着毛泽东的一生，与他的革命生涯紧紧地联系在一起。

毛泽东曾说过："有了学问，好比站在山上，可以看到很远很多的东西；没有学问，如在暗沟里走路，摸索不着，那会苦煞人。"他之所以能深刻认识中国革命的规律和对马克思主义的发展有独创性贡献，很重要的条件是孜孜不倦的读书生活一直陪伴到他生命的终结。

毛泽东爱读"有字之书"，即书本知识。他有一句名言："一天不读报是缺点，三天不读报是错误。"勤奋学习换来了高深的学问。青少年时期的毛泽东就酷爱学习：儿时自读旧小说；在省立高中学习时，每天到省立图书馆学习；在一师时，利用微光读到深夜，天微亮起床又读；长征时，他躺在担架上还是读书；外出考察他也不忘读书，甚至在去世前 1 小时，他都没停止学习。

毛泽东纵览古今中外，兼收并蓄，从社会科学到自然科学，从马列著作到西方资产阶级著作，包括哲学、经济学、政治、军事、文学、历史、地理、自然科学、技术等书籍。读书占用了毛泽东大部分的时间，由于他记忆力惊人，加上理解得很深，所以读书效率很高。毛泽东的头脑好比知识的海洋。

值得注意的是，毛泽东读书并非读死书，做个传声筒，对书本盲目轻信，而是能根据自己的理解提出自己的看法，作出自己的评价。正是有了这种“读得多，想得多”的好习惯，才使他对中国问题有独到见解。

毛泽东重视书本知识的学习，但也重视社会知识的学习，因为学习的目的是改造社会，要求人人必须从事社会实践活动，必须了解社会。毛泽东认为熟悉社会的途径和方法是调查研究。

早在1914年，他在湖南一师的读书笔记《讲堂录》中就写道：“闭门求学，其学无用。欲从天下国家万事万物而学之，则汗漫九垓，自游四宇尚已。”要求青年人踏着人生社会实际说话。1917年，他利用暑假邀请萧子升一同“游学”，历时一个多月，走了900多里，游历了长沙、宁乡、安化、益阳、沅江5个县的不少乡镇，途中结交了农民、船工、财主、县长、老翰林、劝学所所长、寺庙方丈各色人等。第二年春，又与蔡和森沿洞庭湖南岸和东岸，经湘阴、岳阳、平江、浏阳几县，游历近半个月。这是毛泽东从事调查研究工作、接触社会的开始。

在参加革命后，毛泽东更是积极深入社会做调查研究工作。通过调查，他掌握了第一手材料，准确把握了现实情况，并根据了解到的新情况、新问题，作出新决策，得出新答案，使自己克服教条主义、经验主义，真正做到了从实际出发，实事求是。毛泽东善于向社会学习，了解中国的历史和现状，并将马克思主义普遍真理与中国革命具体实际相结合，实现了马克思主义中国化，创造性地解决了中国革命的方向和出路问题。

在古今中外的革命家、军事家、政治家中，像毛泽东这样酷爱读书、读有所得、得而能用、用而生巧的人，确实非常罕见。上述一些关于毛泽东的读书生活情况告诉我们：毛泽东在读书做学问方面，坚持了学习与思考相结合、学习与运用相结合、学习与创新相结合，这反映了辩证唯物主义认识论的真谛，为我们树立了学习的典范。

认识论就是研究认识的本质及其发展规律的理论。马克思主义的认识论,把科学的实践观引入认识论,把辩证法运用于认识论,揭示了人类认识的本质及其发展规律,使认识论成为真正科学的认识论。

一、认识的本质

认识的本质问题,是一切认识论都无法回避的重要问题。辩证唯物主义认识论认为,认识的本质就是在实践的基础上主体对客体的能动反映。

(一) 认识的发生和本质

1. 认识的主体和客体及其相互关系

认识的主体是指处于一定的社会关系之中从事实践活动和认识活动的人,即认识活动的承担者。它具有自然性、社会性、意识性(能动性)三个特征,是自然、社会和意识的统一体。其中社会性是认识主体最本质的属性。认识主体的存在形式有三个层次:个体主体、群体主体和类主体。个体主体是指从事相对独立的实践和认识活动的个人。群体主体是指按照一定的信仰、目的、利益、规范等组织起来的社会共同体,如民族、阶级、政党等。类主体是指全人类。类主体就其本性和可能性来说,具有无限的认识能力。

认识的客体是指一定历史阶段上进入认识主体实践活动范围并与认识主体发生联系的客观事物,是主体认识和改造的对象。它具有客观性、对象性、历史性三个特征。认识客体的存在形式也有三种:自然客体、社会客体和精神客体。自然客体是指作为社会活动对象的天然存在物和经过“人化”了的自然存在物;社会客体是指人们的社会存在和社会关系;精神客体是指人的精神活动和精神产品。

主体与客体的关系问题是认识论的基本问题。主体和客体是对立统一的关系。主体和客体之间始终存在着矛盾,客体不会自动满足主体的内在需求。主体和客体又是统一的。离开客体,无所谓主体;离开主体,也无所谓客体。主体的知识水平、技术手段制约着对客体认识和改造的深度与广度,而客体也会促进人的体力和智力的提高。主体的活动不能摆脱客体的规律及其条件的制约。主体的能动性在于认识客体,并把它们置于自己的控制之下。主体和客体不仅相互联系、相互制约,而且在一定条件下相互转化。主体与客体的复杂关系,主要有实践关系、认识关系和价值关系三个基本层次。

实践关系。这是主体改造客体以及客体被改造的关系,也是主客体关系的最基本方面。在实践关系中,主体基于对客体的一定认识和自身的需要,提出实践目的,运用工具和手段实现对客体的改造,取得一定的物质成果,把自己的目的、能力和力量对象化。同时,客体也迫使主体的改造活动遵循它的规律性,主体的实践目的、实践方式和实践结果都要受到客体的制约。

认识关系。这是主客体之间的反映和被反映关系。认识就是主体对客体的能动反映。客体的信息作用于主体,使主体的观念获得客观内容;同时,主体根据需要对客体信息进行选择和加工,形成了客体的主观映象,在观念上把握和反映客体。

价值关系。这是主体对客体的需要同客体满足需要之间的关系。外部世界作为人生存和发展的条件,具有满足人的物质需要和精神需要的属性。主体索取能满足自己需要的事物作为客体,并通过活动改变客体,实现自己的目的,满足自身的需要。

上述主体和客体之间的三方面的关系是相互联系、相互作用、相互渗透的。实践关系是主客体关系中首要的和最基本的关系,其他两种关系都是在这一基础上发生和发展的。认识关系既是实践关系的产物,又具有相对独立性,是实践关系的必要条件。价值关系集中地体现了主体的目的性需要,是主体认识和实践的内在尺度。

2. 认识的中介

主体与客体之间的相互作用,并不是简单、直接发生的,而是通过认识中介发生相互作用的。认识中介是指主体借以认识客体的手段、方式和方法的总和,亦称认识工具。一般说来,认识中介可分为物质工具和思维工具两大类。物质工具是人类为更好地探索客观世界对自然物加工改造而成的工具,其作用是放大或延长主体的运动器官、感觉器官和思维器官。思维工具是指人在进行思维过程中以观念形态存在的思维框架。认识中介作为认识过程中必不可少的构成要素,是人类认识能力和认识发展水平的客观标志，它决定着不同时代人们认识活动的基本方式。

3．能动的反映是摹写性与创造性的统一

主体对客体的反映并不是主体对客体面貌的机械直观的摹写，而是以实践为基础的能动的反映。这种能动的反映是摹写和创造的统一。

反映的摹写性，是指人的认识作为对某一事物的反映，必然是以这一事物为原型的。就是说，人的认识不论表现形式多么抽象和复杂，归根到底来自被反映的客观对象，在人的主观认识中包含着不以人的意志为转移的客观内容。反映的摹写性体现着反映的客观性。

反映的创造性，是指人的认识不是直观地对客观对象简单、直接的摹写，而是一种能动的创造性活动。只有经过创造性的抽象思维活动，人们才能揭示事物的本质和规律。反映的创造性体现着反映的主体性，即主体的能动性。

总之，反映的摹写性和创造性是辩证统一的。摹写是创造性的摹写，而不是机械的镜面式的摹写；创造是以摹写为基础的创造，而不是主观随意的编造。如果只讲反映的创造性，看不到其摹写性，就会陷入否定认识客观性的唯心主义先验论；如果把反映完全等同于摹写，看不到反映的创造性，就会陷入否定认识能动性的旧唯物主义直观被动的反映论。

4．反映与信息的选择、建构

在人的实际认识过程中，主体对客体创造性的摹写，体现为主体对在改造客体中获得的大量信息进行有组织的加工、改造和整合的过程。人是通过对客体信息的选择和建构等机制实现对客体的能动反映的。

反映离不开信息。信息是标志着物质存在方式和运动状态的哲学范畴。在各种物质系统相互作用、相互联系的过程中，它表征物质系统的某些结构、特征、属性在其他物质系统中的反映和呈现。一个系统接受另一系统的作用，并在自己的系统中留下另一系统的痕迹或印记，就意味着后一物质系统接受和保留了前一物质系统的信息。从信息的角度看，主体反映客体就是主体通过一定手段从客体中获取信息，并经过加工、改造，即信息变换，使之在主体头脑中建构出一个与客体具有同构异质关系的观念系统的过程。因此，反映的过程和结果中必然有信息。反映和信息的联系为认识提供了可能，是世界可知性的必要条件。

在反映过程中，选择的作用不可忽视。主体在认识中对客体信息的选择，首先表现为感觉器官的选择，人的感觉器官实际上是个信息过滤器。在此基础上，还要经过主体的思维活动对被感觉器官过滤过的信息再进行自觉的、能动的选择。思维运作的选择性表现了思维活动的指向性。主体通过自己的感官，每时每刻都在接受大量的信息，即使对同一对象而言，也有众多的信息传入大脑。但是，主体在一定时期有自己的思维定势或兴奋中心，只有通过舍弃一些信息，保留另一些信息，才能形成对特定对象或特定对象某一方面的认识。显然，这体现了思维的选择机制的作用。

反映过程是信息的重构或建构过程。认识过程不是客体信息的简单收集与再现过程，而是在选择的基础上，把这些经过筛选、加工的信息置于自己原有的背景信息结构之中，根据主体的认识图式对信息进行加工过滤、整合重构的过程，也就是建构过程。主体的认识不是在白板上投射，不是像照相机那样的摄影，原封不动地"反映"外物，而是运用原有的认识图式、认识结构对外来信息进行加工改造、建构，形成新的观念的过程。

（二）马克思主义认识论是能动的反映论

人们对认识的探索和研究，围绕主体与客体、认识与实践的相互关系而展开。正是对这种关系的不同回答，产生了唯物主义反映论与唯心主义先验论、可知论与不可知论、能动的反映论与直观的反映论之间的对立和斗争。马克思主义认识论是能动的革命的反映论，与其他哲学认识论有着本质的区别。

首先，它坚持唯物主义反映论，反对唯心主义先验论。唯物主义的认识论是反映论，它承认、肯定不依赖于意识而存在的客观物质世界是认识内容的唯一来源，认识是对客观物质世界的反映；承认、肯定思维和存在的同一性，主张认识能够正确反映客观世界，获得客观真理。反映论是一切唯物主义认识论的共同原则。

唯心主义的认识论是先验论。它认为人的认识和认识能力是先于感觉经验、先于实践的东西，是先天就有的，故称先验论或先天论。主观唯心主义先验论认为，人的思想、认识是主观自生的或先天固有的，是人的心灵的自我创造，人们认识了自己的感觉也就是认识了"存在"。例如，我国战国时期的哲学家孟子主张有“不虑而知”“不学而能”的“良知”“良能”。客观唯心主义先验论认为，人的认识是从天上掉下来的，来自某种“客观精神”或神灵的启示。例如，古希腊哲学家柏拉图宣扬“知识就是回忆”，人在出生前，灵魂早就存在了。那时灵魂在所谓“理念世界”(即一般概念)里，遇到各种各样东西就有了知识，人在出世后，灵魂因为受肉体的玷污，暂时忘掉了那些知识，因此必须通过学习，把忘掉的知识重新回忆起来，所以学习的过程就是回忆的过程。

唯物主义反映论和唯心主义先验论对立的实质，是两条根本对立的认识路线。唯物主义反映论从物质第一性、意识第二性的基本前提出发，坚持“从物到感觉和思想”的认识路线；唯心主义先验论从意识第一性、物质第二性的基本前提出发，坚持“从思想和感觉到物”的认识路线。

实践证明，认识是作为认识主体即人的大脑，对认识客体即客观世界的事物和现象的反映。认识的对象是客观世界的事物和现象，先有客观世界的事物和现象，然后才有反映客观世界事物和现象的认识，没有被反映者，就不会有反映。认识的内容也是客观世界的事物和现象，认识就是客观世界事物和现象的映象、模写和摄影。每个人只要想一想自己的认识，就会发现认识总是以某种客观世界的事物或现象为对象和内容的。唯物主义反映论关于认识的本质问题的回答是正确的，而唯心主义先验论则是错误的。

其次，它坚持辩证唯物主义的可知论，反对不可知论。在认识论上，不仅有唯物主义和唯心主义的对立，而且有可知论与不可知论的对立。可知论就是主张客观世界及其规律能够为人们所认识，人们具有正确认识客观世界的能力的学说。唯物主义哲学都主张可知论，肯定人能正确认识世界。我国战国时的唯心主义哲学家荀子说：“凡以知，人之性也；可以知，物之理也。”德国近代唯物主义哲学家费尔巴哈也说：“自然界是一本不隐藏自己的大书，只要我们去读它，我们就可以认识它。”这就是说，人有能力认识世界，世界是可知的。

在哲学史上，大多数哲学家，包括唯物主义和彻底的唯心主义者，都是主张可知论的。彻底的唯心主义也是可知论，但与唯物主义可知论有着原则的区别。因为在这些唯心主义者看来，世界本质上是精神的，他们所讲的可知，是对精神世界的可知。例如，客观唯心主义者黑格尔认为，

“绝对观念”是世界的本原，人的意识不过是绝对观念发展的产物，并认为能够通过人的意识来认识绝对观念自身（包括它的派生物自然界和人类社会）。这就好比说，神创造了世界和人，而人在神的启示下又可以认识世界、认识神一样。其实，唯心主义者所肯定的世界可知性中的“世界”，并非就是作为认识对象的客观物质世界，而是他们心目中的“世界”，在黑格尔那里，世界不过是“绝对观念”的产物和表现。

不可知论就是认为客观世界及其规律不能被人所认识或不能完全被认识，人们不具备认识客观世界的能力的学说。传说我国战国时期的哲学家庄子和惠施有一次一起外出散步，走到一座桥上，庄子看见一条条鱼在水里自由自在地游来游去，就说：“鱼从容出游，是鱼之乐也。”惠施则回答说：“子非鱼，安知鱼之乐耶？”庄子反问道：“子非吾，安知吾之不知鱼之乐耶？”惠施马上说：“吾非子，固不知子矣；子非鱼，故不知鱼之乐也。”在这里，惠施的观点就表达出一种不可知论倾向。按照这种说法，人不是鱼，便不能知道鱼的快乐；那么，人不是物，也就不能知道物的本质了。由此推论下去，世界上没有一样东西可以认识，这种看法就是不可知论。

不可知论否定人类有认识世界的能力，否认人类能够认识客观世界及其规律的可能性，怀疑科学知识的客观性和可靠性。例如，近代不可知论的典型代表、德国哲学家康德就认为，人们只能认识事物的现象，而不能认识事物的本质，事物的本质对于人的认识来说，是不可捉摸的“自在之物”，它能够引起人的感觉，而人只能认识这些感觉，而不能认识这些事物本身。这是片面夸大事物的现象与本质的对立，不了解现象是本质的表现，人们透过现象可以认识事物的本质。

可知论和不可知论对立的实质是：是否承认和肯定思维与存在具有同一性。可知论认为思维与存在具有同一性，而不可知论则否认它。

马克思主义坚持辩证唯物主义可知论，反对一切不可知论。它运用实践的观点对不可知论进行了彻底的批判，指出实践的成功能证明我们对客体的认识是正确的，人具有正确认识世界的能力。只要我们立足现实，勤于实践，不断探索和总结，任何自然奥秘和社会规律都会被揭示出来。恩格斯说，对不可知论“以及其他一切哲学上的怪论的最令人信服的驳斥是实践，即实验和工业”。实践是驳斥不可知论最有力的武器,因为事实胜于雄辩。实践的成功就有力地证明了人们对客观事物的认识是正确的,人们是能够认识客观事物的。例如,过去人们常说"天有不测风云",现在有了气象卫星,能及时而准确地进行气象预报,使变化多端的天上风云也可预测了。实践每前进一步,都是对不可知论的有力驳斥。

当然,我们反对不可知论,主张可知论,并不是说我们对世界上一切事物都已经认识了。就现实情况说,世界上有许多现象对人们来说还是一个谜,像生命的起源、人脑的奥秘等,人类至今还没有完全弄清楚。但是,整个人类世世代代延续下去,实践无止境地发展,过去没有认识的,现在有可能认识;现在没有认识的,将来有可能认识。世界上只有现在尚未认识的事物,不存在永远不可能认识的事物。

第三,它坚持能动的反映论,反对消极的直观的反映论。马克思主义认识论与旧唯物主义认识论都坚持反映论,反对唯心主义先验论和不可知论,这是它们的共同点。但是,在认识如何发生、发展的问题上,两者却有着原则的区别。

旧唯物主义认识论缺乏实践的观点,而马克思主义认识论则把科学的实践观引入了认识论,并作为全部认识论的基础。旧唯物主义认识论离开社会实践考察认识问题。它把主体理解为单纯生物学意义上的、只是反映世界的人,而不懂得人是积极从事实践活动的人;把客体仅仅理解为认识的对象,而没看到客体还是实践的对象;只是看到主体与客体之间反映与被反映的认识关系,看不到它们之间改造与被改造的实践关系。因而,旧唯物主义只看到客体对主体的作用,看不到主体对客体的能动作用,把认识看成是照镜子似的、消极被动的反映。马克思主义则强调实践在认识中的作用,并把实践作为认识论的基础。马克思主义认为,认识的主体是从事社会实践活动的人;认识的客体不仅是认识的对象,而且是实践的对象;认识的主体与客体的关系不仅是反映与被反映的认识关系,而且首要的是改造与被改造的实践关系,主体是为了改造客体才去认识客体,而且只有在改造客体的实践中才能认识客体。这样,马克思主义认识论就从根本上克服了旧唯物主义认识论的被动性,揭示了人的认识是主体通过实践积极能动地反映客体的过程。

旧唯物主义认识论缺乏辩证法的观点,而马克思主义认识论则把辩证法应用于反映论，揭示出认识是一个充满矛盾的辩证过程。旧唯物主义认识论离开辩证法认识问题，认为认识是一次完成和一成不变的，不了解认识是一个充满矛盾的辩证发展过程。它把主体理解成一面镜子，反映过程就如同照镜子一样，客体是什么样子，它在人脑中的反映就是什么样子，主体对认识结果的形成没有任何作用。马克思主义认为，人类认识不是一次完成的，而是一个对客体永远地、没有止境地接近的发展过程。在人类认识过程中始终贯穿着主观与客观、认识与实践、感性与理性、真理与谬误、绝对与相对等一系列矛盾，这一系列矛盾的运动过程就是认识不断发展的过程。

总之，旧唯物主义认识论由于缺乏实践的观点和辩证法的观点，因而是消极的直观的反映论。马克思主义认识论强调实践的观点和辩证法的观点，是能动的革命的反映论，揭示了认识的本质，实现了认识论的伟大变革。

二、实践与认识的关系

辩证唯物主义认为，认识是主体与客体之间的作用、联系、转化，而这种作用、联系、转化的基础和机制就是实践。实践是认识的基础，认识对实践又有反作用。

（一）实践的特点及其形式

马克思主义哲学认为，实践是人们改造客观世界的一切活动。实践活动的形式是多种多样的，如工人做工，农民种田，渔民捕鱼，猎人狩猎，这些都是有人类历史以来最基本的实践活动。随着社会的进步，不断有新的实践活动产生出来。如今，人们从事实践活动的领域越来越广，科学家进行科学实验、企业家管理现代企业、商业人员从事市场营销、IT 行业的人员设计电脑程序、国家公务员从事公共管理、司法人员办案，以及教师讲课、医生治病、演员表演等，都属于实践活动。

1．实践的特点

人们的实践活动多种多样，但它们都有如下共同的特点：

实践是客观物质性的活动，是主观见之于客观的过程，即人运用一定的实践手段把实践的目的、方案等付诸实施，引起客观对象变化的过程。所以，实践既是人所特有的有目的的自觉活动，又是人所特有的对象性、物质性的活动。实践的客观性在于，构成实践的诸要素，即实践的主体、实践的客体和实践的手段，都是可以感知的客观实在；实践的结果是对象的客观变化，具有不依人们的意志为转移的客观实在性；更为重要的是，实践活动本身是一个客观的过程，虽然实践包含目的、意志、情感和认识等主观因素，但这些因素都体现在活动的具体方式之中，这种方式是客观的。

实践是能动性的活动。实践是人类所特有的活动，它与动物消极适应自然的本能活动有根本的区别。人的实践活动，从简单的到复杂的，都是在意识指导下的有目的的活动。

自然界不能满足人，人决心以自己的行动改变世界。人们在实践中变革客观事物，就是把原有的东西改造为新的东西，创造出新的东西，达到自己的目的，而这就要求人们认识事物的本质和规律。这和动物的本能活动是根本不同的。只有认识了事物的本质和规律，人才能在实践之前提出正确的计划和方案。从这里可以看出，实践是人的有意识、有目的的能动性的活动。人通过改造客观对象使外部环境适应自己不断变化着的需要。在这里，客观规律性与主体目的性是统一的。

实践是社会历史性的活动。实践的社会性是指人的活动只能在一定的社会关系中进行，人是社会性的人，不能脱离社会。即使以个人为主体的实践，也总是以某种方式直接或间接地依赖于社会。如一个人单独在实验室里进行科学实验，这也是实践，但不是孤立的个人活动。因为实验设备依赖于社会，个人的生活资料必须由社会提供，而且实验的课题选择、实验的具体方式方法和个人进行实验的内在动机、知识能力、心理素质等，也是由社会决定的。

英国著名作家笛福的代表作《鲁宾逊漂流记》被译成多种文字，在世界各国广为流传。小说描述了英国人鲁宾逊在海难中幸存，漂流到荒岛上，凭着自己的智慧、勇气、顽强的毅力和勤劳的双手在岛上生存了27年，后来他与野人“星期五”为伴，帮助一名遇水手叛乱的船长夺回船只、重返故土的故事。鲁宾逊独自生存了27年，吃尽了苦头，但是他的实践活动显然具有社会性，因为他生活所使用的工具、枪支是社会提供给他的，后来也有野人“星期五”与他为伴。

实践的历史性指人的实践活动总是在一定历史阶段上进行的，人的实践活动又改变着原有的历史条件，随着历史的发展而发展。我国新职业的出现集中体现了实践方式的历史发展。目前已经发布的和即将研讨正在发布中的新职业，主要都集中在知识技能型人才和现代制造业领域内，这与我国将重点开发制造业、IT 产业、现代服务业的政策密切相关。

2. 实践的基本形式

社会实践活动的形式是多种多样的，内容是丰富多彩的。随着人类实践的发展，特别是科学技术的进步，实践的领域不断扩大，形式也更加复杂。

实践的形式尽管多种多样，但是基本形式有三种，即变革自然的生产实践活动、处理社会关系的实践活动和科学实践活动。

(1) 生产实践。生产活动是人类改造自然，获取物质生活资料的社会实践。民以食为天，吃饭的事是最大的事。人类要生存和发展，首先必须解决衣、食、住、行的问题，这就必须从事物质资料的生产，它是人类社会存在和发展的物质基础，是人类从事其他活动的前提，因而是一种最基本的实践活动。

在现代社会，生产实践极为发达，交通、通讯、广播、电视、互联网，以及照明、音响、激光技术，不但改变了人们的生产生活方式，也改变了人们从事政治、经济、文化活动的方式。

(2) 处理社会关系的实践。在社会生产实践中，不仅人要同自然界打交道，而且人与人也要进行交往，人们之间的交往也是基本的实践活动形式。处理社会关系的实践对社会的发展起着重要的作用，对社会关系的调整和变革反作用于生产活动，保护和促进社会生产的发展。在阶级社会里，处理社会关系的实践主要表现为阶级斗争，先进阶级反对没落阶级的阶级斗争是阶级社会发展的直接动力。

在不改变社会基本制度的前提下对社会关系进行某种调整属于改革的实践。改革就是要推动我国社会主义制度自我完善和发展，赋予社会主义新的升级活力，建设和发展中国特色社会主义。实践表明，改革是我国社会主义社会发展的基本动力。

(3) 科学实践。它是从生产实践中分化出来的相对独立的一种实践活动。在生产实践和处理社会关系实践的基础上,随着社会分工的发展,不断有新的实践形式产生出来,如教育实践活动、艺术实践活动、医疗实践活动、科学实践活动等。特别应当受到重视的是科学实践活动,它以观察、实验和科学研究自身建设等为主要内容,对社会的发展,特别是对现代生产力的发展起着巨大的推动作用。科学实验是科学实践的最重要的形式,是科学工作者在科学理论的指导下,按照一定的目的,运用特殊的设施和手段,探索事物规律性的活动。

科学实验是一种尝试性、探索性和准备性的实践活动,它离不开实验设备和实验室。中国古代的科学技术很发达,但到近代以后落伍了,其中一个重要原因是实验自然科学没有欧洲那样发达。18 世纪以后,欧洲的实验自然科学发展得非常迅速,如著名的卡文迪许实验室等,对近代科学发展起了非常重要的作用。卡文迪许一生都是在实验室和图书馆里度过的,他过着俭朴的生活,把大量收入积蓄起来,进行化学、热学、电学方面的实验。

提高自主创新能力,建设创新型国家,这是我国发展战略的核心,是提高我国综合国力的关键。当前,要特别重视科学实践活动,把增强自主创新能力贯彻到现代化建设的各个方面,加大对自主创新的投入,着力突破制约经济社会发展的关键技术。

(二) 实践是认识的基础

在认识和实践的相互关系中,实践是人类认识的基础,它对认识具有决定作用。

1. 实践是认识的来源

认识在实践中产生。人们的认识不是人的头脑里固有的,也不是从天上掉下来的,而是从实践中产生的。认识的发生一点也离不开实践。认识是主体对客体的能动的反映,它是在主体和客体的相互联结、相互作用中发生的。实践是主体和客体这种相互联结、相互作用的中介和桥梁,人们只有通过实践,才能接触事物的现象和外部联系,获得感性认识,并通过实践促进事物暴露本质,在这一基础上,才能深入到事物的内部联系,认识事物的本质和规律。所以,毛泽东曾指出:“你要有知识,你就得参加变革现实的实践。你要知道梨子的滋味,你就得变革梨子,亲口吃一吃。”

认识产生于实践需要。人们面对客观世界,先认识什么后认识什么,不是任意规定的。客观世界哪些事物能成为人们的认识对象,归根到底是由实践的需求决定的。在古代,由于畜牧业、农业和航海业发展的需要,促进了天文学、数学的发展。在近代,由于工业发展和资产阶级发动战争的需要,推动了物理、化学等自然科学的发展。在近二三十年里,由于现代社会化大生产的需要,产生了控制论、信息论、系统论以及高能物理、基因技术等许多新的学科。

就人类的知识总体来说,一切真知都来源于实践。但就个人而言,人获得知识的具体途径有两条:一是参加实践获得知识,即直接经验;二是从书本或别人那里获得知识,即间接经验。辩证唯物主义认识论认为,直接经验和间接经验是“源”和“流”的关系。源就是源泉、源头,流就是从源头出来的支流。然而,在我为间接经验的东西,在别人那里则仍为直接经验。因此,实践是认识的唯一来源。

2. 实践是认识发展的动力

人类的认识从古到今有了巨大发展,特别是现代科学发展更加迅速,新学科如雨后春笋般出现,新知识爆发式地增加,这说明人类的认识在迅猛发展。人类认识发展的历史表明,认识每前进一步都离不开实践,是实践由低级到高级的发展,才推动认识由浅入深、由片面向全面发展。

(1) 变化发展着的实践不断给人们提出新的认识课题,促使人们去进行新的探索和研究,推动认识由低级向高级不断发展。

现代社会利用原子能的需要,推动原子核物理学、放射化学、放射生物学的巨大发展;解决环境污染和生态平衡失调问题的需要,推动环境科学和生态科学的发展……实践的需要,推动着认识的不断发展。正如恩格斯所说,社会一旦有技术上的需要,这种需要就会比十所大学更能把科学推向前进。

(2) 实践的发展不断提供出新的认识工具和认识手段,推动认识的不断发展。人的感觉器官和思维器官的能力是有限的,要不断地认识世界,就需要新的工具和手段。人类实践的一个重要特点是制造和使用工具来改造世界,实践的工具同时也是认识客观事物的工具。

随着实践的发展，人们制造出了主要用于认识的工具，如望远镜、显微镜、雷达、电子计算机、人造卫星等，不仅突破了人的感官的局限，而且延伸了人的大脑，促使认识在新的广度和深度方面得到发展，使人类的认识领域一方面深入到微观世界，另一方面又扩大到宇宙天体。

人眼的能力是有限的，它只能接受380毫微米到770毫微米的电磁波（光波）。人耳的能力也是有限的，它只能接受20赫兹到20000赫兹频率范围内的振荡波（声波）。但现代人所看到和听到的绝不止这些。人们借助射电望远镜可以观察到100亿光年以外的天体；使用电子显微镜，能够把物体放大百万倍以上；高空中的人造卫星能帮助人们认清地球的资源分布；电子计算机每秒千万亿次的运算速度使人们对事物的认识更快、更准确；国际互联网扩展了人的认识范围，大大提高了人的认识能力。

（3）人参加变革现实的实践不断提高着人的认识能力。认识是人脑对客观事物的反映，人们只有在实践中同客观事物反复作用，变革客观对象，使对象的各种特性暴露出来，才能透过纷繁复杂的现象深入到事物内部，认识其本质和规律。就像学会游泳必须下水一样，要想了解一个人，就必须多同他交往，要想认识复杂事物，就必须投身于变革这一事物的实践中。变革现实的实践也不断锻炼和提高着人的认识能力，使人不断积累知识和经验。

俗话说："近水知鱼性，近山识鸟音。"老渔夫伏在船舱里听水声，可以分辨出水下是何种鱼群；生活在深山林海中的老猎人，根据鸟的叫声就可判别出是什么鸟。对酒感兴趣的人，能从滴酒当中辨出酒的风格和品味。有经验的磨工能分辨出0.0005毫米空隙，而普通人则只能达到0.1毫米；染色专家可区分40种到60种黑色色调，而在一般人看来，它们都是一样的；有经验的炼钢工人能根据熔钢的微细色调确定钢的温度和钢中的杂质含量；有经验的棉农可根据棉叶的细微变化，判断将要发生什么样的病虫害，应该喷洒什么样的农药。可见，实践不仅是认识的来源，也是认识发展的动力。

3. 实践是检验认识真理性的唯一标准

关于检验真理的标准问题，在哲学发展史上，一直是一个争论不休的问题，但在马克思主义以前从未得到过正确地解决。有人采取虚无主义的态度，宣扬“此亦一是非，彼亦一是非”，干脆否认有什么标准。多数哲学家都主张应当有一个标准，但标准是什么，却是众说纷纭，莫衷一是。

（1）“权威”标准。“权威”标准即把权威人物的意见作为检验真理的标准。我国自汉代以后，儒家思想成为正统思想，孔子也就被抬上“大成至圣先师”的宝座，他的言论被当做真理的标准，“以孔子之是非为是非”。在欧洲中世纪，亚里士多德和《圣经》被当做真理的标准。据说，中世纪一个神学院的学生对他的老师说，他看见了太阳上有黑斑，这位老师赶紧对他说：“我的孩子，赶快回家吧，无论是亚里士多德还是《圣经》都没有说过太阳上有黑斑啊！”显然，以权威意见为标准，不仅不能区分真理和谬误，而且必然扼杀真理。

（2）“众人意见”标准。与“权威”标准相比，这种标准似乎更“客观”一些，其实，这不过是把检验真理的标准，从个别“权威”的意见扩大为多数人的意见，仍然是以主观意见作为检验真理的标准，因而同样是错误的。任何一个科学真理，开始时往往只有少数人掌握，后来才逐渐为多数人所接受。例如，当达尔文提出进化论时，多数人不承认，有的甚至大喊大叫：“什么！人和猴子是同一祖宗？简直是胡扯。”而错误的理论有时却为人接受和拥护。因此，如果以众人意见为标准，有时就会否定真理，信奉谬论。

（3）“实用”标准。“实用”标准即把有用性作为检验真理的标准，它典型地表现在实用主义真理观中。我国实用主义代表人物胡适说：“真理原来是人造的，是为了人造的，是人造出来供人用的，是因为它们大有用处，所以才给它们以‘真理’的美名的。”实用主义真理观实质上是把真理的客观性和价值性等同起来，以真理的价值性取代了真理的客观性，它否认了真理的客观本质，因而是错误的。真理是有用的，但有用的并不都能成为真理，如谎言对骗子是有用的，但谎言永远成不了真理。

唯心主义否认真理的客观性，认为真理是纯粹主观的东西，因而认为真理的标准是主观的。旧唯物主义承认真理的客观性，直接地把主观是否符合客观事物作为真理的标准。如狄德罗认为，除了实验没有别的办法可以识别错误。费尔巴哈认为理论所不能解决的疑难，实践会解决。这些观点有一定的合理性，但是，由于他们对实践的理解是狭隘的、片面的，因而也未能真正找到检验真理的标准。

只有马克思主义才真正科学地解决了真理标准的问题。马克思明确指出：“人的思维是否具有客观的真理性，这不是一个理论的问题，而是一个实践的问题。人应该在实践中证明自己思维的真理性，即自己思维的现实性和力量，自己思维的此岸性。”按照马克思主义的观点，实践，只有实践，才是检验真理的唯一标准。

人们在实践中形成的认识，是否正确地反映了客体的本质和规律，是否具有真理性，只有回到实践中去才能得到检验，辨别认识的对与错、真与假，从而确定并保留正确的认识，抛弃错误的认识，推动认识向前发展，指导人们的实践。

西红柿，原产于南美墨西哥、秘鲁等国。西红柿为茄科植物，因其形似茄，也称为番茄。据史料记载，西红柿是生长在南美洲秘鲁国家森林里的一种野生植物，原名“狼桃”。当地人传说“狼桃”有毒，吃了“狼桃”就会起疙瘩长瘤子。虽然它成熟时鲜红欲滴，红果配绿叶，十分美丽诱人，但正如色泽娇艳的蘑菇有剧毒一样，人们对它敬而远之，未曾有人敢吃上一口，只有把它作为一种观赏植物来对待。16 世纪，英国有位名叫俄罗达拉的公爵在南美洲旅游，很喜欢番茄这种观赏植物，于是如获至宝一般将之带回英国，作为爱情的礼物献给了情人伊丽莎白女王以表达爱意。此后“情人果”之名便广为流传。但人们只是把西红柿种在庄园里，并作为象征爱情的礼品赠送给爱人，一直以来没有人敢吃西红柿。到了 17 世纪，有一位法国画家曾多次描绘西红柿，面对这样美丽可爱而“有毒”的浆果，实在抵挡不住它的诱惑，于是产生了亲口尝一尝是什么味道的念头。为此，他冒着生命危险吃了一个，然后，他躺在床上等着死神的光临。一天过去了，吃了一个像毒蘑一样鲜红的西红柿的这位法国画家居然没死！他满面春风地把番茄无毒可以吃的消息告诉了朋友们，人们都惊呆了。此后，西红柿无毒的消息便广为传播开来。西红柿最终传到世界各地，登上餐桌，成为人们的美味佳肴。西红柿是毒药还是美味，要通过实践才能得到检验。

实践之所以能成为检验真理的唯一标准，是由真理的本性和实践的特点所决定的。

首先，从真理的本性来看，真理就是主观与客观相符合、相一致。

那么如何衡量主观与客观是否相符合、相一致呢？很显然，只停留在主观的范围内兜圈子，不同客观世界打交道，就不可能，也没资格去说明主观与客观是否相符合、相一致。这正如两个比赛的球队，球队的队员不能同时又是裁判，裁判必须是第三者一样。同样，只停留在客观范围内也不行，因为客观世界本身也不能直接回答认识是否与其相符合、相一致。要判明主观认识是否和客观实际相符合，就必须把主观认识和客观对象联系起来加以对照。而能把主观与客观联系起来的，只有人们的社会实践。

其次，从实践的特点看，实践是人们主观见之于客观的活动，具有直接现实性。实践作为人类有意识、有目的的活动，它既有主观的一面，又有客观的一面，是主观见之于客观的活动，是唯一能把主观与客观联系起来的桥梁和纽带。此外，更重要的是，实践具有直接现实性，它能够起到把主观和客观加以对照的作用。所谓实践的直接现实性，就是实践能够把主观认识变成客观现实，把思想、理论在现实中实现出来，坚持实践是检验认识是否具有真理性的标准，也就是坚持了真理标准问题上的唯物论。

例如，空间科学认为，运用火箭技术使所运载的飞行器达到第一宇宙速度（每秒 7.9 公里），就成为绕地球作椭圆轨道运行的人造卫星；达到第二宇宙速度（每秒 11.2 公里），就成为绕太阳运转的人造卫星；达到第三宇宙速度（每秒 16.7 公里），可脱离太阳系，进入太空世界。1957 年苏联发射第一颗人造地球卫星，1958 年美国发射人造地球卫星，1970 年我国也发射了人造地球卫星。世界上一些国家先后运用火箭技术分别成功地使所运载的飞行器达到不同宇宙速度，完成人造卫星和宇宙飞船的发射，这就证明空间科学关于宇宙速度的认识是正确的。

理解和把握实践这一检验真理的标准，必须坚持科学辩证的态度，切忌简单化、庸俗化。辩证唯物主义认为，实践作为检验真理的标准，既是确定的，又是不确定的，是确定性和不确定性的统一。

实践标准的确定性是指：一切认识的正确与否只能用实践去检验，除此之外，没有其他标准；无限发展的实践对任何认识都能作出确定的检验，因而是无条件的、绝对的。

实践标准的不确定性是指：由于我们每一代人的生命和能力都是有

限的,因而所能把握的具体实践不免会带有社会的、历史的局限性,它不能完全证实或驳倒现有的一切认识;而且实践检验真理是一个过程,已经被实践证明了的真理还要继续接受新的实践的检验,使之不断地完善,因而实践检验真理是有条件的、相对的。坚持实践标准的确定性和不确定性的统一,也就是坚持了真理标准问题上的辩证法。

例如,对于地球之外有没有像人这样的高级生物存在这一问题,存在着不同的看法。有人认为宇宙中存在着比人更高级的"宇宙人",甚至估计说,仅银河系就有2万颗星球上有高度发达的文明社会。这种认识是否正确呢?目前的实践还不能对这些看法的真理性作出可靠的检验。我国唐朝诗人白居易有这样两句诗:"试玉要烧三日满,辨材须待七年期。"实践作为检验认识真理性的标准,它对认识的检验有时是一个比较长的过程。

再如,1875年9月,法国科学院宣布,他们的科学家布瓦博德朗发现了一个元素,命名为镓。这个元素的一切性质都和门捷列夫预言的一样,但门捷列夫发现布瓦博德朗测量的比重与自己的预测不一致。为此,门捷列夫立即提笔写了一封短信给布瓦博德朗,指出镓的比重应该是5.9左右,而不是4.7。布瓦博德朗在巴黎正为自己的新发现所陶醉,不想突然收到这样一封信,这使他大为惊讶。全世界就只有他拥有这么一点镓,这个俄国人是由哪里得到的数据呢?他半信半疑,于是立即将积累的1.15克镓拿来设法提纯,重新测量比重,结果证实了门捷列夫的预言,比重确实是5.94。这个法国人立即给彼得堡回了一封信,赞扬门捷列夫的成就。这两个科学巨人有这样的对话:

门捷列夫:"先生,您发现的镓,就是我5年前预言的'类铝',只是它的比重应该是5.9,而您却测得是4.7,请您再做一次实验,我想大概是您的新物质还不是太纯的缘故吧。"

布瓦博德朗:"尊敬的门捷列夫先生,首先祝贺您的胜利。我能说什么呢?这次实验,连同我的发现都不过是您的元素周期表的一个小注解。这是您的元素周期律伟大之处的最好证明。"

列宁说过:"在这里不要忘记:实践标准实质上决不能完全地证实或驳倒人类的任何表象。这个标准也是这样的'不确定',以便不让人的知识变成'绝对',同时它又是这样的确定,以便同唯心主义和不可知论的一切变种进行无情的斗争。”我们必须把实践对真理的检验，看做是全部人类的实践即无数个别的、历史发展着的、整个社会的实践对真理的检验。实践检验和证明真理是一个过程，这个过程永远不会完结。

实践是检验真理的唯一标准，但并不排斥逻辑证明的作用。逻辑证明就是运用已知的正确概念和判断作为前提，通过逻辑推理，从理论上来论证另一个判断是否正确的逻辑方法，是一种探索真理、论证真理的手段。逻辑证明在检验认识真理性的过程中有重要作用：第一，逻辑证明给实践提供理论指导，使实践经验由特殊提高到普遍，从而把握实践的总和，以便实现检验真理的作用。第二，逻辑证明可以论证实践无法直接检验的科学假说的正确性。第三，逻辑证明给实践检验提供理论根据。

我们承认并适当地强调逻辑证明的作用，并不是说出现了两个平行的检验真理的标准。逻辑证明归根到底是以实践检验为基础的，是实践作用的间接体现。这是因为逻辑证明的前提、概念、原理和逻辑规则等，都是在实践中经过检验，又在实践中不断丰富和发展的。也就是说，经过逻辑证明的结论，最终还要通过实践的检验。

4. 实践是认识的目的

毛泽东指出：“马克思主义的哲学认为十分重要的问题，不在于懂得了客观世界的规律性，因而能够解释世界，而在于拿了这种对于客观规律性的认识去能动地改造世界。”认识本身不是目的，认识世界是为了改造世界，这才是认识的最终目的。实践目的制约着整个认识过程，规定着认识的方向。在实践目的的规定、约束之下，人们的正确认识最终才有利于实践的发展。认识为实践服务，去指导实践，才能发挥认识的功能。如果有了正确的认识，却不为实践服务，那么，这种认识也就失去了实际的意义。

总之，认识的产生、发展、检验和归宿，以及认识过程的每一环节，都依赖实践。实践是认识的基础，实践的观点是辩证唯物主义认识论第一的和根本的观点。

（三）认识对实践的反作用

马克思主义哲学强调实践对认识的决定作用，并不意味着认识是消极、被动的，恰恰相反，认识对实践具有巨大的反作用。

认识对实践的反作用主要表现为认识和理论对实践具有指导作用。认识在实践的基础上产生，但是认识一经产生就具有相对独立性，可以对实践进行指导。认识的功能正是在指导实践的过程中实现的。但是，认识按照其性质可以区分为正确的认识和错误的认识，因此，认识对实践的反作用也具有两重性：正确的认识对实践起着积极的促进作用，可以指导主体采取正确的方法，自觉地按照客观规律改造世界，从而取得成功；错误的认识则对实践起着消极的阻碍作用，甚至导致实践的失败。认识与实践是辩证统一的关系，我们既要反对否认实践决定认识的唯心主义认识论，又要反对否认认识对实践具有能动作用的形而上学认识论。

科学理论是正确认识成果的结晶。科学理论透过事物的现象，抓住了事物的本质，反映了事物发展的规律，因而能使人们综观全局，高瞻远瞩，预见事物发展的趋势，为确定行动的方向、计划、措施提供依据。人们按照科学理论行动，就可以减少行动的盲目性，少走弯路，少犯错误。科学理论还能成为人们解放思想、破除迷信的思想武器，起教育、动员群众的作用。因此，科学理论是人们在实践中不可缺少的。没有物理学领域内的一系列重大发现，就不会有电子器件、半导体、激光、原子能等一系列新技术的出现和利用。没有信息论、电子学等科学理论的发展，就不会有电子计算机的问世和应用。没有革命的理论，就不会有革命的运动。特别是现代社会的发展，使人们的实践活动在越来越大的规模和程度上依赖科学理论的指导，逐渐缩小盲目摸索、依靠点滴经验的活动的范围，日益显示科学理论对实践指导作用的重要性。我国当前正经历深刻的社会大变革，科学理论的指导作用将越来越显得重要。

实践决定认识和认识指导实践是一个统一的过程。马克思主义认识论强调实践对认识的决定作用，决不是忽视科学理论对实践的指导作用，要正确把握理论和实践的关系，坚持理论和实践的结合。

三、认识的辩证过程

马克思主义的认识论是能动的革命的反映论，揭示了认识发展的辩证过程和规律，指明了人的认识是在实践的基础上，由不知到知，由知之不多、不深到知之较多、较深，由现象到本质，由低级到高级的不断发展的过程；人们获得正确的认识后，又在这种认识下指导实践，能动地改造客观世界。这个过程，也即由感性认识能动地飞跃到理性认识，再由理性认识能动地飞跃到实践，不断反复、无限发展的过程。

(一) 从实践到认识

人们认识事物的发展过程是这样的：从实践中产生感性认识，然后能动地发展到理性认识。从实践到认识的飞跃要经过感性认识和理性认识两个阶段。

1. 感性认识

感性认识是人们在实践中通过感觉器官所获得的关于事物外部联系和表面特征的认识形式，它是认识的初级阶段。在人们投身实践、变革客观事物的过程中，通过观察活动，事物的各种属性、特点就会通过人的感官（眼、耳、鼻、舌、身）以及作为感官放大或延长的观察工具（望远镜、显微镜、现代传感装置等）反映到人的头脑中来。

例如，当同学们刚进入学校学习时，学校的校园、设施，老师的讲课，学生的活动等，都会引起你的注意，产生这样那样、或深或浅的印象。这些通过人的感觉器官产生的对客观事物的认识，反映的是客观事物的现象。这种对事物现象的认识属于感性认识。随着实践的深入，人们在实践中所积累的感性认识会逐渐增多，再经过大脑思维的作用，就会产生认识上的飞跃，形成对事物本质和规律的认识。例如，经过一段时间的学校生活，你会对学校的办学质量、教学水平等作出认识的结论。这种认识已经不是单凭感官就能作出的，它所反映的已经不是事物（如学校）的表面现象。这种对事物本质的认识属于理性认识。

我们天天同商品打交道，可是知道的往往是商品的一些表面现象。马克思深刻分析了商品的本质，提出了商品是使用价值与价值的统一。

我们见过雨后的彩虹，在电视上看到过美妙神奇的北极光，通过光谱仪我们也能观测到光的赤、橙、黄、绿、青、蓝、紫各种颜色。但知道这些现象并不等于认识了光的本质。经过科学家的探索、思考，我们才知道各种不同的光在本质上都是电磁辐射，都是一定波长的电磁波。这种对光的本质的把握是通过科学思维对感性材料进行加工得出的。

人们在实践中获得的感性认识，包括感觉、知觉、表象三种形式。

感觉是客观事物作用于人的感官而引起的一种最简单的反映形式。人有眼、耳、鼻、舌、身等感觉器官，这些器官是人与对象之间的桥梁和通道。当外界事物作用于人的这些感觉器官时，产生的刺激信号通过神经系统传到大脑，就产生了各种感觉。人们通过视觉看到颜色、形状、大小等，通过听觉听到事物的声响，通过嗅觉闻到事物的气味，通过味觉辨别事物的滋味，通过触觉感知事物的凉热、软硬等。

例如，面对一个苹果，人们通过眼睛的观察，形成了圆与红的认识；通过舌头的品尝，形成了甜的认识；通过手的触摸，形成了硬的认识。这些通过感觉器官直接获知的关于事物个别特征的认识形式，就是感觉。

知觉是对事物表面现象和外部联系的综合反映。它是在感觉基础上形成的，每一感觉反映事物某一个方面的表面特性，而知觉是对事物各种感觉的综合，形成对事物的整体的形象。例如，我们把对苹果的个别特征的全部感觉综合起来，就形成了关于这个苹果的整体特征的认识，即"一个红、圆、甜且有一定硬度的苹果"，这就是关于苹果的知觉。

表象是在知觉的基础上形成的感性形象。表象与感觉和知觉不同，感觉和知觉是对当前事物的反映，是由当前的事物引起的；表象则是对曾经感知过的事物的回忆。例如，上面说的苹果被人吃了，此时，作为对象的苹果已在现实中消失，但这个苹果的整体形象却存在于我们的记忆之中，在一定的时间范围内我们还可以回忆起这个苹果。这个在记忆中的苹果形象，就是这个苹果的表象。

从感觉、知觉到表象，已经显示了认识的发展。这一发展，是从对事物表面的个别特性的反映到各种特性的综合反映，从对事物的当下反映到事后的回忆再现。在表象中，认识已经表现出了一定的选择性，即表象总是有选择地反映事物，它舍去了过去感觉和知觉事物的一些次要特性，留下对自己比较重要、比较有意义的特性。这说明表象已经开始有概括、抽象的萌芽。但是，表象并没有超出感性认识的范围。

感性认识的特点：一是直接性，就是感性认识与客观对象之间不存在中介，是人们的感觉器官对事物的直接感知；二是具体性，它以感觉、知觉、表象这样具体形象的形式反映事物的表面现象。

感性认识虽然是认识过程的必经阶段，但它形成的认识成果是初级的，还不能反映事物的本质。认识的真正任务，是经过感性认识上升到理性认识，也就是由对事物现象的认识上升到对事物本质和规律的认识。

感性认识之所以要上升为理性认识，是因为感性认识虽然是认识必经的阶段，但它只是认识的低级阶段，它只能把握事物的外部特征和外部联系，不能揭示事物的内在本质和内部联系。认识的目的在于指导实践。正确的感性认识在日常生活中的作用功不可没，但对于指导就不够用了。因此，必须在感性认识的基础上运用理性思维对现象进行分析，得出理性认识来把握事物的本质和规律。

1820 年和 1831 年，奥斯特和法拉第分别发现了电流的磁效应和电磁感应现象，法拉第进而又总结出电磁感应定律，还提出了场和磁力线概念等。这些都属于对电的本质、电与磁的内在联系、电流运动规律等的理性认识。可知，如果人们只满足于对现象的了解，发现不了事物的本质和规律，也就不会利用电力，人们的生活就会暗淡无光。

2. 理性认识

理性认识是人们在感性认识的基础上，通过头脑的思维活动得到的关于事物本质和规律的认识。一切科学的定义、定理、定律、理论、观点等都属于理性认识。理性认识有概念、判断、推理三种形式。

概念是通过对各种感觉材料的抽象和概括，揭示出事物本质的认识形式。从农民、工人、士兵、学生、官吏、商人……中抽象和概括“人”的定义：“人”是具有思维能力的动物。在感性认识的基础上，通过对各种感觉材料进行抽象和概括，把那些必然的、稳定的、普遍的和本质的东西揭示出来而形成概念。我们对苹果、梨、葡萄等的特征进行总结和概括，就可以得出它们的共同特征，即它们都是“水果”，水果就是苹果、梨、葡萄的概念。各门科学都有自己特有的概念，如物理学有力、功、原子、基本粒子等概念，政治经济学有商品、货币、剩余价值等概念，法学有违法、犯罪、刑罚等概念。

判断是对事物之间的内在联系或关系的反映，是对事物是否具有某种属性的判明和断定。1946 年 8 月，毛泽东在延安向美国记者安娜·路易斯·斯特朗发表谈话，毛泽东提出了一个著名判断：“一切反动派都是纸老虎。”

推理是根据事物之间的联系，由已有判断推出新判断的思维形式。

判断组成推理，已有判断叫前提，推出的新判断叫结论，推理就是由前提推出结论的思维过程，是人类思维创造性的体现。在推理过程中必须前提真实，逻辑正确，才能得出必然的结论。

从概念到判断再到推理，是理性认识由低级到高级的发展。理论的形成和建立，标志着主体对客体的理性认识达到了系统化的水平。

理性认识的特点有二：一是间接性，即它不是人们在接触事物中直接产生的，而是在感性认识的基础上，经过头脑思维才产生的对事物的间接反映。二是抽象性，即它不是具体形象地反映事物的表面现象，而是以概念、判断、推理这样抽象的逻辑思维形式反映事物的本质和规律。

理性认识是认识的高级阶段。理性认识是人借助于抽象的思维对感性认识材料进行加工、整理、概括而形成的关于事物的本质、事物的全体、事物的内部联系的认识。理性认识一般是用概念、判断和推理来表达的。比如欧氏几何中“三角形内角和等于180”，就属于理性认识，因为它已经舍弃了具体三角形的不同特点，从中抽象出了各种三角形的具有普遍性、一般性的本质和共性。

理性认识深入到事物内部，揭示了事物的内部联系，因此，它比感性认识要深刻得多，正确的理性认识对人类的实践活动有重要的指导作用。

科学理论是理性认识的重要表现形式，它抓住了本质和规律，对人们的社会实践有巨大的指导作用。比如邓小平指出：“科学技术是第一生产力。”这是根据大量事实概括出来的科学真理，对我国发展科学技术、促进生产力的发展有十分重大的指导作用。

3. 感性认识和理性认识的关系

感性认识和理性认识是由实践到认识这一飞跃过程中的两个阶段，两者的形式、内容和特点都各不相同。感性认识反映事物的表面现象，是人们认识的初级阶段。理性认识反映事物的本质和规律，是人们认识的高级阶段。人们凭感觉器官不能把握到的东西，理性认识能够把握到。理性认识对事物的反映，虽然不如感性认识具体形象，但它更深刻、更完全地反映了事物的本质和规律。

感性认识和理性认识虽然有区别，但两者并不是互相隔绝，而是在实践的基础上辩证地统一起来的两种认识形式，或者是整个认识过程中的不同环节。感性认识和理性认识的辩证统一表现在如下方面。

感性认识和理性认识相互依赖。一方面，理性认识来源于感性认识。感性认识是认识的起点，理性认识必须以感性认识为前提，离开了感性认识，理性认识就成了无源之水、无本之木，整个认识运动就无法进行。另一方面，感性认识需要深化，有待发展为理性认识。这是因为感性认识是认识的低级阶段，有其局限性，它只反映事物的表面现象，不能反映事物的本质和规律。

人们凭感觉只能看到苹果熟了落到地上、水往低处流这种现象，但这些现象后面的本质是什么？凭感觉是无法把握的，牛顿经过艰苦的探索，发现了万有引力定律后，才最终揭示出来。可见，感觉到的东西，人们常常并不理解。感性认识只有发展为理性认识，把握了事物的本质和规律，才能理解事物纷繁复杂的现象，指导人们成功地实践。如果认识只停留在感性阶段，它不仅不能指导实践，而且有可能为事物的表面现象所迷惑，产生错误的认识。

感性认识和理性认识相互渗透。人的认识是一个复杂的过程，在这个过程中，既不存在纯粹的感性认识，也不存在纯粹的理性认识，感性认识和理性认识是相互渗透的。例如，"这朵花是红颜色的"，这是一个判断句，判断是理性认识的特有形式；但这个判断揭示的是事物的表面特征即"红"，而"红"是花作用于人的视觉而形成的一种感觉，属于感性认识。当牛顿用一连串的公式进行运算，企图找到苹果掉在地上的原因时，他不仅仅是在与纯粹的运算符号打交道，而且在他的脑海里，已经有了关于苹果等具体事物的具体形象。由此可见，感性认识和理性认识是人类认识过程中相互渗透的两种认识形式。

4. 实现从感性认识向理性认识转变的条件

由感性认识上升到理性认识，这是人们认识过程中的第一次飞跃。它表明认识发生了质的变化，从对事物表面现象的认识，进到对事物本质和规律的认识。这个飞跃不是自然而然地实现的，而是一个能动的过程，实现这个飞跃有一定条件。

（1）掌握丰富的、合乎实际的感性材料。人们在实践中通过观察获得大量的、可靠的感性认识是非常重要的。没有周密细致和全面的观察，就不可能为大脑的思维提供可靠的基础。掌握丰富的、合乎实际的感性材料，这是感性认识上升到理性认识的基础。很多作出伟大贡献的科学家都非常重视通过观察搜集各种必要的感性认识的材料。

我国当代著名科学家竺可桢，为了研究生物和环境条件周期性变化之间的联系，数十年如一日，从不间断地观察各种气候现象，每天起床后的第一件事就是记录气温、气压、风向、湿度等气象要素，每年都要仔细地记录北京北海公园的冰冻和融化、植物开花、燕子归来、布谷鸟初鸣等物候现象的日期，积累了大量感性材料，才形成物候学理论，到晚年写成了《物候学》专著。可见，“没有调查就没有发言权”，毛泽东的这句名言，形象地说明了积累感性材料在认识过程中的重要作用。

(2) 运用科学方法进行思考。运用科学方法进行思考，对感性材料进行改造制作，这是感性认识上升到理性认识的关键。掌握丰富的、合乎实际的感性材料，是感性认识上升到理性认识的基础。但要把握事物的本质和规律，只掌握感性材料是不够的，认识主体还必须发挥自己的能动性，运用科学的思维方法，如归纳和演绎、分析和综合等，进行提炼、升华，上升为理性认识。

从感性认识上升到理性认识，是一个艰苦的认识过程，特别是对于科学的或社会的复杂的认识，要想实现这一飞跃，必须充分发挥人的主观能动性，付出艰辛的劳动。既要在观察和搜集资料方面勤奋努力，也要在运用科学思维方法进行分析与综合方面专心致志，有毅力和耐心，不怕吃苦。为人类认识作出贡献的科学家、理论家，他们都有百折不挠的坚强意志和勤奋钻研的刻苦精神，值得我们认真学习。

马克思为了研究资本主义发展的本质和规律，用了40年时间研究政治经济学，《资本论》的研究与写作倾注了他毕生的心血。马克思说：“在科学上没有平坦的大道，只有不畏劳苦沿着陡峭山路攀登的人，才有希望达到光辉顶点。”马克思身体力行地践行着自己的理想和信念。他认为，“研究必须详细地占有材料”，并找出材料的“内部联系”。因此，马克思除了参加和领导当时无产阶级的斗争以外，还充分利用大英博物馆的有利条件，阅读大量书籍、报刊和统计材料。在大英博物馆的阅览室里，马克思坐在座位上看书，兴奋的时候，就下意识地用脚搓搓地，时间长了，水泥地被磨出了两道沟儿。马克思在非常艰苦的生活条件下，全身心地进行研究，不停地学习和思考。拉法格在回忆马克思时说：“思考是他无上的乐事，他的整个身体都为头脑牺牲了。”

现代遗传学说的创始人孟德尔，出身于贫苦农民家庭，长大后当了修道院的修士。从1854年起，他在寂寞的修道院花园里进行了长达9年的豌豆杂交遗传的试验研究。他从商人那里搜集到许多豌豆品种，反复进行杂交试验，并用数学统计方法进行研究，对杂交后豌豆的性状进行艰苦细致的研究，终于发现了孟德尔遗传定律。

近代英国哲学家培根曾用蜘蛛、蚂蚁和蜜蜂作比喻，说明坚持感性认识和理性认识的统一，反对忽视理性的狭隘经验主义和反对轻视经验的理性主义的必要性。在他看来，理性主义就像蜘蛛，只会从自己肚子里拉出丝来纺织知识之网；狭隘的经验主义就像蚂蚁，只会碰到东西就把它统统搬到洞穴，习惯于堆积事实材料，而不会加工制作。培根不赞成这两种态度，他认为真正的科学家、哲学家应当像蜜蜂。工蜂从花园里和田野里采集百花，将甜汁带回蜂房里，然后酿蜜的蜜蜂经过近一两百次的交互吞吐，反复加工，才酿出蜜来。他的比喻对我们很有启发，在认识过程中，要像蜜蜂那样搜集感性材料，并用头脑的思维对其改造制作，才能使认识发生飞跃，由感性认识上升到理性认识。

5. 非理性因素在认识中的作用

在现代科学研究中，非理性思维的创造性作用愈益受到重视，它与理性思维一起，形成了创造性思维的功能互动。

理性思维是指认识过程中的感性反映形式和理性反映形式，包括感觉、知觉、表象、概念、判断、推理等认识形式。理性思维在科学创造中的作用，主要在于将观察、实践中获得的感性材料进行分析、抽象、概括、类比、演绎等，使认识发生一个飞跃，得出初步的结论，形成新的构想或假说，并有待于进一步的检验和论证，以达到向科学真理的逼进。

“非理性”是相对于“理性”而言的。与理性相比，非理性因素在认识过程中的作用方式具有两个明显的特点：一是非理性思维具有非逻辑的特点。理性思维具有严密的逻辑性，它在感性认识的基础上形成概念，然后运用概念进行判断和逻辑推理；而非理性思维以兴趣、体验、冲动、倾向等非逻辑的形式表现出来。二是非理性思维不以语言为媒介。理性思维作为一种逻辑思维离不开语言，它直接以语言作为思维工具；而非理性思维不依赖语言，它是一种借助于生动的形象或图像、具体的情境而展开的思维活动。因此，非理性思维在人的认识过程中具有更大的灵活性。

非理性思维主要包括主体的情感、意志以及想象、直觉、灵感等意识形式。它们本身不属于人的认识能力，但对人的认识活动的发动与停止、对主体认识能力的发挥与抑制起着重要的控制和调节作用。

(1) 情感因素的作用。情感因素对人的认识活动具有重要的影响。首先，情感能够转化为思维的动机和动力。一般说来，人们总是带着一定的情感去进行实践和认识活动的。健康的情感是激发科学认识的巨大力量。列宁说，没有人的热情，就从来没有也不可能有人对真理的追求。也就是说，没有对真理的热爱与渴望，就不会产生追求真理的内在力量。其次，情感影响思维的选择和指向。一般说来，人们总是选择那些自己所喜爱、感兴趣的东西，由此而展开自己的思考、思维的探索活动。另外，情感可以激发思维的创造性。情感往往给人的思维以激情，为激情所诱发的思维往往是奔放的，不拘泥于固定的思维框架，因而容易产生智慧的火花。

居里夫人(1867—1934)是波兰物理学家，是最早荣获诺贝尔奖的女性。幼年时，居里夫人家境贫困，造就出她吃苦耐劳、好学不倦的品质。居里夫人终生为人类的幸福献身科学。她与居里先生密切合作，反复实验，终于研究出两种新的化学元素，一个是“钋”，另一个是“镭”。为了证实镭的存在，居里夫妇倾注了巨大的心血、智慧、体力。他们在一间夏不避燥热、冬不避寒冷的破旧棚屋内从事起脑力加苦力的劳动，从1898年到1902年四年时间里，坚持不懈，终于从几十吨铀沥青矿废渣中提炼出十分之一克纯镭，并测定了镭的原子量。1903年，居里夫妇和柏克勒尔共同获得了诺贝尔物理学奖。

1906年，居里先生突遇车祸逝世。居里夫人战胜巨大的悲痛，继任了居里先生在巴黎大学的课程，并指导实验室工作。1911年12月，她再次获得了诺贝尔(化学)奖。

应当指出，情感自身具有两极性，对思维的影响也会产生两极性。积极的、健康的情感可以催发人的求实性和创造性思维，而消极的、病态的情感又会阻碍人的冷静思考，使人产生偏见和谬误，这是人所共知的。为发挥情感对思维的积极作用，就必须调控主体的情绪，学会正确运用情感的艺术。

(2) 意志因素的作用。意志同情感一样，对人的认识的进行也是一种激发和调控因素。人的认识活动常常不是一次完成的,需要循环往复、不断深化,因此,它离不开意志力的支撑和推动。特别是面对复杂的认识对象和科研课题,往往需要认识主体以坚忍不拔、百折不挠的意志去克服重重困难,实现某种目标。在人的认识活动中,意志以目的性和自觉性的特点,把理智和情感、冷静和激情统一起来,用理智调控情感,又用情感激活理智,从而使主体能在极端困难的条件下排除各种干扰,矢志不渝地追求自己的理想目标。

纵观中外历史,凡成大事者,大多屡经磨难,而后能成。正如司马迁所说:"古者富贵而名磨灭,不可胜记,惟倜傥非常之人称焉。盖文王拘而演《周易》;仲尼厄而作《春秋》;屈原放逐,乃赋《离骚》;左丘失明,厥有《国语》;孙子膑足,《兵法》修列;不韦迁蜀,世传《吕览》;韩非囚秦,《说难》《孤愤》;《诗》三百篇,大抵圣贤发愤之所作也。"可见,坚强的品格和坚定的意志对一个人来说是多么重要。

贝多芬(1770—1827)是德国最伟大的音乐家之一,他集古典音乐的大成,同时开辟了浪漫时期音乐的道路,对世界音乐的发展有着举足轻重的作用,被尊称为"乐圣"。贝多芬信仰共和,崇尚英雄,创作了大量充满时代气息的优秀作品,如交响曲《英雄》《命运》,序曲《哀格蒙特》,钢琴奏鸣曲《悲怆》《月光曲》《暴风雨》《热情》等。

贝多芬出身德国波恩的平民家庭,很早就显露了音乐才能,8 岁开始登台演出,1792 年到维也纳深造,艺术上进步很快,可以预料他未来的前途是无可限量的。但不幸的命运突然降临到身上,26 岁时他开始耳聋,到了晚年,他更是全聋,只能通过谈话册与人交谈。按常理,他将无缘于音乐,但是,贝多芬并没有绝望,他扼住命运的喉咙,重新振作起来,以顽强的意志力创作了一系列不朽名作,最终成为一个深受世人喜爱的音乐家。贝多芬之所以能成为著名的音乐家,靠的就是自己坚忍不拔的毅力,最后把看似不可能发生的事情变成了可能。

(3) 想象因素的作用。想象是创造性思维最重要的品质和最常用的方法。爱因斯坦说,对于承担创造性劳动的理论家,"不应当吹毛求疵地说他是'异想天开';相反,应当允许他有权去自由发挥他的幻想,因为除此以外就没有别的道路可以达到目的"。

想象是对记忆中的感性材料进行加工重构以后得到的一种形象思

维,也就是说是人头脑中把过去感知的形象进行加工所产生的一种新的形象。想象能够冲破时空限制而“思接千载”“视通万里”。创造性思维离不开想象,因为人们要揭示事物的本质,不仅要把握那些能被直接感知的经验材料,更重要的是透过这些经验材料,把握住那些不能为人们直接感知的事物的隐蔽的基础,去设想和构思其内部因素相互联系、相互作用的图景,也就是要借助于想象去探求事物运动的内部机制。

想象不仅对于提出科学假说和新的科学概念具有重要作用,而且也是“思维实验”和“模型方法”的重要手段。思维实验可以使人们摆脱技术条件的限制,对假定条件下可能出现的现象和过程进行想象,勾画出可能出现的图景。

如经典力学的奠基人伽利略曾想象:在一个比冰还要光滑的磨擦系数等于零的平面上,一小球一旦进入运动状态,且不施加任何外力,它将无休止地运动下去。通过这样的思维实验,伽利略发现了著名的惯性定律。爱因斯坦创立相对论,也首先是从想象光速运动的“思维实验”开始的。

巴金的小说《家》,曾经感动过千千万万的读者,巴金说:“我写《家》的时候,我仿佛在跟一些人一同受苦,一同在魔爪下面挣扎,我陪着那些可爱的年轻生命欢笑,也陪着他们哀苦。我一个字一个字地写下来,我好像在挖开我记忆的坟墓,我又看见了曾经使我心灵激动过的一切。”《父与子》是屠格涅夫的传世之作,这部作品之所以如此优秀,原因之一正在于作者连续数年都把自己想象为该书的主人公巴扎洛夫,并以巴扎洛夫的身份、观点记着日记。这表明思维只有鼓起想象的风帆,才能遨游于创造性活动的汪洋大海之中。由此可以看出,无论对于科学还是文学或其他,想象都具有十分重要的作用。

(4)直觉和灵感因素的作用。直觉和灵感在创造性思维中的作用也十分突出。人们对创造性知识的获得,往往需要经过曲折的过程,其中既有长时期的准备和积累,又有短时间的攻关和突破;既有经久的沉思,又有一时的顿悟。这种在瞬间就使问题得到澄清的顿悟,就是所谓的直觉和灵感。直觉,一般是指不经过逻辑推论就直接认识事物。它是感性和理性、具体和抽象的辩证统一,是认识过程的飞跃和渐进的中断。爱因斯坦认为物理学家的使命就是要发现那些普遍的基本定律,但物理学家“要通向那些定律，并没有逻辑的道路，只有那种对经验的共鸣的理解为依据的直觉，才能得到这些定律”。

在很多情况下，直觉与灵感是指同一个事实，只不过灵感是指心有灵犀一点通的状态，直觉指直接认知的能力。往往有这样的情况，人经过长期紧张的理性思考，寻求某一问题的答案，但百思不得其解。然而这时人的思维实际上处于高度兴奋、高速运转的状态下，好像电子线路的触发装置一样，一种线路接不通就换另一种。正是这种理性思维的积极运作，给直觉、灵感的出现提供了可能性。这时，一旦某条信息联系的关键性思路接通，就会一通百通，即时大放光明，使认识者豁然开朗、顿时醒悟，一下子抓住了事物的症结，找到了问题的答案。

德国科学家魏格纳也是在医院的病床上偶然发现墙上的世界地图上大西洋两岸的轮廓可以互补，经过剪贴、拼接，恰好相互弥合，由此受到启发，提出了“大陆漂移说”。

直觉和灵感往往来得突然，消失也快，容易给人以神秘感。其实，直觉和灵感并非神灵启示，亦非凭空产生，而是认识者长时期艰苦实践、深入思考的结果。不从事某方面的科学研究，就不会有这方面的直觉和灵感。所以爱迪生说：“天才，就是百分之九十九的汗水加百分之一的灵感。”俄国画家列宾说：“灵感是对艰苦劳动的奖赏。”必须指出，直觉和灵感不是都有创造性价值的，错误的直觉和灵感也会经常产生，因此，对直觉和灵感不可以盲目崇拜，而应当用实践来检验其正误。

上述的情感、意志、想象、直觉和灵感等非理性因素，在认识过程中往往是相互结合、交互发生作用的，它们对于创造性思维都是不可缺少的。而且，认识中的非理性思维，归根到底都受理性思维制约。不仅想象、直觉和灵感的产生要以一定的理性思维为前提，而且这些非理性思维的结果只有经过理性思维的进一步逻辑加工，才能发展为完备的创造性理论。

马克思主义认识论从不否认非理性因素在认识活动特别是科学研究活动中的作用，既看到非理性因素在科学认识中的积极作用，也看到它可能产生的消极作用。因此，马克思主义哲学强调人应当在理性因素的主导下，充分发挥非理性因素的积极作用。

当代西方哲学中的非理性主义把非理性因素看做人的本质，把人的某些本能、欲望、情绪、潜意识等看成是决定一切的东西，并且否定或贬抑人的理性及其思维的作用，对非理性、非逻辑的东西作了唯心主义、神秘主义的解释和夸大。因此，在重视并承认人的非理性因素及其作用的同时，应当认清并批判非理性主义把理性同非理性相割裂、相对立的错误，在认识过程中坚持理性思维与非理性思维辩证统一的性质。

（二）从认识到实践

1. 理性认识必须回到实践当中去

毛泽东指出："认识的能动作用，不但表现于从感性的认识到理性的认识之能动的飞跃，更重要的还须表现于从理性的认识到革命的实践这一个飞跃。"从理性认识到实践，是把人们的思想变成改造世界的实际行动，使主观思想转化为客观现实，这是认识过程中的又一次飞跃。理性认识要回到实践中去的重要意义在于以下几方面。

（1）理性认识只有回到实践中去，才能得到检验和发展。理性认识只有回到实践中去，用实践去检验获得的理性认识，正确的被证实，错误的被发现、纠正，不完全的得到充实，才能推动认识进一步发展。

例如比萨斜塔试验。在伽利略之前，古希腊的亚里士多德认为，物体的下落速度和它的重量成正比，物体越重，下落的速度越快。比如说，10千克重的物体，下落的速度要比1千克重的物体快10倍。长期以来，人们一直把这个违背自然规律的学说当成不可怀疑的真理。

伽利略（1564—1642）是意大利数学家、天文学家和物理学家，他是最早用望远镜观察天体的天文学家，也是日心说的早期支持者之一。伽利略早先把科学实验和数学方法相结合用于力学研究，对现代科学思想的发展作出了重大贡献。1632年，伽利略发表《关于两种世界体系的对话》，阐述了他对日心说的支持。

伽利略根据自己的经验推理，大胆地对亚里士多德的学说提出了疑问。据传，1590年，伽利略在意大利比萨斜塔上，将两个重量不等的铁球自塔顶垂直自由落下，结果两球同时着地。该实验一举推翻了古希腊学者亚里士多德提出的重量不同物体下落速度也不同的定理，揭开了自由落体运动的秘密。这个实验在物理学的发展史上具有划时代的重要意义。

（2）理性认识只有回到实践中去，才能达到改造世界的目的。马克思主义哲学认为十分重要的问题，不在于懂得了客观世界的规律性，因而能够解释世界，而在于用这种对于客观规律性的认识能动地改造世界。认识世界是为了改造世界，理论本身不能直接改造世界，只有回到实践中去，通过指导实践，才能发挥改造世界的作用，达到认识世界的目的。例如，飞机设计师设计了一种新型的飞机图样，只有在实践中生产了设计中所要求的各种零部件，才能装配完成整个飞机；飞机试飞成功了，设计师设计图样的目的才达到。如果有了飞机设计图样，并不投入生产，那么图样再好也是没有意义的。

1952 年 10 月 30 日，毛主席视察黄河，在听取黄河水利委员会主任王化云关于引江济黄设想的汇报后说："南方水多，北方水少，如有可能，借点水来也是可以的。"第一次提出了南水北调的宏伟设想。经过 28 年的勘探、调查，1980 年 10 月，水利部组织有关专家、教授、工程技术人员在北京举行了学术讨论会，论证了南水北调工程的可行性。2002 年 12 月 23 日，国务院正式批复《南水北调工程总体规划》。南水北调工程现已全面开工。

2. 实现由理论向实践转变的条件

（1）从实际出发，坚持一般理论和具体实践相结合的原则。理论联系实际是毛泽东一生遵循和倡导的工作作风。理论反映事物的本质和规律，是一般性的东西，而实践是具体的。因此，理论要从实际出发，与具体实践相结合。

（2）理论要回到实践中去，还必须为群众所掌握。人民群众是实践的主体，理论只有为群众所掌握才能化为改造社会、改造自然的物质力量。一种新的理论开始总是个别人提出，因而要经过宣传教育，使理论为群众所接受，才能变为群众的实践。例如，国家制定了法律，就要通过宣传教育，使人民懂得法律，人民才会自觉地遵守法律，以法律为武器，同违法犯罪行为作斗争。

（3）理论要回到实践，需要经过路线、方针、政策等中介。例如，马克思主义理论，只有化为党的一定具体的路线、方针、政策时，才能直接指导无产阶级革命和社会主义建设的实践，付诸实现；经济管理理论，只有具体化为经济政策，对人、财、物管理的规章制度，生产经营计划，才能直接指导经济活动，付诸实施。

（4）理论付诸实践，要有一定的物质条件。如果没有一定的科学技术手段和社会物质力量，理论是不能转化为实际的。例如，有了建筑设计图，有了施工队伍，如果没有建筑场地、机械，就不能施工，造不出房子。早在16世纪，达·芬奇就画出了类似飞机的飞行器草图，但直到20世纪初，真正的飞机才飞上天空。这说明，理论向实践的转变，必须具备一定的物质条件。

（三）认识无止境

1. 认识过程的反复性

人们对事物的认识，由于主、客观条件的限制，往往不是一次完成的。从主观方面说，人们总是受到自己认识能力和实践活动范围的限制。从客观方面说，受到科学技术条件的限制，以及客观过程的发展和表现程度的限制。客观事物的本质有一个显露的过程，人的认识也就需要一个过程。

例如，人类对热本质的探索，在古代的时候就开始了，那时的人们只能根据摩擦生热、冷暖转化等表面现象和外部联系直观地对热的本质作些朴素的猜测，如古希腊人认为热是由于物体运动而获得的。随着实践的发展，根据大量摩擦和碰撞生热的实践经验，人们认为热是一种特殊的运动。

英国的培根认为，"热本身，热的本质精髓就是运动而不是别的"。法国的笛卡尔认为，热就是物质粒子的旋转运动。英国的波义尔认为，热就是由微小物质粒子的急速运动而产生。

18世纪，人们对热现象的认识走上了一条曲折的道路。英国物理学家布莱克提出了系统的"热质说"，认为热就是一种没有重量，不可称量，不生不变，存在于一切物体之中的可以自由流动的特殊物质，物体的冷热是由热质的多少决定的。热的传导，如同流水由高到低流动着热质，热膨胀是热质注入所致，太阳光透镜聚焦生热，也是由于热质集中等。这种观点统治了上百年，甚至在1789年，拉瓦锡仍把热摆在化学元素表中，属气体元素。

越来越深入的实践，推动着人们对热本质的认识。1797年，英国工程师伦福德，通过生产炮筒的实践，揭露了"热质说"的非科学性，证实了

“热动说”的正确性。他发现筒子屑温度升高，产生大量的热，认识到热是物质运动的表现，是机械功产生的热，并且这种转化是等效的。他还测定了当量关系的近似值。

1799 年，戴维在伦福德的启示下，进行实验：将两块冰在真空中摩擦，而且使周围的温度低于实验设备和冰块的温度，结果，冰块溶化为水。这样，实践再次以事实驳斥了“热质说”。

19 世纪中叶，蒸汽机的发明和使用，使“热动说”进一步完善，“热质说”终于破产。1842 年，德国医生迈尔，经过对前人实践成果的研究和亲自实践，提出了能量转化守恒的思想。上述人类对热本质的探索说明，认识是随着实践的发展不断得到检验和完善的。

又如，关于光的本质问题，17 世纪，形成了两种不同的学说。一派是以牛顿为代表的微粒说，他的主张是，光是从发光物体发出来的，而且是以一定速度向空间直线传播的微粒。这一派的学说统治达一百年之久，但也不断有波动说（主张光是波）主张者加以反驳。另一派是以惠更斯为代表的波动说，其观点是，光是某种振动，通过介质（以太）以波的形式向周围传播，光是由这种介质传播出来的纵波。这两种学说都有各自的理论根据。第一个肯定光既有波动性又有微粒性的是爱因斯坦。他认为电磁辐射不仅在被发射和吸收时以能量 hv 的微粒形式出现，而且在空间运动时也具有这种微粒形式。爱因斯坦这一光辉思想是在研究辐射的产生和转化时逐步形成的。

美国大发明家爱迪生，试验了 1600 多种材料，经历了 8000 多次的失败，才找到了合适的电灯灯丝。人类的认识史和生活实践都表明，一个正确认识的获得往往并不是简单的，有时是非常复杂艰巨的过程。

2. 认识发展的无限性

人们对于一个具体事物的认识，经过实践和认识的多次反复，达到了主观认识和客观实际的符合，那么对于这个具体事物的认识过程来说，可以说是完成了。但是，对整个世界来说，认识又没有完成。因为从空间上看，客观世界是无限的，存在着无限多样的事物，特定历史条件下的人们只是认识了客观事物的某一部分，还有更多的事物需要认识；从时间上看，事物是作为过程而存在的，旧事物消失了，又会产生新的事物，新事物层出不穷，有待人们去认识，认识永无止境。因此，对于人类来说，认识的广度和深度都是无穷无尽的，人类永远不会有这样的时刻，即人们已经无所不知，到了知识的“顶峰”和“尽头”，再没有什么需要认识了。

认识过程的反复性和无限性说明，人类认识是一个螺旋式上升的运动过程。正如毛泽东指出的：“实践、认识、再实践、再认识，这种形式，循环往复以至无穷，而实践和认识之每一循环的内容，都比较地进到了高一级的程度。”这就从实践和认识的辩证关系上，揭示了人类认识永无止境、无限发展的客观规律。人类的认识运动，从形式上看，表现为认识和实践的反复循环；从内容上看，实践和认识之每一循环，都比较地进到了高一级的程度。

3. 认识和实践是具体的历史的统一

人的认识的任务，就在于不断地克服主观和客观、认识和实践之间的矛盾，求得它们之间的具体的历史的统一。所谓具体的，即主观认识要同一定时间、地点、条件下的客观实践相符合；所谓历史的，即主观认识要同特定历史发展阶段的客观实践相适应。由于客观实践是具体的、历史的，所以，主观认识也应当是具体的、历史的。当事物的具体过程已经向前推移，转变到另一个具体过程的时候，主观认识就应当随之而转变。如果主观认识仍然停留在原来的阶段上，就脱离了客观实践的具体的、历史的特点，思想落后于实际，就容易犯保守的错误。当事物的具体过程尚未结束，原有的矛盾尚未得到充分的暴露和展开，向另一个具体过程推移转变的条件还不具备的时候，如果人们硬要把将来可能做的事情勉强拿到现在来做，企图超越阶段，同样是脱离了客观实践的具体的、历史的特点，就容易犯冒进的错误。因此，毛泽东说：“我们的结论是主观和客观、理论和实践、知和行的具体的历史的统一，反对一切离开具体历史的‘左’的或右的错误思想。”

1930 年 2 月 18 日，美国天文学家汤博发现冥王星，从此，“太阳系九大行星”的格局坚持了 70 多年。2006 年 8 月 25 日，国际天文学联合会宣布，冥王星将被排除在行星行列之外，从而太阳系行星的数量将由九颗减为八颗。这说明认识是需要在实践中不断发展和完善的。

4. 认识辩证过程的原理是群众路线的认识论基础

毛泽东把认识辩证过程的原理以及历史唯物主义关于人民群众是历史创造者的原理运用到实际工作中，形成了我们党的群众路线的领导方法和工作方法。毛泽东指出:“在我党的一切实际工作中,凡属正确的领导,必须是从群众中来,到群众中去。这就是说,将群众的意见(分散的无系统的意见)集中起来(经过研究,化为集中的系统的意见),又到群众中去作宣传解释,化为群众的意见,使群众坚持下去,见之于行动,并在群众行动中考验这些意见是否正确。然后再从群众中集中起来,再到群众中坚持下去。如此无限循环,一次比一次更正确、更生动、更丰富。这就是马克思主义的认识论。”群众路线与马克思主义认识论是统一的,这是因为,认识的基础是实践,而实践的主体是群众;“从群众中来,到群众中去”的领导方法和工作方法与“从感性认识到理性认识,又从理性认识到实践”的认识秩序是一致的。群众路线是我们党的科学的领导方法和工作方法。

人民群众是社会财富的创造者,是实践的主体,是智慧的源泉。青年大学生要牢固树立马克思主义的群众观点,贯彻党的群众路线,积极投身社会实践,走与人民群众相结合的道路,虚心向群众学习,真心实意地听取群众意见,从人民群众中吸取营养,在群众实践中积累经验,增长见识,这样才能使自己的人生大有作为。

四、读万卷书,行万里路

马克思主义认识论从实践和认识的辩证关系上,揭示了人类认识是一个永无止境、无限发展的过程。正是这种认识的辩证运动过程,使人类通过现象认识本质、通过相对认识绝对、通过有限认识无限,发展着自己的认识成果和知识体系,同时又不断创造新的认识工具,完善自己的认识结构,更新自己的思维方式,推动着人类的认识系统和实践境界不断迈向新的阶段。用辩证唯物主义认识论的观点看问题,要求我们既要重视社会实践,又要学习间接经验;既要终身学习,又要善于学习。

(一)既要重视社会实践,又要学习间接经验

人的认识既不可能从天上掉下来,也不可能从自己的头脑里主观自生,这要求我们既重视从实践中获得直接经验或知识,也要积极通过学习书本和其他途径获得知识或间接经验。

就人类的知识整体而言,实践出真知,实践是一切科学知识的源泉。

因此,我们要投身社会实践以获取知识和经验,在实践中锻炼能力,增长才干。重视从实践中获得直接经验并没有否认从书本或他人那里获得间接经验的重要性。由于个人的生命和精力是有限的,人类实践活动的领域十分广大,每个人的实践范围也是有限的,所以人不可能也没有必要事事参加实践。通过读书,我们能积累知识,启迪智慧,开拓视野,丰富思想,提升水平。因此,要想获取更多的知识,学习间接经验不可缺少,且这也是个人获取知识的主要途径。人的实践水平之所以能不断提高,主要是因为每一代人都学习和接受上一代人积累下来的知识。

参加社会实践与学习书本知识是相互联系、相互促进的。一方面,只有参加社会实践才能更好地理解书本上的知识,把书本知识真正变成自己的东西。宋代诗人陆游的一句诗"纸上得来终觉浅,绝知此事要躬行"说的就是这个道理。另一方面,也只有认真学习书本知识,才能克服自身实践的局限性并更好地指导实践。古人云:"读卷万书,行万里路。"就是要求把学习书本知识与参加社会实践结合起来,把读"有字之书"和读"无字之书"结合起来,两者不可偏废。

(二)既要终身学习,又要善于学习

英国哲学家培根有一句名言:知识就是力量。的确,知识是人类实践经验的结晶,其中蕴藏着认识和改造世界的巨大力量。不过,这种力量并不会自发地表现出来。人们只有通过学习,才能掌握知识;只有掌握和运用知识,才能发挥知识的巨大威力。

当今时代,人类已经步入知识经济新时代。知识劳动将是绝大多数人谋生的基本手段,知识成为人们最基本的消费品,知识的占有量将是富裕程度的基本标准。社会不仅给无知者的机会越来越少,而且给低知识者和旧知识者的机会也越来越少。知识经济的兴起,知识经济时代的到来,从根本上改变了人类的生存和生活方式。因此,有人说,当今时代是一个比心智、比创造力的时代。在这个时代,力量的大小不在于脖子以下占身体部分90%的体力,而在于脖子以上占身体部分10%的智力。智力的比拼,从很大程度上说就是比学习和运用知识的能力。随着知识经济时代的到来,我们要不断有所发展、有所进步,就必须重视学习、善于学习,通过学习开阔胸怀与视野,提高能力与素质。从这个意义上说,学习

力是最基础的竞争力。

只有学习才能积聚创造力。创新是发展的强大动力，而创新的基础主要是知识，特别是新知识。当今时代，知识更新速度不断加快。联合国教科文组织曾做过的一项研究表明：在18世纪时，知识更新周期为80年至90年；19世纪到20世纪初，知识更新周期缩短为30年；20世纪六七十年代，一般学科的知识更新周期为5年至10年；到了20世纪八九十年代，许多学科的知识更新周期缩短为5年；而进入21世纪，这一周期已缩短为2年至3年。这说明，我们要积聚和提高创造力，就必须增强学习的紧迫感、责任感，不断加强对新知识尤其是现代科技知识的学习，及时把握现代科技发展的新趋势，了解最新科技成果及其产业化前景，科学确定自主创新和产业结构调整的主攻方向，从而更有力地推动科技成果向现实生产力转化。正是在这个意义上，知识经济也是一种学习经济，终身学习是知识经济时代的生存之本。

知识经济时代也是人们的职业和岗位变动更加频繁的时代。研究表明，工业发达国家在过去15年的时间里，由于自动化技术的发展，8000多个原有的技术工种消失了，与此同时出现了6000多个新的技术工种。由于技术发展，美国小企业的变化极为迅速，平均每天新产生300万至400万家，同时有相同数量的企业倒闭。美国人平均每人一生换岗位12次，经济合作与发展组织国家每人平均5年改换一次工作。

20世纪90年代以来，我国经济结构调整和劳动者下岗再就业的现实已初步印证了这一趋势。一边是结构调整产生的大量岗位空缺，另一边是大量失业者求职难，形成“有人没事干，有事没人干”的局面。究其原因，除择业观念尚未完全转变外，最重要的原因是求职者自身素质低，缺乏知识、技能，难以适应需要。因此，迎接知识经济的挑战，已经是真真切切的现实。如果说，以往的学习只是特定的人在人生特定的时间里的“特权”，那么，现在，学习特别是终身学习，将是人们生存的条件。学习正在成为人们生存的第一需要。人们只有不断学习、更新知识，才能跟上时代的步伐。

终身学习也要善于学习。著名未来学家阿尔温·托夫勒曾指出：未来的文盲不再是不识字的人，而是没有学会怎样学习的人。著名管理学家彼得·圣吉也在其名著《第五项修炼》中明确指出：“未来唯一持久的优势,是有能力比你的竞争对手学习得更快。"因此,学会如何学习是每一个人都需要面对的时代课题。

把终身学习提到"生存概念"的高度,是人类对知识经济和知识社会的积极响应,也意味着知识经济时代的学习观念将发生根本性的改变,即把学习从单纯接受学校教育的学习中扩展开来,并从少数人的学习扩展到所有的人,从阶段性的学习扩展到人的终身,从被动的学习发展到主动的学习,从而使学习真正成为所有人终身的行为习惯和自觉行动。

善于学习,首先就要更新学习观念,从单一的学校学习走向终身学习。学校学习是学生在各类学校的特定环境中,按照教育目标的要求,在教师的指导下,有目的、有计划、有组织地进行的一种特殊认识活动。学校学习在现代社会发展和人的发展中正发挥着越来越重要的作用。终身学习不等于学校学习,但又不排斥学校学习,而是把学校学习当做终身学习的一个阶段。学校学习是终身学习的基础,终身学习又是学校学习的延续,两者相互联系,相互促进。

善于学习,也要变革学习方式,从"学会"转向"会学"。学习总的来说有两种方式:一种是维持性学习或称适应性学习,它的功能在于获得已有的知识、经验,以提高解决当前已经发生的问题的能力,即"学会";另一种是创新性学习或自主创新性学习,它的功能在于通过学习提高一个人发现、吸收新知识新信息和提出新问题的能力,以迎接和处理未来社会发生的日新月异的变化,即"会学"。在传统的农业经济和工业经济时代,科技进步和知识更新的速度相对缓慢,人类习惯于用已有的知识来解决现存的各种问题,形成了"维持性学习"为主的模式。而在知识经济时代,信息技术强化了已有知识的归类,且由于归类,知识获得更多的商品属性,知识的扩散得到加速,人们接触知识较以往更容易,费用也更为低廉,从而使得选择和有效利用知识、信息的技能和能力变得日益重要起来。因而知识经济必然要求人们在学习方式上实现从"维持性学习"向"创新性学习"的转变。也就是说,在知识经济时代,是否具有不断掌握最新知识并进而创造新知识的能力,比掌握多少现存的知识更为重要。"学会"只能成为传统意义上的"工匠","会学"才能成为"知识劳动者"。

善于学习,还要创新学习手段,学会利用现代信息和传播技术进行学习。不同的信息手段,决定着人们获取信息量的大小和学习的模式,直接影响着学习的效率。计算机网络化和信息高速公路的出现,为学习开辟了广阔的道路。计算机技术大大增加了寻找信息的可能性,信息高速公路向世界的各个角落延伸,为人们提供了一个取之不尽的信息宝库,全世界的学习资源都可以用来为某一人的学习服务。每一个人都应当娴熟运用这些技术,以有效地服务个人和社会的发展。

本讲小结

认识由认识主体、认识客体及其中介三个要素构成。主体与客体主要有实践关系、认识关系和价值关系三个基本层次。认识的本质是在实践基础上主体对客体的能动反映。

马克思主义认识论是能动的反映论。它与唯心主义先验论、不可知论以及旧唯物主义反映论存在着根本区别。

实践是人们能动地改造和探索现实世界的客观的社会活动。实践具有客观实在性、自觉能动性、社会历史性的特点,其基本形式是生产实践、社会实践和科学实验。

实践观点是辩证唯物论认识论首要的和基本的观点。在认识和实践的关系中,实践居于首要地位,起着决定性的作用。实践是认识的来源,是认识发展的动力,是检验认识正确与否的标准,是认识的最终目的。认识对实践具有反作用。

认识是辩证的发展过程。由实践到认识是整个认识过程的第一次飞跃,包括两个不同阶段:感性认识和理性认识。感性认识和理性认识的关系:理性认识依赖于感性认识,感性认识有待于发展理性认识,感性认识和理性认识相互渗透。它们统一的基础是实践。要正确实现这一次飞跃,必须通过实践和调查研究获得十分丰富的感性材料,同时要运用科学的思维方法,对这些感性材料进行加工和创造。在认识活动中,情感、意志、想象、直觉和灵感等非理性因素有重要作用。

在实践的基础上获得的理性认识,必须再回到实践中去,实现精神变物质。这是认识过程中的第二次能动的飞跃,是意义更重大的飞跃。因为只有使理性认识再回到实践中去,才能得到检验、补充、丰富和发展,达到改造世界的目的。要正确实现这一次飞跃，必须具备三个条件：要把关于事物的认识和主体的需要结合起来，确定行动的目的和计划；要从实际出发，坚持一般理论和具体实际相结合的原则；要使理论为群众所掌握，化为群众的自觉行动。

客观世界的运动、变化永无止境，人们的认识运动也永无止境。认识具有反复性、无限性。实践、认识、再实践、再认识，循环往复，以至无穷，这是人类认识发展的道路和规律。实践—认识—再实践的发展，体现了主观和客观、理论和实践的具体的历史统一。辩证唯物主义认识论是党的群众路线的哲学基础，两者是一致的。

用马克思主义认识论的观点看问题，要求我们既要重视社会实践，又要学习间接经验；既要终身学习，又要善于学习。

★ 深度阅读 ★

1. 马克思：《关于费尔巴哈的提纲》，《马克思恩格斯选集》第1卷，人民出版社1995年版。

2. 恩格斯：《路德维希·费尔巴哈和德国古典哲学的终结》，《马克思恩格斯选集》第4卷，人民出版社1995年版。

3. 恩格斯：《反杜林论》第三、第九章，《马克思恩格斯选集》第3卷，人民出版社1995年版，第373—376、426—433页。

4. 毛泽东：《实践论》，《毛泽东选集》第1卷，人民出版社1991年版。

5. 毛泽东：《人的正确思想是从哪里来的？》，《毛泽东文集》第8卷，人民出版社1999年版。

6. 毛泽东：《关于领导方法的若干问题》，《毛泽东选集》第3卷，人民出版社1991年版。

★ 思考题 ★

1. 如何理解认识主体与客体及其关系？
2. 为什么说马克思主义认识论是能动的反映论？
3. 为什么说实践观点是辩证唯物论认识论首要的和基本的观点？

4. 如何理解认识的辩证过程?

5. 青年大学生为什么既要重视实践又要刻苦学习,既要终身学习又要善于学习?

第八讲 真理与价值

为真理而斗争是人生最大的乐趣。

——布鲁诺

引例

达尔文的生物进化论

达尔文，1809 年 2 月出生在英国，博物学家，进化论的奠基人。1831 年至 1836 年，他以博物学家的身份参加了英国政府组织的"贝格尔号"军舰环球航行，进行了长达五年的科学考察活动，在动植物和地质方面进行了大量的观察和采集，经过综合探讨，形成了生物进化的概念。1859 年 11 月，达尔文经过 20 多年研究而写成的科学巨著《物种起源》终于出版了。在这部书里，达尔文以全新的生物进化思想，用大量资料证明了形形色色的生物都不是上帝创造的，而是在遗传、变异、生存斗争和自然选择中，经过由低级到高级、由简单到复杂的演变过程产生的。达尔文第一次把生物学建立在完全科学的基础上，标志着进化论的正式确立。

《物种起源》的问世，推翻了"神创论"和物种不变的理论，就像一颗炸弹被直接投进了宗教统治的心脏，沉重地打击了神权统治的根基，在欧洲乃至整个世界都引起轰动。假如进化论被社会广泛承认，上帝的存在便会被质疑甚至否定，教会的地位会一落千丈，王公贵族们宣扬和依赖的天授王权理论也会不攻自破。因此，从反动教会到封建御用文人都狂怒了。他们群起攻之，诬蔑达尔文的学说“亵渎圣灵”，触犯“君权神授天理”，有失人类尊严。与此相反，以赫胥黎为代表的进步学者，积极宣传和捍卫达尔文主义。进化论轰开了人们的思想禁锢，启发和教育人们从宗教迷信的束缚下解放出来。恩格斯将达尔文的生物进化论与细胞学说、能量守恒和转化定律一起，列为19世纪自然科学的三大发现。

人类认识的发展，与同客观事物本身的发展一样，走着一条曲折复杂的道路，充满着真理和谬误的斗争。达尔文生物进化论的产生过程，也说明了真理的发展道路不是笔直平坦的，而是艰难崎岖的。认识的目的和任务，就在于不断排除谬误，获得真理，并在真理指导下改造世界，不断创造价值，满足人类生存和发展的需要。

一、真理及其特性

探求真理是认识活动的根本任务，遵循真理是实践成功的根本保证。那么，什么是真理呢？辩证唯物主义认为，真理是标志主观认识同客观对象相符合的哲学范畴。人们对客观事物的认识，有正确和错误之分，其中正确的认识为真理，错误的认识为谬误。因此，真理是正确的认识，不是客观事物本身。客观事物如长江、长城、黄山、黄河等，无所谓真理问题。真理是客观事物的本质与规律在人们头脑中的正确反映。

（一）真理的客观性

客观性是真理的基本特性。所谓真理的客观性，是指在真理中包含着不依赖于主体的客观内容。客观性是真理之所以成为真理的根本条件，是真理的本质属性。因此，真理又叫客观真理。真理的客观性有二：其一，指真理内容的客观性，即真理作为对客观事物及其规律的正确反映，本身包含着不以人的意志为转移的客观内容；其二，指真理检验标准的客观性，即真理之所以是真理，并不是因为某位天才人物的决断，而是实践检验的结果，而实践本身是一种客观的物质性活动。例如，“地球围绕太阳转”这个判断是一个真理，因为它正确地反映了地球和太阳之间的关系；同时，这个真理性认识并不是由哥白尼的意志决定的，而是长期实践检验的结果，而哥白尼只是发现了它而已。

真理具有的客观性，决定了真理的一元性。在同一时间、地点和条件下，对同一事物的真理性认识只有一个的，叫真理一元论。面对同一事物，不同的人可能有不同的认识，但只有一个与客观事物及其规律相符合的认识，因为客观事物及其规律的本来状况只有一个，真理一元论是正确的。

相反，认为在同一条件下，对客观事物及其规律存在着多个真理性认识的叫“真理多元论”。“真理多元论”是错误的。因为，对于同一对象的不同认识和理论体系中，它们可能同假，但绝不可能同真，真理性认识只能有一个。

唯心主义从意识第一性、物质第二性出发，不承认客观真理，主张各种不同形式的主观真理。主观唯心主义认为，真理是主观自生的，是纯主观的东西。他们把真理看成是所谓的“经验”“信念”“满意”“意志”等主观活动的产物。

经验批判主义认为，真理是“人类经验的组织形式”或“社会地协调起来的经验”。按照这种说法，上帝造人的宗教教义甚至比进化论具有更多的真理性，因为宗教教义无疑也是“人类经验”的“某种组织形式”，并能“社会地协调起来”，而在一定条件下能为大多数人所承认。很显然，主观真理观否认了真理的客观性，其荒谬性是显而易见的。

实用主义所鼓吹的“有用就是真理”，是主观真理论的又一种形式，其错误在于混淆了真理的作用与真理的性质，否认了真理的客观内容和检验真理的客观标准。谎言有时很有用，却是十足的谬误。

客观唯心主义也强调真理的“客观性”，但他们所谓的“客观”并不是指真理所反映的客观存在的物质世界，而是指具有物质世界的“造物主”地位的某种“客观”精神，如柏拉图的“理念”、黑格尔的“绝对精神”、宗教的“上帝”等。

总之，唯心主义真理观否定了真理的客观性，把真理说成是由人随意编造和因人而异的，或者符合某种精神的东西，这就取消了真理和谬误的界限，否定了客观真理，这是同人类的实践和科学发展的实际情况完全相违背的。

（二）真理的绝对性和相对性

承认真理是客观的，这是真理问题上的唯物论，就真理的发展过程以及人们对它的认识和掌握程度来说，真理又是绝对的和相对的，这是真理问题上的辩证法。任何真理，既具有客观性，同时又具有绝对性和相对性。

1. 真理的绝对性

真理的绝对性即具有绝对性的真理，是指真理的无条件性、无限性。首先，任何真理都必然包含着同客观对象相符合的客观内容，都同谬误有原则的界限，都不能被推翻，否则，就不成其为真理，这一点是绝对的、无条件的。在这个意义上，承认了客观真理也就是承认了绝对真理。正如列宁所说："当一个唯物主义者，就要承认感官给我们揭示的客观真理。承认客观的即不依赖于人和人类的真理，也就是这样或那样地承认绝对真理。"其次，人类认识按其本性来说，能够正确认识无限发展着的物质世界，认识每前进一步，都是对无限发展着的物质世界的接近，这一点也是绝对的、无条件的。在这个意义上，承认世界的可知性，承认人能够获得关于无限发展着的物质世界的正确认识，也就是承认了绝对真理。正如恩格斯所说："对自然界的一切真实的认识，都是对永恒的东西、对无限的东西的认识，因而本质上是绝对的。"

2. 真理的相对性

真理的相对性即具有相对性的真理，是指真理的有条件性、有限性。在一定条件下，人们对事物的客观过程及其发展规律的正确认识总是有局限的、不完全的。

首先，真理所反映的对象是有条件的、有限的。任何真理都会受到人类实践水平和范围以及认识能力的限制，只能是对无限的物质世界发展的某一阶段、某一方面、某一层次的认识，因而是有限的。这是真理在广度上的有条件性、有限性。

以著名天文学家哈勃（Hubble）命名的"哈勃"太空望远镜，1990 年 4 月由"发现号"航天飞机送至太空，是迄今为止最大的太空望远镜。哈勃望远镜是一个性能卓越的空间天文台,借助它可观测到宇宙中140亿光年远发出的光;它能够单个地观测到星群中的任一颗星;它还能分析河外星系,确定行星间、星系间的距离,对行星、黑洞、类星体和太阳系进行研究,并画出宇宙图和太阳系内各行星的气象图。然而,这些认识成果对于无限的宇宙空间来说是很渺小的。

其次,真理反映客观对象的正确程度也是有条件的、有限的。任何特定的真理不仅所反映的对象在范围上是有限的,而且其正确程度也是有限的。由于条件的限制,任何真理对认识对象的反映只能是相对正确的,即在认识的深刻程度上、精确度上都是有限的,或者是近似性的。这是真理在深度上的有条件性、有限性。正如列宁所说:"人不能完全地把握—反映—描绘整个自然界、它的'直接的总体',人只能通过创立抽象、概念、规律、科学的世界图景等等永远地接近于这一点。"也就是说,任何真理都只能是主观对客观事物近似正确即相对正确的反映。

19世纪以前,人们普遍认为原子是不可分的,是物质世界的最小单位。后来放射性的发现,证明原子是可分的,原子由原子核和电子组成,原子核又由质子和中子等基本粒子构成。现代科学已经发现三百多种基本粒子,并且表明基本粒子还有更深的内部结构,它们之间也是相互作用、相互转化的。人类对物质结构的认识经历了一个由浅入深、由某一方面到更多方面的认识,这个过程是没有止境的。

3. 真理是绝对性和相对性的辩证统一

真理是具体的、发展的,真理是绝对性和相对性的辩证统一。

第一,真理的绝对性和相对性是相互渗透、相互包含的。一方面,相对之中有绝对,绝对寓于相对之中;真理的相对性之中,也包含着绝对性的颗粒。另一方面,绝对之中有相对,真理的绝对性通过相对性表现出来,无数具有相对性的真理之总和构成具有绝对性的真理。也就是说,从真理的两重性来看,任何真理既是绝对的,又是相对的,是两者的统一。就真理在一定条件下对有限事物的认识来说,它是相对的;就真理在这种条件下反映客观世界、反映客观事物的本质和规律的真实情况来说,它是绝对的。

第二,真理的绝对性和相对性是辩证转化的。真理永远处在由相对向绝对的转化和发展中,这是真理发展的规律。人类认识是一个不断深化的过程，是从相对性真理走向绝对性真理、接近绝对性真理的过程。任何真理性的认识都是由相对性真理向绝对性真理转化过程中的一个环节。对于这个问题，毛泽东曾经作过生动形象的说明："马克思主义者承认，在绝对的总的宇宙发展过程中，各个具体过程的发展都是相对的，因而在绝对真理的长河中，人们对于在各个一定发展阶段上的具体过程的认识只具有相对的真理性。无数相对的真理之总和，就是绝对的真理。""长河"是个恰当的比喻，在绝对性真理这条"长河"中，包含着无数相对性真理的"水滴"和"河段"，人类已经取得的任何一项真理，都是绝对性真理长河中的一个成分，都是以往实践和认识的终点，又是进一步迈向绝对真理的起点，人们向绝对真理的接近，是无止境的，永远不会停留在一个水平上。

真理的绝对性和相对性的辩证统一，是由人的认识能力、思维能力的至上性和非至上性辩证统一决定的。思维的至上性，是指人的思维能够认识无限发展着的物质世界，即人的思维能力的无限性和绝对性；思维的非至上性，是指人的思维又会受到客观事物及其本质的显露程度、社会历史（生产状况、科学技术状况、阶级斗争状况）的实践水平、主观的条件（个人的经历、受教育的程度、立场、观点和思想方法）以及生命的有限性等各方面的限制，因而人的思维能力是有限的和相对的。既然人的认识能力、思维能力是至上和非至上、无限和有限的对立统一，作为认识、思维成果的真理，自然也只能是绝对和相对的对立统一。

19 世纪下半叶，英国伟大的科学家牛顿在当时生产实践和实验的基础上，集前人力学知识之大成，奠定了古典力学的基本体系，把力学这一门古老的学科推到了一个新的高度。人们运用牛顿力学的原理，在自然科学和工程技术的领域中，不断获得可喜的成功。到了 19 世纪初，牛顿力学已经发展成为一门理论严密、体系完整的学科。

由于牛顿力学的光辉成就和日臻完善，使得一些科学家踌躇满志起来。他们认为，牛顿力学是阐明宇宙一切奥秘的"完美无缺"的理论，没有什么自然现象是牛顿力学所不能解释的，一旦人们掌握了牛顿力学，科学的真理就被穷尽了。不少人觉得，科学理论的大厦业已建成，日后的科学除了对已有的理论进行修修补补之外，似乎已经无事可做。科学家的任务至多也只有在已知规律的公式的小数点后面加上几个数字罢了。

然而,科学巨人的脚步并没有停顿下来。探幽索微,永无尽止,继研究低速、宏观世界之后,人类又向高速、微观世界进军。人类从以牛顿力学为基础的经典物理学,逐步过渡到以相对论和量子力学为代表的新物理学。科学的实践证明,牛顿力学并不是科学上的"终极理论",而只是科学发展过程中的一座重要的里程碑。在这一点上,牛顿对自己的估价倒是值得赞扬的,1727 年 2 月,牛顿意味深长地说:"我不知世人对我怎么看法,不过我自己只是觉得好像在海滨玩耍的一个小孩子,有时很高兴地拾着一颗光滑美丽的石子,但真理的大海,我还是没有发现。"

总之,绝对真理和相对真理,从静态上看,即从它们的相互渗透上看,任何客观真理既是绝对的,又是相对的;从动态上看,即从真理的发展上看,任何客观真理都是由相对性真理向绝对性真理转化的一个环节,又都表现为一个过程。绝对真理和相对真理不是两个真理,而是同一个真理的两种不同属性。坚持真理是绝对性和相对性的统一,就是坚持真理观上的辩证法。这要求以辩证的态度对待一切科学真理,既反对绝对主义,又反对相对主义。

形而上学真理观不懂得真理的绝对性与相对性的对立统一,往往割裂两者的关系,主要表现为绝对主义和相对主义。绝对主义,是指只承认真理的绝对性而否认真理相对性的真理观。绝对主义者认为人类可以一下子就全面地、绝对地认识世界,否认真理的认识是一个过程,否认真理和谬误会相互转化。绝对主义夸大真理的绝对性,否认真理的相对性,从而否认了真理的发展,使人们固守已有认识,束缚了人的思想,阻碍了人们不断探求真理的脚步和科学的进步。

与绝对主义相反,相对主义是指只承认真理的相对性而否认真理的绝对性的真理观。相对主义者认为人类不可能正确地认识世界,否认真理的客观内容,混淆真理和谬误的相互区别。他们夸大真理的相对性,否认真理的绝对性,从而抹杀了真理与谬误的界限,不承认人类认识世界和改造世界的可能性。同绝对主义一样,相对主义也阻碍了人类解放和社会进步的历史进程。

教条主义和经验主义是绝对主义和相对主义在实际工作中的表现。教条主义脱离具体实践,把普遍真理当成万能的公式,随意生搬硬套;经验主义则把局部的经验绝对化。两者都会堵塞真理发展的道路。

马克思主义作为普遍真理，同样具有绝对性和相对性。对待马克思主义的正确态度应该是：既要坚持马克思主义的基本原理，又要结合当前的实际情况，注意分析和解决实际问题，创造性地发展马克思主义，把马克思主义不断地推向前进。

二、真理与谬误的关系

人的认识是一个十分复杂的过程，充满着真理和谬误的冲突。认识过程就是真理和谬误相比较而存在、相斗争而发展的过程。马克思说过："最好是把真理比做燧石，——它受到的敲打越厉害，发射出的光辉就越灿烂。"这生动而又深刻地说明了真理与谬误相比较而存在、相斗争而发展的规律。

（一）真理与谬误的关系

1. 真理与谬误的相互区别

真理和谬误都属于认识范畴，但它们是相互对立、相互区别的。真理是对客观事物及其规律的正确反映。谬误则是对客观事物及其规律的歪曲反映。我们决不可以将它们等同或者混淆。混淆了这个界限，对在特定条件下获得的认识，说它"既是真理，又是谬误，又对又不对"，就要陷入相对主义、诡辩论和怀疑论。

古希腊的哲学家皮浪就是这样的一个怀疑论者。他认为，对任何事情的好与坏、对与错、是与非都无法断定，你可以这样说，也可以那样说，不必去辨别真伪，这样灵魂才可以得到安宁。据说，有一次他乘船出海，遭到了风暴，船上的人都很惊慌，他却指着一头照常吃食的猪说："我们应当像猪那样无动于衷。"即不必去考虑风暴会带来什么吉凶。在他看来，根本不存在什么是非、真伪。这种取消真理与谬误对立的观点本身就是一种谬误。列宁说："把相对主义作为认识论的基础，就必然使自己不是陷入绝对怀疑论、不可知论和诡辩，就是陷入主观主义。"

2. 真理与谬误的相互联系

（1）真理与谬误是密不可分的。真理与谬误共生于整个认识过程之中，是互相联系着的两个对立面。没有真理，就没有谬误；没有谬误，也就没有真理。对真理的肯定,同时也就是对谬误的否定,它们是相比较而存在的。这是因为认识是一个复杂的辩证发展过程,这个过程正如列宁所说,“不是简单的、直接的、照镜子那样死板的动作,而是复杂的、艰涩化的、曲折的、有可能使幻想脱离生活的活动”。也就是说,在认识过程中,既可能使主观正确反映客观,达到主观与客观的一致,产生真理性的认识;同时,由于客观事物的无限复杂性和人们主观认识上的限制,也有可能歪曲地反映客观,导致主观与客观的分离,引出谬误的结论。

1934 年,被称为原子弹之父的费米,用中子照射铀,得到了半衰期为 10 秒、40 秒、13 分和 90 分的四种放射性元素,他宣称人工造出了“超铀元素”,引起了轰动。但是,后来证明,费米弄错了,他得到的只是铂核被击碎后裂变放出的原子碎片。因此,不论在人类认识过程中还是在个人认识过程中,真理总是伴随着谬误而同时出现。如果真的有某一天,我们正确地认识了一切,再也没有谬误,就是说已经穷尽了真理,那么,认识也就不会发展了。这是根本不可能的,因为客观世界本身不但是无限复杂的,而且是无限发展着的。

(2) 真理与谬误的相互转化。真理和谬误的界限并不是绝对的,在一定条件下,真理会转化为谬误,谬误会转化为真理。恩格斯说:“真理和谬误,正如一切在两极对立中运动的逻辑范畴一样,只是在非常有限的领域内才具有绝对的意义……如果我们企图在这一领域之外把这种对立当做绝对有效的东西来应用,那我们就会完全遭到失败;对立的两极都向自己的对立面转化,真理变成谬误,谬误变成真理。”

俄国革命民主主义者车尔尼雪夫斯基(1828—1889),曾举过一个很通俗的例子说明真理的条件性。他说,如果问:下雨是好事呢,还是坏事?这个问题是抽象的,要对它作出肯定或否定的回答,是不可能的,应当给出一定的条件,比如问:当谷物播种完毕,接连五小时下雨,这雨对谷物有益吗?这时,如果回答是有益的,就是正确的回答。可是,当已经积涝成灾,天还下倾盆大雨,这雨对庄稼是有益的吗?这时就应当回答,是有害的,这也是正确的回答。离开一定的条件,就无法说清某种具体认识是真理还是谬误。

真理转化为谬误有以下三种情况。

其一,真理都是具体的,有它的适用范围,超出特定的范围,它就变成谬误了。以波义尔定律为例,根据这一定律,一定质量的气体,在温度保持不变时,气体的体积和压力成反比。这个定律只有对理想气体才能严格成立,它仅能近似反映实际气体的情况。压强越大,温度越低,偏差越大。所以,波义尔定律只是在一定范围内才是正确的。

从“进化论”到“社会达尔文主义”,是真理超出特定的范围就变成谬误的典型事例。达尔文的进化学说,被恩格斯誉为 19 世纪自然科学三大发现之一。英国博物学家赫胥黎(1825—1895),是达尔文学说的积极支持者。他竭力宣扬进化学说,与当时的宗教势力进行了激烈的斗争,并进一步发展了达尔文的思想,是最早提出人类起源问题的学者之一。1893 年,他到牛津大学作了一次著名的讲演,题为《演化论与伦理学》。他还在其《天演论》中,根据自然界“食物链”现象提出“弱肉强食,优胜劣汰”的观点,并以此解释社会现象。

中国近代资产阶级启蒙思想家、翻译家严复,深感甲午战争后国势日危,1895 年至 1898 年翻译赫胥黎的《天演论》,以“物竞天择,适者生存”的观点号召人们救亡图存,“自强保种”,“与天争胜”,对近代思想界影响极大。

社会达尔文主义,是用达尔文生物进化论来解释社会现象的资产阶级社会学理论。社会达尔文主义无视社会运动的特殊规律,把动植物界生存斗争的自然选择学说硬搬到社会领域,把社会中敌对阶级之间的斗争等同于生物界的生存竞争、弱肉强食,并赋予冲突以永恒的自然必然性,这不仅论证了社会压迫、社会剥削的合理性,而且反对被剥削阶级的任何反抗,起到了为资本主义、殖民主义、法西斯主义的侵略扩张、剥削压迫辩护的作用。

其二,真理都是一个过程,是对一定条件下的客观事物及其规律的正确反映。当条件发生变化,客观事物及其规律变化了,人的认识也必须随着变化。如果仍然固守原来的认识,那么,本来是真理性的认识就会变成谬误。

例如,在长期的民主革命过程中,我们党的工作重心一直是在农村,建立农村根据地,以农村包围城市,这是正确的道路;而城市中心论则是完全错误的。但是,当解放战争进入尾声,我们必须把各种重心转移到城市,否则就会落后于形势发展的需要而犯错误。因此,全国胜利前夕,毛泽东曾提出:“从现在起,开始了由城市到乡村并由城市领导乡村的时期。”这是正确的路线。

其三,真理是全面的,全面的真理性认识是一个完整的科学体系,如果把其中的某一个原理单独抽取出来,片面加以强调,真理也会变成谬误。如自由与纪律、民主与法制、物质文明与精神文明等,片面强调某一方面而忽视另一方面,就会导致谬误。因此,我们要防止真理向谬误转化,一定要克服绝对化的思想,坚持具体问题具体分析的马克思主义辩证法。

谬误也可以转化为真理。谬误向真理的转化大致有两种情况。

一种情况是,有些谬误之所以成为谬误,是因为把原来真理性的认识用到了它所适用的范围以外去了。如果客观事物本身发生了变化,出现了新的条件,那么,原来是谬误的认识就可能变为真理。比如,在抗日战争时期,为了建立最广泛的抗日民族统一战线,实行减租减息的政策是正确的,而没收地主土地是不正确的。在抗日战争结束解放战争时期到来以后,实行没收地主土地的政策又是正确的,而减租减息在新的条件下又是不正确的了。

另一种情况是,对谬误进行科学的分析和研究,懂得它错在哪里,以及为什么错了,从中吸取有益的教训,从而更好地去发现真理。通常说的“失败为成功之母”“错误是正确的前导”,就是这个道理。

英国化学家戴维(1778—1829)说:“我的那些最重要的发现是受到失败的启示而作出的。”荣获1977年医学与生理学诺贝尔奖金的两位美国科学家吉尔曼和沙利,为了证实人脑组织可以分泌激素,花了整整21年的时间,前13年半是完全在失败的阴影中度过的。但是,他们不怕失败,不断从失败中总结经验教训,终于在数百万头羊和猪的脑中分离到几毫克的脑激素,在科学史上开辟了神经激素这一新的领域。

如果犯了错误,从中吸取必要的教训,分析犯错误的根源,找出克服错误的办法,从而避免重犯同类性质的错误,这样人们就向真理前进了一步。真理和谬误的相互转化,都要有一定的条件,没有条件就不会转化。

(二) 人犯错误的根源

人们在追求真理的过程中,总会出现这样那样的谬误,一贯正确的人根本不存在。列宁说："只有什么事也不干的人才不会犯错误。"毛泽东也说过："金无足赤，人无完人。"任何人都有可能犯错误。人之所以会犯错误，既有社会历史的根源，又有认识论上的根源；既有客观原因，又有主观原因。

从社会历史根源来说，一般地讲，在阶级对立的社会中，革命的、进步的阶级，由于其阶级利益同历史发展的客观规律相一致，总是敢于揭示真理，在不同程度上能够正确地反映客观事物的本来面目。而反动阶级，由于他们的阶级利益同历史发展规律相违背，总是千方百计地颠倒黑白、混淆是非，因而总是在涉及他们阶级利益的问题上陷入种种谬误。而无产阶级是彻底革命的阶级，他们的阶级利益要求他们正确地认识世界，把握真理。

谬误的产生不但有社会历史的、阶级的根源，而且有认识论的根源。由于客观事物本身的复杂性和发展的无限性，以及处于一定历史条件下的人们认识能力的有限性，主观和客观之间的矛盾将永远存在。主观和客观不一致，出现这样或者那样一些错误，也就难以完全避免。因此，人类认识过程本身就包含有产生谬误的可能性。而人们思想方法上的毛病，就会把这种可能性变成现实，形成种种谬误。这种思想方法上的毛病主要有以下几种。

1. 主观性

认识如果不是真实地反映客观事物的本来面目，而是主观地附加外来成分，往往就会产生谬误。古人早有"信言不美、美言不信"的说法。《战国策》载有"曾参杀人"的故事：一个与曾参同名的人杀了人，有人跑去告诉曾参的母亲说曾参杀人了，曾母不信，说我儿子不会杀人；一会儿又有人跑去说曾参杀人了，曾母还是不信；过了一会儿又有人说曾参杀人了，这下子曾母害怕了，赶紧跑了。假话说得多了，尤其经过多人传递，不由你不信。这似乎应了那句话：谎话说一千遍就变成了真理。

民间也有这样一个传说，讲的是有一天，皇帝外出狩猎，他在车马劳累之中呛了一口风，咳嗽了一阵子，吐了一口痰。恰巧，这口痰就吐在一块麻布上，随从侍卫一看慌了神，哎哟不好了，皇帝痰里带了一根毛。随猎的大官们回到府邸，郑重地对家人说，皇上今日欠安，吐了一团毛。紧跟着，家人们又向四邻传播这个不幸的消息，说皇上吐了一个毛茸茸的东西。没隔多久,消息就在京城传开了,都说皇帝今日吐出一只会跑的白兔。这个故事未免有点夸张,可是,对那种"附加外来成分"的讽刺,却也淋漓尽致。

认识客观事物,不得外加事物本来所没有的东西,这样才能确保认识的正确性。恩格斯说:"唯物主义的自然观不过是对自然界本来面目的朴素的了解,不附加以任何外来的成分。"这一点说起来简单,真正做到却不容易。遇事不调查研究,靠想当然作判断;或者在调查研究中主观上先有了一个框框,然后按照框框去找材料,合者取,不合者弃;或者从原则出发,单凭逻辑推论;等等,都是主观性的表现。这样做是不可能不犯错误的。

2. 片面性

客观事物本身都包含有矛盾,各种事物之间是互相联系的,只有从联系中把握事物,研究事物的一切方面、一切联系和"中介",才能真正认识事物。如果满足于对事物某一方面、某一局部的认识,割裂了事物之间的这种复杂联系,只见树木不见森林,只见部分不见整体,只见正面不见反面,只见现状不见过程,就要犯片面性的毛病。

瞎子摸象的故事就是对片面性的一种讽刺:摸到象腿的瞎子说,大象像根圆柱;摸到象牙的瞎子说,大象像根棍子;摸到象身的瞎子说,大象像一堵墙壁。他们对客观事物的反映是不是真实的呢?对于他们各自所接触到的局部来说,是真实的,但是,对于大象这个整体来说,他们只接触到各个片面,以偏盖全,就是不真实的了。现实生活中,从一个角度、一两个方面或一件事、一两次表现出发观察事物,就以为看到了事物的全部,从而作出一个整体的判断这样以偏概全的例子比比皆是。

事实上,由于人的精力、时间,观察的工具、方法,观察对象的范围、性质等多方面的限制,人的直接观察很难避免片面性。我们的所见所闻,往往是某一个局部的东西。因此,当我们观察社会、分析形势、认识事物时,就要力求避免片面性。所谓"兼听则明,偏听则暗",说的就是要学会全面地看问题,决不能抓住一些枝节、搜集到一点例子就作结论,下判断。

列宁说:"罗列一般例子是毫不费劲的,但这是没有任何意义的或者完全起相反作用,因为在具体的历史情况下,一切事情都有它个别的情况。如果从事实的全部总和,从事实的联系去掌握事实,那么,事实不仅是‘胜于雄辩的东西’，而且是证据确凿的东西。如果不是从全部总和、不是从联系中去掌握事实，而是片断的和随便挑出来的，那末事实就只能是一种儿戏，或者甚至连儿戏都不如。”

3. 表面性

人对事物的认识，总是从认识现象开始，透过现象，把握本质。对事物的这种认识并不容易，有真象与假象，正面现象与反面现象，大量的普遍的现象与个别的特殊的现象，对这些如果不加以区分，就要受骗上当。认识了事物的现象以后，必须进一步把握事物的本质，而且要从事物的初级本质深入到它的二级本质、三级本质以至更深刻的本质。

如果只见现象不见本质，或者只停留在初级本质，不去研究更深刻的本质，就要犯表面性的错误。伯乐善于相马，就是因为他能够透过现象抓住本质。他常常“得其精而忘其粗，在其内而忘其外”，准确地抓住好马的本质特点。

在科学研究工作中，最忌表面性。1830 年，德国化学家维勒在研究中发现，褐色铅矿中含有多种颜色的化合物，以红色化合物最为显著。根据这种现象，他曾经设想这可能是一种新元素，但他又想当然地认为这种元素是早已知道的铬，没有寻根问底地深入一步。后来瑞典化学家塞夫斯特隆确定了这个红色化合物是新元素——钒。这样，伟大的发现已碰到了维勒的鼻尖，而他却让它溜走了。

总之，主观性、片面性、表面性是产生谬误的认识论根源。我们在认识过程中，要做到百分之百的客观、全面、深入，那是困难的，但是力戒主观性、片面性、表面性则是应该做到的。

（三）坚持真理，修正错误

毛泽东指出：“正确的东西总是在同错误的东西作斗争的过程中发展起来的。真的、善的、美的东西总是同假的、恶的、丑的东西相比较而存在，相斗争而发展的……这是真理发展的规律，当然也是马克思主义发展的规律。”真理和谬误的辩证关系原理告诉我们，要想做一个彻底的唯物主义者，就必须勇于坚持真理、修正错误，树立终生为真理而奋斗的理想信念，准备随时为真理而献身。在任何情况下，我们都要坚信，真理最终总要战胜谬误。

纵观人类科学史和认识史,从一定意义上说,它们的每一页都是真理和谬误作斗争的生动记录。自然科学的无数辉煌成就是在同迷信、偏见的斗争中取得的;唯物主义是在同唯心主义、辩证法是在同形而上学的斗争中发展的。马克思主义“在其生命的途程中每走一步都得经过战斗”。

古往今来,多少仁人志士为追求真理前仆后继,不屈不挠,他们坚信,真理是不可战胜的。真理之所以不可战胜,是因为它正确地反映了客观事物及其发展规律,经得起实践的检验,是任何力量都不可能把它推翻的。然而在探求真理、传播真理和实现真理的过程中,道路又是曲折的,需要经过斗争,有时甚至需要付出巨大的代价乃至牺牲。一百多年来我国的民主主义者、共产主义者为了探寻和坚持救国救民的真理,有多少人贡献出了自己宝贵的生命!

真理既然是一种正确的认识,为什么也会遭到厄运?这里有多方面的原因。在阶级社会,人们对真理的认识和运用不能不受到人们阶级地位的制约。当真理触犯到某一个反动阶级和集团的利益时,他们为了维护自己的利益,总是想方设法扼杀真理,保护谬误、利用谬误。因此,先进的阶级和人们在探求、实现真理的过程中往往要付出重大的代价。

在社会科学研究领域中,由于真理直接涉及一定阶级、集团人们的利益,因而真理和谬误的斗争从未停止过,这种斗争一向是尖锐、激烈的。马克思主义一经产生就被资产阶级视为“洪水猛兽”“异端邪说”而受到围攻,这是毫不奇怪的。因为承认了马克思主义的真理性,就无异于承认了资产阶级必然灭亡的历史命运。因此,一切反动势力总是要把真理说成是谬误,把谬误说成是真理。马克思主义不但要和公开的敌人进行斗争,而且必须同工人运动内部形形色色的机会主义思想和派别作斗争。马克思主义正是在同蒲鲁东主义、工联主义、拉萨尔主义、巴枯宁主义等的斗争中,不断扩大自己的阵地,从而逐步取得工人运动指导思想的地位的。

自然科学方面的真理,一般是能够为各个阶级所认识和利用的。即使这样,如果它一旦触犯了反动阶级的利益,也是要遭到反对的。恩格斯在谈到近代自然科学的发展时指出:“自然科学当时也在普遍的革命中发展着,而且它本身就是彻底革命的;它还得为争取自己的生存权利而斗争。”

哥白尼的“日心说”由于触犯了宗教教条而受到种种攻击。布鲁诺是意大利伟大的思想家、科学家，他积极宣传哥白尼的学说，并且更进一步认为宇宙是无限的，太阳不过是无数恒星之一，宇宙中可以居住的星球也是无限的。他因此而受到迫害，被迫流亡国外多年，1592 年回到意大利，被一个绅士出卖给宗教裁判所，在八年囚禁生涯中，他始终英勇不屈。1600 年 2 月，教会以“异端分子和异端分子老师”的罪名，把他活活烧死在罗马的鲜花广场上。在刑场上，面对威胁利诱，布鲁诺响亮地回答：“火并不能把我征服，未来的世界会了解我，知道我的价值的！”他的身躯被烈火吞噬了，但他的光辉名字和伟大思想却永远活在亿万人的心中。布鲁诺是为真理而献身的先驱之一。

1859 年，当达尔文的《物种起源》问世时，反对者中不仅有教会人士，而且还有一些著名的科学家，如英国第一流的比较解剖学家欧文，就曾经激烈地反对过进化学说，声称“高等动物不可能从单细胞动物沿单一的系列传递下来”。又如，爱恩斯坦的光量子假说，本来是对普朗克量子论的继承和发展，不料，普朗克对此却火冒三丈，武断地指责爱因斯坦“太极端、失足”。

认识是一个极其复杂的过程，人们掌握材料的多少不同，观察问题的角度和深度不同，研究的方法和途径不同，也会产生真理和谬误的分歧。一些旧的传统、习惯、偏见等都不可避免地使真理只能在斗争中发展。

有些谬误由于有前人的思想资料作依据，又有一定的实验材料的支持，往往以真理的面目出现，这就增加了人们对谬误识别的困难，使真理与谬误的斗争变得更加曲折而复杂。科学史上出现并流行多年的“热素说”“燃素说”等谬误的理论，都曾经被视为真理而广为传播，但是，它们最终仍被科学的真理所代替。

毛泽东总结历史的和现实的经验，提出了“百花齐放，百家争鸣”的发展科学和艺术的方针。这是自觉利用真理发展规律、促进真理发展的正确方针。在人类历史上，凡是出现百花齐放、百家争鸣的局面，科学就发展，艺术就繁荣，就出现生气勃勃的局面。中国春秋战国时期的百家争鸣，“五四”运动时期和欧洲文艺复兴时期的思想解放运动，都大大地推动了科学的进步和艺术的繁荣。反之，离开民主，真理就会被窒息，科学和文化就陷于停顿。对于科学、文化、艺术领域中的各种分歧，只有实行民主的方法、讨论的方法，开展批评与自我批评，才能发展正确意见，克服错误意见，促进真理的发展。

三、真理与价值的关系

为了满足人类生存和发展的需要，人们必须通过实践改造外部世界，创造出能够满足人类需要的事物。在这一过程中，不仅存在着主观符合客观的真理问题，而且存在着按照主体的需要、尺度认识和改造客观世界的价值问题。

（一）价值及其特性

人们的实践活动总是受到真理尺度和价值尺度的制约。实践的真理尺度，是指人们在实践中所必须遵循的、反映了实践对象的客观规律和本质的真理。人们只有按照真理办事，才能在实践中取得成功。实践的价值尺度，是指人们在实践中所必须遵循的、以满足人们需要为内容的、特定的实践目标。任何实践活动都是在上述真理尺度和价值尺度的共同制约下进行的，因此，任何成功的实践都必然是真理尺度和价值尺度的统一。

哲学上的“价值”是揭示外部客观世界对于满足人的需要的意义关系的范畴，是指具有特定属性的客体对于主体需要的意义。哲学上的价值概念具有最大的普遍性，是对各种特殊的价值现象的本质概括。例如，经济领域中某项活动是否具有效益；政治生活中某种政权组织形式是否体现了人民群众的意志，能否受到民众的支持；精神生活中某种信仰或信念是否能给人以精神支撑和精神引导；艺术领域中某件艺术作品是否能给人带来美的感受；等等，都是主体和客体之间价值关系的丰富多彩的表现形式。哲学的价值概念扬弃了上述各种价值关系中纷繁复杂的特殊内容和形式，概括了其中共同的、普遍的、本质的内容，即概括了其中所包含的外部客观世界的事物（客体）对于人（主体）的需要满足与否（意义）的关系。当客体能够满足主体需要时，客体对于主体就有价值；满足主体需要的程度越高，价值就越大。价值具有以下四个方面的特性。

1. 价值具有客观性

价值具有客观性是因为价值关系的各个环节都是客观的。首先,人的需要具有客观性。不论是人的自然需要还是社会需要,是物质需要还是精神需要,都是由人的实际生存状态决定的,因而在本质上都是客观的。其次,用来满足人的需要的对象也具有客观性。客体能否满足主体的需要,并不是由人们的主观愿望决定的,而是由客体本身客观存在的性质、属性决定的。最后,满足人的需要的过程和结果也具有客观性。人的需要的满足是主客体之间相互作用的过程,主客体相互作用的结果形成后,就会对主体的需要构成意义关系。例如,某种食物被食用后对人的生存和生长是否有积极意义,人们身处的自然环境是否能使人身心健康和愉悦等,所有这些,都是客体在与主体相互作用中所构成的意义关系,都是客观存在的价值现象。

2. 价值具有主体性

价值的具体的主体性是指价值本身的特点直接同主体的特点相联系,价值的特点表现或反映着主体性的内容。由于价值关系的形成是以主体的需要为主导因素的,因此客体对于主体的意义就会因主体及其需要不同而不同。因此,主客体之间的价值关系就不是一种自然的现成关系,而是主体在实践基础上确立的同客体之间的一种创造性关系。例如,药物对于健康人并没有直接的价值,而对于病人则具有直接的价值,这是价值的具体的主体性的突出表现。

3. 价值具有社会历史性

由于价值关系的主体具有社会性和历史性,因此人们的需要、实践以及需要满足的形式都表现出了社会性和历史性,这就决定了价值的社会历史性特点。例如,木材、煤炭、石油、核能、太阳能、潮汐发电等能源形态,对于人类的价值就是历史地发展着和变化着的,它们的价值的变化是由人类的社会历史发展决定的。因此,我们必须用社会的和历史的眼光考察价值现象。

4. 价值具有多维性

任何一个层次的主体都表现为一定的整体,由于其结构和规定性又是复杂的、立体的和全面的,因而每一主体的价值关系都具有多维性或全面性。例如,一块钻石相对于主体的不同需要来说,可以构成多维的价值关系,如审美的、经济的、科研的、使用的等,而在实践中,人们往往会由于特定条件下的特殊需要而实现它的某一种或几种价值而放弃它的其他价值。价值的多维性要求人们在创造或实现价值时,必须对某一价值物的价值作全面的考察,以决定取舍。

（二）价值形式

现实生活中的任何存在物,无论是自然的或人工的物态,还是精神文化现象或人自己,都能成为一定价值关系的客体,即成为一定的社会和人需要的对象。因此,价值关系总是在不同领域、不同层次和不同时态上具体地形成和变化着,具有极其纷繁复杂的多样化形式。

从客体方面划分价值的类型,大体上可归结为物的价值、精神文化现象的价值、人的价值三种基本类型。

从主体方面划分价值的类型,则有多种角度。例如,按满足主体需要的性质而形成的物质价值、精神价值和物质—精神综合价值,按主体(被满足者)层次不同而区分的个人价值、群体价值、社会价值和人类历史价值,还有依客体在主体活动中的地位不同而区分的目的价值和手段价值、认识价值和实践价值,等等。

无论是从客体方面划分还是从主体方面划分,每种价值本身的形成和发展变化的状况也是多样的,如潜在价值和现实价值、真实价值和虚假价值、瞬时价值和恒久价值、正价值和负价值、高价值和低价值等。各种各样的价值在各种不同条件下彼此相伴而生并交织在一起,形成了无穷无尽的人类价值生活的网络。

各种各样的价值总是为各种不同的人所追求和取舍,它们不仅性质和方向各异,而且常常彼此相互并立,甚至相互排斥和冲突。例如,经济效益与政治效益,科学原则与道德规范,个人价值、群体价值与社会价值、人类价值,眼前利益与长远利益,等等,它们之间似乎都有矛盾,在现实中常常使人们顾此失彼,以至无所适从。主体只有深刻认识自己各方面的需要与现实能力的统一,现实生存与未来发展的统一,才能正确地区分各种不同具体价值的性质和地位,才能够自觉地通过自己的努力而对它们加以合理的取舍和综合。

（三）价值评价及其特点

价值评价是一种关于价值现象的认识活动，其特点主要有以下三个方面。

第一，评价是以主客体的价值关系为认识对象的。评价性的认识与知识性的认识不同，知识性的认识的对象是客体，是以客体本身的状态为反映内容，以获得关于客体的"真"的认识为目的的；而评价性的认识则是以客体和主体之间的价值关系为反映内容，以获得关于客体对于主体的意义即"善""美"的认识为目的的。在日常生活和实际工作中，人们常常要对人或事进行评价，主要是说明这个人或事对于社会、对于人有什么积极或消极意义，从而决定对这个人或事应持何种态度。这种通过评价表明态度的认识活动，就是评价性认识活动。

第二，一般说来，评价结果与评价主体有直接联系，是依主体的特点而转移的。知识性的认识是人的主观反映客观的过程，在这一过程中主体的状态、需要与认识结果之间并没有必然的联系，认识是不依主体的具体特点为转移的；而评价性的认识则不同，由于评价是对客体与主体之间的价值关系的认识，因而主体的客观存在状态，包括主体的需要、特点以及其他的规定性等，作为价值关系的构成要素也就必然会对评价结果产生直接的影响，使评价结果依主体的具体特点而转移。例如，对资本主义、社会主义的价值评价，对当代世界经济政治秩序的评价，不同的价值主体就不可能完全一致，甚至截然相反。

第三，评价结果的正确与否依赖于相关的知识性认识。评价是关于主客体之间价值关系的认识，是对客体对于主体需要的意义的判断。人们能否正确地作出这种判断，取决于人们所具有的相关的知识性认识正确与否，包括对客体的属性、本质和规律，也包括对主体的规定性、需要和发展规律等的认识。只有当人们对主体和客体都有了正确的知识性认识之后，人们才能依据这种认识作出关于主客体间价值关系的正确评价。

价值评价的特点表明，评价并不是一种主观随意性的认识活动，而是具有客观性的认识活动。只有正确地反映了价值关系的评价才是正确的评价。实践是检验评价结果的标准。正如列宁所说："必须把人的全部实践——作为真理的标准，也作为事物同人所需要它的那一点的联系的实际确定者——包括到事物的完整的‘定义’中去。”一般说来，评价性的认识与知识性的认识一样，都是由人们指导实践改造客观世界的需要而产生的，都是为实践取得成功服务的。成功的实践既表明知识性的认识是正确的，同时也表明评价性的认识是正确的，表明评价正确地反映了客体对于主体的价值关系。

需要指出的是，在现实生活中，由于价值评价的主体是具体的，可以是个人、群体或人类，而这些不同的主体在需要或要求方面往往存在着差异或矛盾，因而就决定了不同主体对同一个事物的价值评价也常常会产生差异或矛盾。比如，不同的阶级由于其阶级利益的差异或对立，势必会影响其对涉及阶级利益的经济、政治、文化方面事物的评价，从而导致评价结果的差异甚至完全对立。但是，这并不说明价值评价是“公说公有理，婆说婆有理”，纯粹是一种没有任何客观标准的评价。由于人民群众的要求和利益从根本上代表着人类整体的要求和利益，是与历史发展的基本要求或趋势相一致的，因此对于任何价值评价的主体而言，其价值评价的结果只有与人民、人类整体的要求或利益相一致，才是正确的价值评价。

（四）价值评价的功能

价值评价在实践中起着激励、制约和导向作用。首先，价值评价作为人们对自身的客观需要和要求的主观反映，作为人们对价值现象的认识，是推动着实践不断实现价值的精神驱动力量。其次，价值评价作为实践的主体尺度，是实践活动发展的规范因素，它要求实践活动必须努力消除盲目性和随意性，必须服从于实践目标的实现，即服从于实践满足人们客观需要这一根本目的。最后，价值评价作为实践活动的目标，是实践活动发展的导向因素，它制约着实践活动的发展朝着更充分、更全面、可持续性地满足人们日益增长着的物质和精神文化需要的方向发展。

价值观是人们对人和事的评价标准、评价原则和评价方法的观点的体系。它与世界观和人生观是一致的。价值观对人的行为起着规范和导向作用。价值观不同的人们，行为的取向也会不同，甚至可能截然相反。即使从同一个真理性的认识出发，也可以引出不同的甚至相反的行为取向。比如具有同样化学知识的人，有的人可以为人类造福，有的人却制造毒品危害人民。可见仅仅拥有科学知识并不能保证人们行为的价值取向的正确。马克思主义以绝大多数人的利益为评价是非、善恶、美丑的标准，归根到底是以社会的进步和人类的彻底解放为标准的。

正确的价值观是先进的社会集团或阶级在实践中形成的，反映了人民群众的要求，对历史发展和社会进步起着促进作用。社会主义的价值观体现了社会主义精神文明所倡导的为中国特色社会主义和共产主义而奋斗的社会政治理想、为人民服务的人生观、社会主义的荣辱观、崇尚科学追求真理的科学观、集体主义的道德观、真善美相统一的积极健康的审美观等。树立这样的价值观，不仅对于我国社会主义事业的健康发展，而且对于当代大学生的健康成长具有重要的意义。只有在正确的世界观、人生观和价值观指导下，大学生才能在前进的道路上经受住磨炼和考验，为祖国和人民作出更大的贡献。

（五）价值和真理在实践中的辩证统一

追求真理和创造价值是人类认识和实践活动的基本内容，是人类活动的两个基本原则。真理原则是指人类必须按照世界的本来面目去认识和改造世界，追求真理，服从真理。价值原则是指人类必须按照自己的尺度和需要去认识和改造世界，使世界适合人的生存和发展。这两种原则的根基在于人有两个尺度：一个是客体尺度，即对象的本性和规律；另一个是主体尺度，即人自己的本性和规律。

真理和价值是人类活动的两个基本原则，两者既相互区别又辩证统一。真理和价值的区别表现在：真理原则体现客体尺度的要求，要求人们在认识真理时不能考虑人的主体需要和利益，而价值原则体现主体尺度的要求，要求人们的思想和行动要保证主体需要和利益的满足；真理原则主要表明人的活动中的客观制约性，而价值原则主要表明人的活动中的目的性；真理原则是社会活动中的统一性原则，价值原则是社会活动中的多样化原则；真理是一元的，它服从于世界的物质统一性，而价值是多元的，不同的主体有不同的需要、不同的价值要求和价值选择。

在实践中，真理既是制约实践的客观尺度，又是实践追求的价值目标之一，即通过实践获取关于外部世界的科学认识；而价值则是实践追求的根本目标，同时又是制约实践的主体尺度，真理和价值在实践基础上是辩证统一的。真理和价值在实践中的辩证统一主要体现在以下几个方面。

首先,成功的实践必然是以真理和价值的辩证统一为前提的。任何成功的实践都必然是既遵循真理尺度,又符合价值尺度,并将两者有机地统一起来的结果。遵循真理尺度即我们通常所说的"按科学规律办事",遵循价值尺度即我们通常所说的"满足人的需要"。无论何种实践,只有把"按科学规律办事"和"满足人的需要"相结合,才能达到目的,获得成功。

其次,价值的形成和实现以坚持真理为前提,而真理又必然是具有价值的。人们对实现价值的追求,构成了实践的动因,但价值的实现必须以对相关真理的正确把握为前提才能成功。这是因为实践中的价值目标作为一种预见性的评价认识,它的确立是以对主客体及其相互关系的真理性认识为依据的。没有这种真理性的认识,就不能形成正确的价值目标;而没有对相关真理的把握,也就不会有成功的实践。同时,任何真理都必然具有价值,这是因为真理能为实践提供科学的客体尺度和主体尺度,能为实践提供正确的价值目标。因此,一种认识只要是真理,就会或迟或早地显示出其对实践的指导作用,即显示出自身的价值。

最后,真理和价值在实践和认识活动中是相互制约、相互引导、相互促进的。真理和价值的相互制约表现在:一方面,价值的实现有赖于对相关真理的把握,真理的发展水平制约着价值实现的程度;另一方面,真理在实践中被验证的过程,则有赖于价值在实践中被实现的状况。价值的实现表明,在实践中所遵循的关于客观事物的本质和规律的认识是真理。

真理和价值的相互引导表现在:一方面,实现价值是人们追求真理的目的,满足人们需要的价值追求引导着人们去探索相关真理,所以认识活动的指向是受价值追求的指向规定的;另一方面,真理的不断发展也引导着人们进一步提出新的价值追求,人们在哪一个领域中获得的真理越多,人们就会在哪一个领域中提出更多的价值目标,因此真理的发展同时也影响了价值发展的方向和程度。

真理和价值的相互促进表现在:一方面,真理的发展促进价值的实现,也就是说,真理的发展可以促使人们更深刻、更全面地理解其生活条件和发展方向,从而使人们的价值追求更合理,更符合人类自身发展的必然性;另一方面,价值的实现又推动着真理的发展。人们对价值的追求越自觉、越合理、越深入，也就表明人们对真理的把握越全面、越深刻，同时也就越能够激发起人们探索真理的热情。

坚持真理尺度和价值尺度的辩证统一，要求我们在实践中必须坚持和弘扬科学精神和人文精神。

科学精神是人类认识自然的活动及其成果的精神积淀，包括尊重科学、重视技术的理性精神，实事求是、尊重规律的严谨态度，奋发向上、开拓创新的进取意识等。科学精神要求我们必须坚持以科学的实事求是精神去认识世界和改造世界。在认识和实践活动中，必须如实地、准确地按照客观事物的本来面目去揭示其本质和规律，把追求真实、反对虚假看做是进行科学认识和实践活动的基本品格。要求我们必须崇尚理性思维，以清醒的、严谨的、合乎逻辑的思想从事科学认识和理论创造，进一步指导实践活动。

人文精神是对人的生命存在和人的尊严、价值、意义等的理解和把握，包括对道德人格、理想信念的追寻，对自由、平等、正义等的渴望，对生死、信仰、幸福、生存意义等问题的反思和对人类的终极关怀，等等。人文精神要求把人民的利益和人的全面发展看做是一切认识和实践活动的出发点，贯彻以人为本的原则。从人民群众的利益和发展要求出发，把美好的追求作为认识和实践活动的重要目标。坚持既崇尚理性，又调动情感、意志等非理性因素和精神体验来展示与表现人的本质及人的追求。要求人们时刻以符合人民的利益和发展要求的价值标准审视一切思想和行动的合理性。

弘扬科学精神和人文精神，对大学生具有重要的意义。大学生正处于世界观和人格形成、发展的时期，应当大力弘扬科学精神和人文精神，全面提高自身的素质，努力把自己培养造就成身心和谐、全面发展的社会主义新人。

本讲小结

真理是客观事物及其规律在人的意识里的正确反映，即主观认识和客观实际相符合。真理属于认识论范畴，是客观内容和主观形式的统一。

真理的客观性是真理的根本属性，是指包含于人们认识中的不依赖于主体、不依赖于人、不依赖于人类的客观内容。

客观真理是绝对的又是相对的。承认真理的客观性，这是真理问题上的唯物论。承认真理的绝对性和相对性，这是真理问题上的辩证法。真理的绝对性表现在任何真理都包含着不依赖于人和人类的客观内容，具有绝对的意义。真理的相对性是指人们在一定历史条件下对具体的客观过程及其发展规律的正确认识是有限的。

任何一个客观真理都是相对真理和绝对真理的统一。绝对真理和相对真理既相互区别，又相互联结、相互包含、相互渗透。真理是一个发展过程，永远处于由相对真理到绝对真理的推移转化过程中，这是真理发展的一个规律。真理是历史的、具体的，没有抽象的真理。否认真理相对性的绝对主义和否认真理绝对性的相对主义都是错误的。

教条主义、经验主义是绝对主义和相对主义在实际工作中的表现。教条主义脱离具体实践，把普遍真理当成万能的公式，随意生搬硬套；经验主义则把局部的经验绝对化。两者都会堵塞真理发展的道路。

马克思主义作为普遍真理，同样具有绝对性和相对性。对待马克思主义的科学态度是既要坚持又要发展。

谬误是人的主观认识对客观实际的歪曲反映，是真理的对立物。真理和谬误是对立的统一。真理和谬误在一定范围内是绝对对立的，两者的原则界限不能混淆。但两者又相互联系、相互依存，在一定条件下可以相互转化。

人之所以会犯错误，既有社会历史的根源，又有认识论上的根源；既有客观原因，又有主观原因。主观性、片面性、表面性是产生谬误的认识论根源。

真理和谬误的辩证关系原理告诉我们，做一个彻底的唯物主义者，就要勇于坚持真理、修正错误，树立为真理而奋斗的理想信念，随时准备为真理而献身。

任何成功的实践都必然是真理尺度和价值尺度的统一。价值是揭示外部客观世界对于满足人的需要的意义关系的范畴，是指具有特定属性的客体对于主体需要的意义。价值具有客观性、主体性、社会历史性、多维性的特点。

价值观是人们对人和事的评价标准、评价原则和评价方法的观点的体系。它与世界观和人生观是一致的。价值观对人的行为起着规范和导向作用。

真理和价值在实践基础上是辩证统一的，两者相互制约、相互引导、相互促进。坚持真理尺度和价值尺度的辩证统一，要求我们在实践中必须坚持、弘扬科学精神和人文精神。这对大学生具有重要的意义。

★ 深度阅读 ★

1. 马克思：《关于费尔巴哈的提纲》，《马克思恩格斯选集》第1卷，人民出版社1995年版。

2. 恩格斯：《反杜林论》，《马克思恩格斯选集》第3卷，人民出版社1995年版。

3. 毛泽东：《实践论》，《毛泽东选集》第1卷，人民出版社1991年版。

4. 李秀林、王于、李淮春：《辩证唯物主义和历史唯物主义原理》（第四版），中国人民大学出版社1995年版，第351—376页。

★ 思考题 ★

1. 什么是真理？如何理解真理的客观性？
2. 如何理解绝对真理和相对真理的含义及其关系？
3. 如何理解真理和谬误的对立统一关系？
4. 人怎样才能少犯错误？
5. 如何理解价值和真理在实践中的辩证统一？

第九讲
归纳与演绎

那些发展着自己物质的生产和物质交往的人们，在改变自己的这个现实的同时也改变着自己的思维和思维的产物。

——马克思

引例

海王星的发现

19世纪40年代，天文学家发现，太阳系中天王星的实际运行轨道与根据牛顿力学计算结果所描述的轨道不一致。于是，有的科学家就提出，可能是牛顿力学有错误。而法国天文学家勒维列则认为，牛顿力学没有错，可能是天王星之外还有一颗未发现的行星，由于它的吸引使天王星的实际运行轨道与计算出的轨道不一致。他根据牛顿力学和观测到的天王星的实际运行轨道进行研究和计算，推断在天王星之外还有一颗行星。1846年8月31日，他宣布了自己的预言，并指出了这颗行星的位置。1846年9月18日，他写信给天文观测家加勒，把自己推断出的新行星的位置告诉了他，请他用望远镜寻找。加勒在9月23日晚就找到了这颗行星。这颗新发现的行星就是海王星。海王星的发现首先是由勒维列根据计算，运用演绎推理的逻辑思维方法推断出来，然后才观测到的。这说明科学的逻辑思维方法在人们认识世界的过程中起着十分重要的作用。

方法是为解决理论的、认识的、实践的、日常生活的等特定任务所采用的一定途径、手段和办法，如工作方法、领导方法、认识方法、思维方法等；而思维方法是人们认识世界的规则、程序和手段，是主体观念地把握客体的一种认识工具系统。

常言道："得其法者事半功倍，不得其法者事倍功半。"这说明了掌握方法的重要性。古语也说："授人以鱼，三餐之需；授人以渔，终生之用。"即是说，假如给你一条鱼的话，受益不过是一下子的事情；但如果给你"渔"，也就是一种打鱼的工具，那么你就可以受用终生。

毛泽东曾说过："我们不但要提出任务，而且要解决完成任务的方法问题。我们的任务是过河，但是没有桥或没有船就不能过。不解决桥或船的问题，过河就是一句空话。不解决方法问题，任务也只是瞎说一顿。"

大科学家爱因斯坦有一个著名的公式：W（成功）= X（刻苦努力）+ Y（方法正确）+ Z（不说空话）。成功，不是偶然的事情，尤其是在当今世界这个信息爆炸的时代，知识高速地更新，社会快速地发展，环境也迅速地变化，只有掌握科学的方法，才能在这种不断变化的环境中更好地求得生存和发展。

一、辩证思维方法是科学方法论

人类认识活动的发展不仅体现为知识的增长与更新，而且体现为思维方法和思维方式的发展。辩证思维作为思维方式和方法的最高成果，既是人类实践和认识长期发展的产物，又是人类认识和实践活动的可靠手段。在认识高度发达、意识能动性高度发挥的现代，掌握辩证思维的基本方法和现代科学思维方法的辩证性质，对于提高我们的思维能力，更好地认识和改造世界是非常必要的。

（一）辩证思维方法是科学方法论

从总体上看，按思维方法起作用的范围可将辩证思维方法划分为三个层次。

1. 个别具体科学的思维方法

这是由认识对象的特殊性所决定的特殊方法，如数学、化学、物理学以及历史学、法学、经济学、行为科学、管理科学、决策科学等，都是适用于自己特定研究领域并在特定范围内起作用的思维方法。

2. 一般科学思维方法

这是适用于各个科学领域的共同的和横断的方法，如信息方法、控制方法、系统方法、结构—功能方法、公理化方法、模型方法、理想化方法、因果分析方法等。这些思维方法都是现代科学思维中通用的思维方法。

3. 哲学思维方法

辩证思维方法是思维方法的最高层次，是这一体系中最基本的方法，具有方法论的意义。唯物辩证法所阐明的归纳和演绎、分析和综合、抽象和具体、历史的和逻辑的统一等思维方法，是所有科学思维都要采用的方法，是人们认识和实践中普遍适用的思维规则。

个别具体科学思维方法、一般科学思维方法和哲学思维方法，三者之间是个别、特殊和一般的关系，它们既相互区别又相互联结，构成了思维方法的体系。这三个层次的思维方法有着各自的作用，彼此不能互相取代，同时又相互渗透和相互影响，在人们的思维运动中综合地发挥着作用，是人们把握复杂多样的客观世界和实践活动的规律，是走向真理的统一的思维规则、手段和力量。

（二）辩证思维方法是主观辩证法

唯物辩证法作为自然、社会、思维一般规律的科学，是人们认识世界和改造世界的根本方法。唯物辩证法是客观辩证法与主观辩证法的统一。

客观辩证法是指客观事物或客观存在的辩证法，即客观事物以相互作用、相互联系的形式呈现出的各种物质形态的辩证运动和发展规律。主观辩证法是指人类认识和思维运动的辩证法，即以概念作为思维细胞的辩证思维运动和发展的规律。唯物辩证法既包括客观辩证法也包括主观辩证法，体现了唯物主义、辩证法、认识论的统一。

唯物辩证法作为真理的理论体系，揭示了客观世界普遍联系和永恒发展的一般规律，把它运用于思维过程，转化为思维规则，也就成为具有普遍意义的思维方法，即辩证思维方法。因此，客观辩证法与主观辩证法的关系，如恩格斯指出，“所谓的客观辩证法是在整个自然界中起支配作用的，而所谓的主观辩证法，即辩证的思维，不过是在自然界中到处发生作用的、对立中的运动的反映”。从本质上说，主观辩证法是客观辩证法的反映。

客观辩证法与主观辩证法在本质上是统一的，但在表现形式上却是不同的。客观辩证法采取外部必然性形式，离开人的意识、思维而独立存在，不以人的意志为转移。主观辩证法则采取观念的、逻辑的形式，是同人类思维的自觉活动相联系的，是以概念为基础的辩证思维规律。因此，可以简要地把主观辩证法称为概念辩证法、思维辩证法。

思维方法的本质是主体化了的客观规律和关系，是客观规律在人脑中的内化。辩证思维是根据客观事物的辩证本性而展开的思维，它以概念、判断、推理、假说和理论等思维形式的矛盾运动，深刻地反映客观世界和人类实践活动的内在本质。因此，辩证思维方法是辩证法在人类思维运动中的运用，是揭示概念的辩证发展、矛盾运动的基本方法，是主观辩证法。它主要有归纳和演绎、分析和综合、从抽象上升到具体、逻辑和历史的统一等方法。

（三）学习辩证思维方法的作用

辩证思维方法是人类长期实践发展史、认识发展史、思维发展史和逻辑发展史的产物，它体现着人类对世界认识的广度和深度，是辩证法在人类思维运动中的运用，是人们能动地认识和改造世界所不可缺少的思维工具。掌握辩证思维方法，对于提高主体的思维能力，帮助人们有效地开展认识和实践活动具有极其重要的作用。

一方面，它可以提高人们的辩证思维能力，帮助人们获取正确的认识。恩格斯曾经指出：“一个民族要想登上科学的高峰，究竟是不能离开理论思维的。”恩格斯在这里所说的“理论思维”也就是辩证的思维。无论是对一个民族来说还是就个人而言，要培养和提高这种辩证的思维能力，就必须掌握和学会运用科学的思维方法。在认识过程中，只有运用科学的思维方法，人们才能对实践基础上所收集到的感性材料进行有效的改造制作，深刻地把握客观事物的本质和规律，实现由感性认识到理性认识的飞跃；也只有运用科学的思维方法，人们才能做好由理性认识过渡到实践的各个环节的工作，实现由理性认识到实践的飞跃，使理性认识在实践中得到检验、丰富和发展。

另一方面,它能够帮助我们做好各项实际工作。在实际工作中,人们会碰到各种各样的问题,包括许多未曾预料到的问题,只有运用科学的思维方法去分析和解决这些问题,我们才能找到正确的答案,才能在工作中立于不败之地。

二、归纳和演绎的辩证思维方法

在运用概念作出判断、进行推理的逻辑思维过程中,要经常运用到两种相互联系的方法,即从个别到一般和从一般到个别。相应地,就有归纳和演绎两种逻辑思维的方法。归纳和演绎是人类认识最早、运用最为广泛的思维方法。在此,简单介绍归纳和演绎的思维方法。

(一)归纳和演绎的含义

人类的认识是从个别到一般和从一般到个别的不断转化的过程。人们总是从认识个别事物开始,从中获得对事物共性的知识,形成一般原理,然后又在一般原理的指导下,认识其他个别事物,使认识进一步推广和深化。在这一过程中,思维的运动表现为归纳和演绎的对立和统一。因此,归纳和演绎的客观基础是个性和共性、特殊和普遍的关系。

归纳是从许多个别事实中概括出一般概念、结论的思维方法,是从特殊到一般的思维运动。在实践中,人们总是跟一个个具体的事物打交道,首先获得这些个别事物的知识,然后在这些特殊性知识的基础上,概括出同类事物的普遍性知识。比如,人们从宏观世界万物都可分为若干层次,微观世界的原子可再分为基本粒子以至夸克等事实,得出“物质是无限可分的”的一般原理。这个认识过程就包含着归纳。又如,羊是哺乳动物,牛是哺乳动物,鹿是哺乳动物,羊、牛、鹿都长角,因此,长角的动物都是哺乳动物。这个例子,是从个别事物推出一般的结论,就是归纳法。

根据概括的对象是否完全,归纳法可分为完全归纳法和不完全归纳法。完全归纳法是根据某一种类事物的全部对象作出概括的思维方法,数学上的穷举法就是完全归纳法。如在数学平面几何学中,人们根据直角三角形、锐角三角形、钝角三角形的三个内角之和都等于 180 度,从而得出“三角形内角之和等于两个直角”的结论。

不完全归纳方法又叫简单枚举归纳法，是通过观察和研究，发现某一种类事物中固有的某种属性，并且不断重复而没有遇到相反的事例，从而判断出所有该类对象都有这一属性的推理方法。例如，广东的乌鸦是黑的，广西的乌鸦是黑的，海南的乌鸦是黑的，所以，所有乌鸦都是黑的。

归纳的局限性在于：在所研究的某类事物的个体对象数量很多、范围很广的情况下，往往无法运用归纳法。运用不完全归纳法时，如果结论超出了前提的范围，得出的结论具有或然性，容易犯以偏盖全的错误。

演绎是从一般原理、概念推出个别结论的思维方法，是从一般到个别的思维运动。演绎法由前提、逻辑规则和结论三部分构成。前提通常是已知的判断，它是推理的依据和理由；逻辑规则是推理过程中应遵循的形式结构；结论则是由前提按一定的逻辑规则推导出来的判断，是整个推理的结果。它通常由大前提、小前提和结论三部分组成，是三段式推理。如：

大前提：凡金属都导电　M—P
小前提：铁是金属　S—M
结论：铁导电　S—P

演绎的前提和结论之间的关系是必然的，这是因为推理的前提是一般原理，推出的结论是个别的，一般存在于个别之中，个别总是包含着一般。演绎推理的结论，必然蕴含在前提之中，但并不能因此说演绎推理没有提供新东西。在演绎推理中，只要前提是真实的，并且推理是合乎逻辑的，它的结论也一定是真实的。例如，人们根据“物质是无限可分的”原理，推知基本粒子也是可分的，这就是演绎推理得来的。又如，人皆有死，苏格拉底是人，所以，苏格拉底也是要死的。再如，水果都含维生素，梨是水果，所以梨含维生素。演绎推理是一种必然推理，凡大前提正确，小前提无误，推理符合逻辑，结论一般正确。

但演绎也有局限性：孤立的演绎本身不能证明结论的正确，它要取决于前提是否正确，如果前提是错误的，结论也就是不正确的。例如，凡导电的都是金属，水导电，所以水是金属。演绎本身不能保证前提的真实性，这是演绎方法本身的局限性。

一般说来，归纳对经验材料的研究有着重要的作用，但当科学进入理论科学特别是在建立理论体系、寻找理论体系的内在逻辑结构时，演绎就成为主要的思维方法了。

（二）归纳和演绎的关系

归纳和演绎是人们把握事物的两种相反的思维方法，归纳是由个别到特殊向一般的运动，它所获得的结论是一般的原理；演绎是由一般到特殊向个别的运动，它所获得的结论是个别知识。因此，归纳和演绎在思维方向和结论上是相反的，即两者是对立的。

归纳和演绎两者同时又是统一的。首先，归纳与演绎相互依存、互为条件。

一方面，没有归纳就没有演绎，归纳是演绎的基础，为演绎提供前提。演绎要从一般推导出个别，作为演绎出发点的一般原则，往往是先由归纳得出来的。例如，生物遗传的基因学说，就是归纳了大量生物实验事实得出来的。又如，前面我们所举过的例子，"人皆有死"作为演绎推理的前提，是从社会实践中归纳得出的结论。

另一方面，没有演绎也没有归纳，演绎为归纳提供指导。归纳要从个别概括出一般，作为对实际材料进行归纳的指导思想，往往又是某种演绎的结果。例如，达尔文把大量观察、实验材料进行归纳，得出"生物进化"这个结论；但他在得出"生物进化"这个结论之前，早就接受了拉马克等人的有关生物进化的思想和赖尔的地质演化思想，这些思想实际上构成了他归纳经验材料的指导原则，因为有了这些思想，达尔文的考察、归纳才显得有目的性和选择性。

其次，归纳和演绎相互补充、相互转化。

这是由于在思维运动中，两者虽然都有重要作用，但各自也都存在一定的局限性：归纳法只是对现存的有限的经验材料进行概括，因而不仅不能保证归纳结论的普适性，而且难以区分事物的本质属性与非本质属性，这就使得归纳推理的结论可能为真，也可能为假。演绎法从一般原则出发思考问题，但它无法保证自己的前提，即由此出发的一般原则本身是否正确无误。

因此，归纳与演绎必须在相互转化的过程中弥补各自的缺陷。归纳之后，需要通过演绎将归纳所得的一般结论推广到未知的事实上，并用这些事实来检验一般结论的正确与否;演绎之后,又要将演绎所得的个别结论与事实相比较,并通过新的归纳来检验、修正、充实原有的演绎前提。归纳和演绎只有在如此周而复始的相互转化过程中,才能弥补各自的缺陷,充分发挥其在探索真理过程中的方法论作用。因为演绎推理的前提是由归纳推理的结论得来的,这本身就证明了归纳对演绎的补充。

曾经有一段时间,人们认为所有的哺乳动物都是胎生的,这是一个通过不完全归纳方法得出的结论。这个结论是否正确呢?这就需要演绎方法来论证,即把这个用归纳所得的结论作为演绎的前提,看能否推出必然的结论。因为如果所有哺乳动物都是胎生的,鸭嘴兽是哺乳动物,那么,鸭嘴兽也应该是胎生的。然而,人们发现鸭嘴兽虽然是哺乳动物,但它却是卵生的而不是胎生的。这说明,用作演绎推理的前提也就是归纳推理的结论并不正确。由此可见,归纳方法需要演绎方法的验证和补充。

最后,归纳和演绎是相互渗透的。归纳中包含着演绎的因素,演绎中也包含着归纳的因素。事实上,在人们的实际思维过程中,纯粹的归纳和纯粹的演绎都是不存在的。

哲学史上有经验论的归纳主义和唯理论的演绎主义,它们分别主张"归纳万能论"和"演绎万能论",把两者相互对立起来,割裂两者相互统一的关系,是完全错误的。

归纳主义抬高归纳、贬低演绎,把归纳看成万能的、唯一的认识方法,认为一切科学理论都是靠归纳法得来的。他们认为演绎法不是科学的认识方法,其理由有二:一是科学方法必须是能给人以新知识的方法,演绎逻辑不能给人以新知识,因为它的结论已包含在前提之中。如从"人皆有死"这个前提推知"苏格拉底必死"这个结论,这里并没有告诉人们任何新的知识,因为"人皆有死"就是"张三必死""李四必死""苏格拉底必死"等。二是演绎推理的结论正确必须以前提正确为必要条件。为了保证结论正确,必须首先证明前提正确,而要证明前提正确,又必须证明另一个前提正确……这样就会陷入"无穷回归"的境地。如果有一个前提在逻辑上没有证明,那就犯了"窃取论据"的错误。

演绎主义则正相反,把演绎看做是唯一可靠的认识方法,认为一切真实可靠的知识,都是从先验的或直观把握的原始原理推演出来的。演绎主义极力为自己辩护,他们认为人类理性中有不证自明、绝对正确的先验真理,其根据就是欧氏几何。他们认为欧氏几何是不证自明的先验真理。这类先验真理就是一切演绎推理的最初条件。他们驳斥归纳主义,认为归纳法不是科学逻辑的方法,其理由有二:一是科学的方法是能够给人以具有普遍性和必然性的知识的方法,归纳法不能给人以这样的知识,因为它是从有限推知无限、从过去推知未来的方法,故无法保证普遍性和必然性。例如,从过去经验中的有限次的摩擦生热、日出于东,归纳未来的摩擦生热、日出于东。但过去的有限次重复只能说明有限的过去,不能保证无限的未来。归纳法怎么能保证无限的未来必然是摩擦生热、日出于东?因此,归纳知识是不可靠的、非科学的。又如,过去欧洲人通过世代经验的归纳,确信"凡是天鹅都是白的",但是,后来在澳大利亚发现了黑天鹅,结论就被否定了。二是完全枚举法(有限的归纳法)能给人以确实的知识,但完全枚举法不是科学的方法,因为它不能给人以预见性的知识,而预见性是科学知识的必要条件。而且在许多场合,完全枚举法的应用是荒谬的。譬如,人们检查一盒火柴是否生效,如果采取完全枚举法,要对每一根火柴都进行擦试,其结果得到的是一盒空火柴。这不仅没有预见性意义,而且结果也显得荒谬。

归纳主义和演绎主义是两种绝对化的思维方式,都是与人类辩证的思维规律相背离的,因而都不可避免地陷于矛盾和困境。在这里,我们必须牢记恩格斯的忠告:"归纳和演绎,正如综合和分析一样,必然是属于一个整体的。不应当牺牲一个而把另一个捧到天上去,应当把每一个都用到该用的地方,但是只有记住它们是属于一个整体,它们是相辅相成的,才能做到这一点。"可见,归纳法和演绎法需要相互验证和补充。

三、掌握现代科学思维方法

辩证思维方法和现代科学思维方法,构成现代思维方法中最重要的组成部分。我们既要掌握辩证思维方法,也要掌握现代科学思维方法。

(一)现代科学思维方法的基本特征

现代科学思维方法是现代科学技术革命和人类现代实践活动方式的产物,是人类面临的社会生产和生活的复杂化、层次化、科学化的理性结晶。现代科学思维方法的产生,标志着人类思维方式的巨大变革和发展,进一步提高了人们认识世界的能力。

现代科学思维方法是认识主体以一定的观念方式把握客体的方式,是认识主体、客体、中介三者之间相互联系和相互作用的机制和过程。现代科学思维方法具有鲜明的时代特征:它是立足于现代科学技术发展基础之上的以高度分析和高度综合相统一的思维方法;它是以动态性、信息性、开放性、创新性为其运行特色的思维方法;它是高度社会化和高度个性化相统一的思维方法;它是主体性和客观性高度统一的思维方法。这些显著特点,充分体现了现代思维方法的实践性、科学性和革命性。

现代科学思维方法的产生和形成的基本途径有二:一是扬弃旧方法,即改造和深化原有的思维方法,使之更加完善和科学,真正具有现代科学思维的功能;二是创造新方法,即适应着现代科学技术革命的需要,适应着人类新的实践活动的需要,进一步总结、概括和提炼出新的思维方法。创造新的思维方法是实现思维方法变革的主导方面,是思维方法发展的主要环节和方向。

(二) 现代科学思维的一般方法

现代科学的一般思维方法,根据哲学界和科学界的探索所形成的基本共识,大体上可以概括为控制方法、信息方法、系统方法、结构—功能方法、模型化方法和理想化方法等。

1. 控制方法

控制方法是随着控制论的问世而形成的一种思维方法。控制论是研究控制系统如何实施控制的科学。根据控制论的原理,控制方法的一般模式是:施控主体输出指令、信号、行为等控制信息,进入受控客体,再把受控客体的反应和变化反馈到施控主体,施控主体对反馈回来的信息进行再加工和处理,同时与自己所要达到的目的进行比较和修正,然后再对受控客体输入新的经过加工后的信息,如此循环往复,不断进行,逐步逼近目标,直至最后达到符合主体自身的要求。所以,控制方法就是主体与客体反复进行施控和受控的相互作用的动态思维方法,它的根本目的在于实现控制。控制方法包括反馈方法、黑箱方法、功能模拟方法等,这些方法协调运用,从不同的途径达到控制的目的。

(1) 反馈方法。它是“施控”主体把输出的结果接收回来,用以调整信息的再输出,从而达到控制目的的基本方法。反馈一般可分为负反馈和正反馈、线性反馈和非线性反馈、单纯反馈和复合反馈、内部反馈和外部反馈等。通常人们把接近目标的反馈称为负反馈,把偏离目标、打破原有稳定格式的反馈称为正反馈。反馈采用何种方式,完全视控制目的而定。

(2) 黑箱方法。它是控制方法所特有的一种方法。这种方法是指不打开和不损害事物的内在结构,而仅从输入—输出的整体转换功能来把握事物的方法。黑箱作为一个整体的信息交流系统,通过信息输入和输出研究它的行为规律,然后由表及里地探索其内部结构和机理。这种方法对于认识复杂的、不能直接观测其内部结构的系统能起到另辟蹊径的作用。现代科学对人脑、黑洞、信息过程的研究,运用的就是黑箱方法。

(3) 功能模拟方法。它是撇开系统的物质结构和能量结构的具体内容,而从系统的行为功能过程,考察其在各种控制作用下状态变化关系的方法。这一方法的特点在于:它不研究“这是什么东西”,而研究“这些东西在干什么”,它从经典的“什么东西存在着”“存在的是什么”的认识方式,进入到“如何控制它”“如何把它纳入施控主体所要求的轨道上”。这种方法充分体现了现代方法的特点。

2. 信息方法

信息方法是系统信息过程在方法论上的运用。对于物质世界,人类从物质、能量的认识进入到对信息的获取、传递、加工、处理、输出的过程的认识,这是认识上的巨大飞跃。信息方法是把系统的运动过程当做信息传递和转换的过程,通过对信息流程的分析和处理,达到对某个复杂系统运动过程和规律性认识的方法。

信息方法的特点是撇开系统的其他具体运动内容如物质和能量的运动,而仅仅把系统的运动过程抽象为信息交换过程。这种方法的优点是可以不对事物的结构进行解剖性的分析,而是从整体出发,研究系统与环境之间的信息输入和输出的关系,通过对信息流程的综合考察,获得系统的整体性的认识。信息方法既是人们从信息过程认识世界的重要方法,也是指导和协调人们的主体行为过程的重要机制。这种方法扩大了人类对客观世界的控制度,在现代科学技术和实践活动中起着越来越大的重要作用。

3. 系统方法

系统方法是系统论的具体运用。系统论是借助于高度发达的电子计算机技术和数学、逻辑等手段,对系统进行多方面研究的科学。系统方法以系统论为理论基础,是运用系统的观点来分析和综合事物,把对象作为多方面、多要素联系的动态整体来研究的思维方法。系统方法是由一系列具体的方法构成的,是一个方法群,主要有整体性方法、有序性方法、系统等级分析方法、模型化和优化方法、结构—功能方法等。

(1) 整体性方法。它是系统方法的核心。系统论认为,系统在要素与要素的相关性中产生出高于要素的整体质和系统质,因而整体的功能和性质不能还原为要素的功能和性质,整体大于孤立部分相加之总和。整体性方法要求人们从对事物属性、要素的认识进入到对组织性、相关性、有机性的认识,从对事物的单向研究进入到多向研究,从线性研究进入到非线性研究,从而开拓对事物整体研究的新领域。

(2) 有序性方法。系统论认为,系统内部诸要素之间的相关性有一定的规则,认识一个系统也就是要认识要素相关性中产生的有序性或规则性。系统内部的“序”必须在与环境的不断相互作用或“耗散”过程中,才能保持和发展起来。这就要求人们从系统内在的有序过程和系统与环境的交换过程来分析系统,使认识进入系统整体性的本质之中。

(3) 系统等级分析方法。它是将系统与系统之间的关系划分为等级式的不同层次和类型。系统发展是从无序向有序、从低级有序向高级有序、从低级系统向高级系统不断演化的历史过程。这就要求人们必须从发展的观点,从有序性不断飞跃的观点来看待事物的系统及其演化。

(4) 模型化和优化方法。系统方法不仅是对复杂事物进行定性研究的方法,而且是对它们进行定量研究的方法。从整体性、有序性、等级性的角度研究系统,既是定性的又是定量的。系统方法与各种数学方法、人工智能、逻辑学等结合在一起,通过对系统的模型研究,揭示系统的各种运动过程,从而为人们的认识和实践提供各种优化的方案。模型化和优化方法,在现代化的大实践系统和复杂的社会管理中具有极其重要的作用。

(5) 结构—功能方法。这种方法是用事物的结构和功能的特点来分析事物的方法。结构方法是从结构上认识、复制和创造事物的方法。功能方法是从功能过程来认识、复制和创造事物的方法。通常把结构方法称为“内描述方法”，把功能方法称为“外描述方法”。实际上，事物的内部过程和外部过程总是统一事物的两个方面，要完整地把握事物，人们的认识就不能只停留在某一方面。所以，要把“外描述”与“内描述”，即结构方法与功能方法统一起来。结构—功能方法不仅渗透于自然科学之中，而且广泛地运用于语言学、社会学、思维科学、行为科学，运用于各种模型、模式和关系的建构与解释，它既具有普遍适用性，又有具体可操作性，对哲学和科学的进一步发展具有重要的意义。

现代科学思维的一般方法是现代实践的产物，是当今人类生产和社会活动复杂化和层次化的反映。现代科学思维方法的产生，标志着人类思维方式的巨大变革和发展，它拓展了人类思维活动的空间，为人类认识世界和改造世界提供了新的思维角度，促进人类对世界的认识不断走向深入。

（三）辩证思维方法与现代科学思维方法的关系

现代科学思维方法与辩证思维方法是相互联系、相互补充的，正确认识和处理两者之间的关系，是当代方法论发展中的重大问题。辩证思维方法是具有方法论意义的方法，是根本方法。现代科学思维方法虽然具有一定的普适性，但它毕竟是解决具体科学中的问题的具体方法，从根本上说，它是辩证思维方法在具体科学中的运用和体现。它们既相互联系，又相互区别。

1. 两种思维方法是有区别的

辩证思维方法与现代科学思维方法属于两种不同层次的方法系列，两者的功能和角度是不一样的。辩证思维方法从普遍联系、永恒发展的角度来揭示事物的关系，它更侧重于人与世界的整体关系，而不仅仅停留在某些方面、某些要素上。现代科学思维方法并不探讨整体的、普遍的相互关系，而是在确认世界客观存在的永恒运动的前提下，从某些方面深入研究世界的关系。如系统方法是在承认系统的客观实在性的前提下去研究系统的最优化，从系统和要素、整体和部分的特定角度来揭示世界的联系和发展。

2. 两种思维方法有密切的联系

一方面，现代科学思维方法应该以辩证思维方法作为自己的方法论前提。辩证思维方法是现代科学思维方法的方法论的前提，辩证思维的基本精神和原则贯穿于现代科学思维之中。现代科学思维必须以概念作为自己的思维细胞，这就必然会涉及旧概念淘汰和新概念产生的辩证思维过程。现代科学思维方法要能够适应现代复杂的实践活动，使自己走向更加成熟、更加完备的形态，就应该自觉地用辩证思维方法来规范自己，自觉地把辩证唯物主义的世界观和方法论作为自己的理论前提。另一方面，辩证思维方法又应该从现代科学思维方法中吸取营养以丰富自身。现代科学思维方法又丰富和深化了马克思主义哲学的辩证思维及其方法，从各个方面丰富了辩证的世界图景，并促进了辩证思维方法的具体化和深化。

现代实践的发展既强化了辩证思维方法的作用，要求科学自觉地以辩证思维的原则和方法来设计思维框架和思维方向；同时又强化了科学思维方法的作用，要求哲学的辩证思维依据科学的重大发展来改变自己的形式，丰富和充实自己的内容。

正确把握辩证思维方法与现代科学思维方法的辩证统一关系，要反对两种错误倾向：一是必须反对用辩证思维方法否定或取代现代科学思维方法，把现代科学思维方法斥之为伪科学方法的观点；二是必须反对用现代科学思维方法来否定或取代辩证思维方法，视辩证思维方法"过时""无用"的观点。我们要把辩证思维方法与现代科学思维方法结合起来，才能真正有所发现、有所创造、有所前进。对于这一点，恩格斯早就明确指出过，"自然研究家相信，他们只有不理睬哲学或羞辱哲学，才能从哲学中解放出来。但是，因为他们离开思维便不能前进，而且要思维就得有思维规定"，所以，"自然研究家尽管可以采取他们所愿意采取的态度，他们还是得受哲学的支配。问题只在于：他们是愿意受某种蹩脚的时髦哲学的支配，还是愿意受某种以认识思维的历史及其成就为基础的理论思维形式的支配"。恩格斯的这些论述，具有重要的现实指导意义。

本讲小结

方法是为完成一定的任务所采用的一定途径、手段和办法。思维方法是人们认识世界的规则、程序和手段，是主体观念地把握客体的一种认识工具系统。

按思维方法起作用的范围可将其划分为三个层次：个别具体科学思维方法、一般科学思维方法和哲学思维方法（辩证思维方法）。辩证思维方法是思维方法的最高层次，是这一体系中最基本的方法，具有方法论的意义。唯物辩证法所阐明的归纳和演绎、分析和综合、抽象和具体、历史的和逻辑的统一等思维方法，是所有科学思维都要采用的方法，是人们认识和实践中普遍适用的思维规则。

辩证思维方法是辩证法在人类思维运动中的运用，是揭示概念的辩证发展、矛盾运动的基本方法，是主观辩证法。它对于提高主体思维能力，帮助人们有效地开展认识和实践活动具有极其重要的作用。

归纳和演绎是科学研究中运用最为广泛的思维方法。归纳是从个别到一般的推理方法，即从许多个别事实中概括出一般原理。归纳有完全归纳法和不完全归纳法之分。演绎是从一般到个别的推理方法，即用已知的一般原理考察某一特殊的对象，推演出有关这个对象的结论。

归纳和演绎这两种方法既互相区别、互相对立，又互相联系、互相补充。两者之间的辩证关系表现为：一方面，归纳是演绎的基础，没有归纳就没有演绎；另一方面，演绎是归纳的前导，没有演绎也就没有归纳。一切科学的真理都是归纳和演绎辩证统一的产物，离开演绎的归纳和离开归纳的演绎，都不能达到科学的真理。

归纳和演绎是互为条件、互相渗透，并在一定条件下互相转化的。归纳出来的结论，成为演绎的前提，归纳转化为演绎；以一般原理为指导，通过对大量材料的归纳得出一般结论，演绎又转化为归纳。归纳和演绎相互补充，交替进行。归纳后随之进行演绎，会使归纳出的认识成果得到扩大和加深；演绎后随之进行归纳，用对实际材料的归纳来验证和丰富演绎出的结论。人们的认识，在这种交互作用的过程中，从个别到一般，又从一般到个别，循环往复，步步深化。

现代科学的一般思维方法，根据哲学界和科学界的探索所形成的基本共识，大体上可以概括为控制方法、信息方法、系统方法、结构—功能方法、模型化和优化方法等。现代科学思维方法与辩证思维方法是相互区别、相互联系、相互补充的，我们只有把辩证思维方法与现代科学思维方法结合起来，才能真正有所发现、有所创造、有所前进。

★ 深度阅读 ★

恩格斯：《自然辩证法》，《马克思恩格斯选集》第 4 卷，人民出版社 1995 年版。

★ 思考题 ★

1. 学习辩证思维方法有何重要意义？
2. 如何理解归纳和演绎的含义及其相互关系？
3. 现代科学的思维方法主要有哪些？

第十讲
个人与社会

我的人生哲学是工作，我要揭示大自然的奥秘，并以此为人类造福。我在世这短暂的一生中，我不知道还有什么比这更好的了。

——爱迪生

引例

袁隆平让世界远离饥饿的追求

袁隆平，我国当代杰出的农业科学家，享誉世界的“杂交水稻之父”。他的努力不仅为拥有庞大人口的中国解决了粮食自给难题，也为世界粮食安全作出了杰出贡献，在农业科技史上塑就了万众景仰的里程碑。

袁隆平身上体现了一位知识分子奉献社会的爱国情怀，反映了改革时代的创新追求，体现了不为名利所累的精神境界。他取得的举世瞩目的成就，源于他甘于寂寞、矢志追求、默默无闻的奉献精神。

作为新中国培养的第一代大学生，袁隆平曾走过饥荒年代，饱尝饥饿滋味；作为科学家，他忧国家之所忧，急百姓之所急，数十年扎根基层，脚踏实地奋斗，终于成就了辉煌。他曾经对别人说过：科学家应该具备扎扎实实的工作作风，具备认准一个目标执著追求、不达目的不罢休的科学态度，具备将满腔的爱国情怀化为日日夜夜、时时刻刻做好本职工作的坚强决心。

袁隆平不仅有脚踏实地的奉献精神，更有淡泊名利的人生态度，闪烁着独特的人格魅力。研究农业常常需要晒在太阳底下、泡在泥水地里，不仅是一种繁杂、重复、单调的工作，有时甚至是艰苦的差事，更难有光鲜的“身份”、显赫的“地位”。而袁隆平坚持40多年育种研究，如今已是世界级科学家，依然坚持下田。他常说“我不在办公室，就在试验田”。出名后，面对越来越多的社会活动，他唯恐避之不及。他经常告诫学生“要把名利放在贡献的后面”。

曾经有一份评估机构的报告称，作为“世界杂交水稻之父”，袁隆平的身价为1000亿元。袁隆平对此回答说：“用财富衡量科学家的价值太低级、太庸俗。”袁隆平的千亿身价并不是直接体现在他个人的财富上，而是更多地体现在他为社会创造的财富中。近年来，全国杂交水稻年种植面积2.4亿亩左右，全中国年增产的稻谷可以养活7000多万人口。7000万意味着什么？每个人都能掂出其中分量。

当前，社会上一些人心态浮躁，不深入基层，不了解群众需要，盲目拜金，奢侈浪费，经受不住利益诱惑。“杂交水稻之父”以自己的风范给人们提供了一个必须面对、借鉴和学习的榜样。学习袁隆平，就是要像袁隆平那样，积极投身国家现代化建设事业，不怕苦和累，淡薄名和利，脚踏实地在平凡的岗位上做出不平凡的业绩。每一个人在年轻的时候，都曾无数次地思考这样的问题：怎样才能实现自己的价值？哪里有成功的捷径？袁隆平成为“杂交水稻之父”的奋斗经历、“让世界远离饥饿”的远大理想告诉我们：只有将个人价值与奉献社会结合起来，一个人的成功才是最有价值的。只有将崇高的理想建立在一项项具体甚至枯燥的工作上，一个人的奋斗才是扎实的，也是离成功最近的。

一、人的本质属性在于社会性

人生就是人的生命的展开过程，体现在人的各种活动之中。马克思指出，人与动物的不同之处在于，人“使自己的生命活动本身变成自己的意志和意识的对象。他的生命活动是有意识的”。于是,人既有事实上的生命过程,更有对这个过程的理解,从而也就有了“人生”这样的观念。“人生”观念本身就意味着人对于自己的由来与归宿、奋斗与追求所具有的意识。

(一)人生是物质生活和精神生活相统一的过程

人的物质生活,如果仅仅从感官欲望的需求与满足来看,即从人的饮食男女的需求与满足来看,与动物的需求似乎差不多。不可否认,人既然是大自然的造物,既然是从动物群中脱颖而出的物种,就不会不具有类似于动物的、最基本的自然生命的构造以及自然生命的活动要素。从这个意义上说,人永远不能脱离自然界。但不能由此把人还原为动物,尤其不能把人降低为靠本能驱动的飞禽走兽。在物质需求上,人由食欲而升华为美味,由性欲而升华出爱情,如马克思所说:“饥饿总是饥饿,但是用刀叉吃熟肉来解除的饥饿不同于用手、指甲和牙齿啃生肉来解除的饥饿。”

在人类的生活中,更包括人的精神生活。动物,特别是较高级的动物如灵长类动物,也可能有喜、怒、哀、乐,但究其根源,仍然是动物的本能对于外界刺激的反应,而不是靠精神力量支配的结果。人的精神生活领域极其广阔,除了包括最纯粹的精神活动(例如哲学思维)之外,甚至还延伸到最纯粹的物质生活领域(例如饮食男女)之中。人的精神生活只有匮乏与充足之分,绝无没有与拥有之别。从这个意义上说,所谓人的生活,只归属于人,所谓生活的人性化,都主要是由人的精神生活来决定的。

(二)人生是生物性和社会性相统一的过程

人生总与生命联系在一起。新陈代谢是生命的基本过程,通过生长和发育来展开。生长是指生命体在其一生中由于同化作用大于异化作用而经历的由小到大的变化过程;发育是指生物体经过一系列的变化,由幼体形成一个与亲体相似的成熟个体,并繁衍后代,最后经衰老而死亡的过程。马克思说,在人类历史中,“第一个需要确定的具体事实就是这些个人的肉体组织”。所谓人生的生物性是指,人作为高等动物的生、老、病、死等自然机体的生长和发育。

实践是人区别于动物的本质特征,然而人必须在人与人之间的关系中才能以主体的方式通过实践活动构建为我之物。广义地理解，社会就是在一个相对的范围内彼此发生联系和关系的人群集合体。人和社会同时产生，人的活动贯穿在社会的各个方面。马克思说，人在其现实性上是“一切社会关系的总和”。所谓人生的社会性，是指人作为社会动物在人类社会中所具有的各种追求活动。

人生的生物性和社会性形成了人生的两个方面。生物性与社会性相比较，前者是基础；然而，社会性比生物性更为根本。这是因为，人生的社会性使人生与动物的生命过程相区别。人生的生命过程固然与动物的生命过程一样，必须遵循“趋利避害”的基本规律，但人生的社会性使人遵循基本规律的方式不同于动物。人生的生物性和社会性相互交织在一起，形成了一般的完整的人生过程。

(三) 人的本质在于社会性

人同动物一样，是自然界长期发展的产物。劳动使古猿进化为人类，人作为自然界的生命有机体，具有与动物一样的自然属性，如食欲、繁衍能力以及趋利避害的自卫能力等。但这些属性并不能将人同动物区别开来，所以不是人的本质属性。因此，人的本质只能从社会中找根源。

在人类发展的任何时期，任何人总是处在一定的社会关系中并从事社会实践活动，而不是孤立的、离群索居的、抽象的人。现实的人总是从属于一定的社会群体，同周围的人发生着各种各样的社会联系。人从事社会实践活动的舞台，是具有确定内容的生产力和生产关系所形成的现实社会，而不是处于社会关系之外的动物赖以生存的自然界。现实的社会关系决定了人的本质，决定了人与动物的根本差别。只有存在于各种社会关系之中的人，才是真实存在的具有人的本质的人。

人的社会生活是多方面的，既有物质生活，又有精神生活，其中物质资料生产实践活动是人的社会生活的主要内容。人与人之间的社会关系也是多方面的，包括经济关系（生产关系）、政治关系、思想关系三个主要方面，其中经济关系是最主要的、决定性的关系。这一切构成了社会关系的总和，它们相互交错、相互作用、相互渗透，制约和影响着人的本质的形成。

经济关系包括对生产资料的占有、生产中人的地位及劳动产品的生产、分配、交换和消费等方面的关系。政治关系包括阶级、民族、国家、党派等关系。思想关系包括信仰、思想道德、宗教等关系。此外，还有以血缘为纽带的家庭关系，以社会活动为纽带的朋友关系、同事关系等。这些关系涉及经济、政治、思想、文化、法律、道德、宗教、习惯等各个领域。

在原始社会，人类的生产活动和社会关系十分简单，所以人的本质也不复杂。随着社会生产力水平的提高和阶级的出现，人类的社会实践活动和社会关系日益变得复杂起来，所以人的本质也日益复杂。尤其是随着社会分工的扩大和细密化，生产的商品化、社会化，人类社会实践活动和社会关系的进一步发展，人的本质的内涵更加丰富和复杂。

人的本质在现实性上是一切社会关系的总和，但“总和”并不等于社会关系的简单相加，各方面社会关系对人的本质的形成所起的作用是不同的。在一切关系中，生产关系是最根本的社会关系，它制约着其他社会关系。人的本质从根本上说是由他在生产关系中的地位决定的。

在阶级社会里，生产关系主要表现为阶级关系，所以人的本质主要表现为阶级性。不同阶级的人，在政治态度、思想观点、心理活动、性格情感、生活习惯以及作风等方面都各不相同，要做超阶级的人，是不可能的。

中国古代哲学史上，有许多哲学家将人的本质看成是固定不变的、超阶级的、空洞抽象的概念。孟子认为人的本性是善的，是与生俱来的。荀子则认为，人的本性是恶的，“好利”“好争”“好声色”等是人的本性。这种人性“善”或人性“恶”的观点都是脱离人的社会性、阶级性来抽象谈论人的“本性”，因而是错误的。

人类社会的社会关系是随历史发展而变化的，所以人的本质是历史的、变化的，不同的社会历史条件下，人的本质具有时代性特征。

17 世纪英国唯物主义哲学家霍布斯，18 世纪启蒙主义思想家霍尔巴赫、爱尔维修等人，从“自爱”“自保”的人性论出发，提出了“合理的利己主义”，宣扬“自私是人的本性”，它充分反映了资产阶级维护剥削制度的愿望，为证明资本主义制度的合理性和永恒性作了最好的注脚。他们这样做的目的是把资产阶级的自私打扮成全人类永恒的共同本质，抹煞了人的本质的阶级性和历史性，具有很大的欺骗性和虚伪性。

二、人生的基本问题是人与社会的关系问题

人是社会的人,人的一生就是在社会中生活、实践的一生。人生需要回答和处理的问题很多,但人生首先要回答也无法回避的问题是人和社会的关系问题。

(一) 人与社会的关系问题是人生的基本问题

人在社会中生活总是受到一定的世界观支配的。世界观就是人们对生活在其中的世界以及人与世界的关系的总体看法和根本观点。世界观包括自然观、社会历史观和人生观。

人生观是世界观的重要组成部分,是人们在实践中形成的关于人生——人生意义、价值、目的、理想、信念、追求等问题的总的看法和认识,主要包含人生目的、人生态度、人生价值三部分,分别回答“人为什么活着”“人怎么活着”“人怎样活着才有意义”的问题。不同的人生观表现为不同的义利观、苦乐观、荣辱观、生死观、友谊观、恋爱观等。

由于人们所处的社会地位、生活环境和文化素养不同,因而形成了不同的人生观。在阶级社会中,各种人生观无不被打上了阶级的烙印。很显然,人生观问题是一个十分重要而又现实的问题,必须认真地加以思考。

人与社会的关系问题是人生的基本问题。如何回答和处理这一基本问题,关系到人对人生的根本看法和态度,是区分不同人生观的主要标志。围绕人与社会的关系问题,形成无产阶级人生观与资产阶级人生观两种根本对立的人生观。

无产阶级人生观是建立在共产主义思想基础上的最进步、最高尚的人生观,其本质特征就是集体主义。无产阶级人生观把全心全意为人民服务视为人生的根本意义和价值,把实现共产主义作为人生的最高目标和最大幸福。与无产阶级人生观相对立的资产阶级人生观,其本质特征是极端的个人主义。资产阶级人生观主张一切从个人出发,以自我为中心,把谋取个人利益、追求个人快乐视为人生的根本意义和价值。这种人生观同人类社会的发展和进步是背道而驰的。

(二) 正确认识个人与社会的相互关系

无产阶级人生观科学地阐明了个人与社会的相互关系,为正确认识和处理个人发展同社会进步的关系指明了正确的方向。

1. 从理论上看,个人与社会的关系是辩证统一的关系

(1) 个人与社会相互依存。一方面,个人离不开社会。人要生存,就必须进行物质资料生产活动。在生产过程中,人不仅要同自然打交道,而且还必须结成一定的生产关系,并因此而发生同社会的种种关系。

在现代社会中,社会的生产方式不再是自然经济条件下的男耕女织、自给自足的小生产,社会分工使个人的劳动必须成为社会劳动,在分配和交换中才能实现自己的劳动价值,这就大大增强了个人对社会的依赖性。

人不是天生就会劳动,人的劳动技能是在社会中学会的。社会不但为个人提供了物质生活、精神生活所必需的消费资料,同时还为个人才能的发挥、自我价值的实现提供了条件和舞台。一个人就像一滴水,只有融人社会的大海之中,才不会干涸。

人的实践活动绝不会从社会历史的起点开始。每一代人进入社会生活时,每一个婴儿在呱呱落地时,都会享受社会已为他们的生存和发展准备好了的起始条件,即社会的物质和文化环境。人把人类社会几千年的发展所积累起来的物质财富和精神财富作为自己活动的基础,使每一代人的发展起点都建立在前一代人的终点之上。

另一方面,社会离不开个人。社会是由千千万万个人组成的。没有个人,社会就变成了一个空洞的概念。社会的物质财富和精神财富是千百万体力劳动者和脑力劳动者创造出来的;社会的文明和进步,社会的管理,都离不开社会中的每个人。当然,社会不是个人的简单相加。在个人与社会的关系中,社会对个人更具有决定意义。

历史唯物主义认为,人民群众是社会历史的创造者,人民群众创造了社会的物质财富和精神财富,人民群众是社会历史变革的主力军。中国历史上传统的民本主义认为,“民为邦本,本固则邦宁”。如果社会是个有机的生命体,每个人就是这个生命体的细胞,细胞的新陈代谢才会使生命充满活力。

(2) 个人与社会还存在相互矛盾的方面。在个人与社会的关系中,

社会是矛盾的主要方面。在剥削阶级统治的社会中，代表社会统治力量的国家政权掌握在剥削阶级手中，他们维护落后的生产关系，严重阻碍和限制了个人的生存和发展，个人与社会的矛盾是对抗性矛盾。

在社会主义条件下，社会代表和维护最广大人民的根本利益，社会制度为个人的生存和发展提供了充分的条件，个人与社会的矛盾是非对抗性矛盾。

目前我国处于社会主义初级阶段，个人与社会也存在着这样那样的矛盾，社会还存在着这样那样的不尽如人意之处，一些人还存在着升学、就业、分配差别等方面的困扰，社会的民主、文明、公平程度还未达到一定的高度，社会中还存在着许多丑恶现象，还会使个人的人生出现坎坷、烦恼甚至痛苦和悲剧。但这是社会发展过程中出现的现象，不是社会主义制度本身的原因造成的。随着社会主义社会的发展和人的素质的逐步提高，这些问题会逐步得到解决。

加强和谐社会的建设，要按照构建民主法治、公平正义、诚信友爱、充满活力、安定有序的社会的要求，正确处理新形势下的人民内部矛盾，更加注重经济社会协调发展，更加注重社会公平，使全体人民共享改革发展成果。随着社会主义和谐社会的建设，我国个人与社会的关系将在生产力发展的基础上逐步达到和谐统一。

2. 从实践上看，个人活动与社会发展是相互作用、相互制约的

(1) 个人活动对社会产生能动作用。人的社会实践活动是有目的、有意识的活动，这种活动会作用于社会，在社会历史发展过程中留下这样那样的印迹。无论是杰出的人物还是普通劳动者，他的社会实践活动总会或多或少地、直接或间接地对社会生活产生一定的作用。

在社会主义建设中，许多模范人物和先进分子，热爱本职工作，兢兢业业，在平凡的岗位上为社会主义建设添砖加瓦。社会生活又是个有机的整体，工、农、兵、学、商，各行各业都是社会活动不可缺少的部分，他们的工作都是社会必需的，平凡的岗位也会对社会的发展起一定的作用。

普通一兵雷锋在自己短暂的生命历程中，以高尚的思想道德品质，为中国人民和世界人民留下了一笔无价的精神财富。科学家袁隆平呕心沥血，在杂交水稻领域苦苦探索，取得了历史性突破，使我国水稻年增产量可养活 7000 多万人口。

个人活动对社会历史发展的作用，就其方向而言，有两种情况：一种是促进或推动社会的发展，另一种是阻碍或破坏社会的发展。当个人活动符合社会发展规律，符合广大人民的根本利益时，就会对社会发展起推动作用；反之，则起阻碍甚至破坏作用。

世界法西斯头子希特勒、墨索里尼、东条英机一伙战争贩子，为了争夺世界和瓜分世界，悍然发动了第二次世界大战。第二次世界大战先后使61个国家、全球80%的人口卷入战争。这场战争死伤人数达6700万，其中死亡人数达5500万人，物质损失约4万亿美元，给世界人民带来了深重的灾难。历史将他们永远地钉在了耻辱柱上。

(2) 个人活动受社会条件和客观规律的制约。一是受环境的制约。一定的生产力状况、生产关系的性质以及社会政治制度、科学文化发展程度和文化传统等条件，制约着当时社会的人的活动。二是受自己的阶级和社会地位、工作和生活条件的局限。三是受社会发展规律的制约。人的活动必须遵守其规律，顺应社会历史发展的趋势，才能取得成功；否则，就会受到历史的惩罚，就会失败。

利用社会条件使个人得到发展，通过个人活动为社会发展作出自己积极的贡献，这是马克思主义处理个人与社会关系的最基本的观点。

(三) 正确处理义与利、苦与乐、荣与辱、生与死的关系

义利关系、苦乐关系、荣辱关系、生死关系是人生道路上的重要课题，如何回答这些问题，是区别不同人生观的重要标志。

1. 树立正确的义利观

人在社会生活中，会遇到道德和利益的矛盾，如何处理这一矛盾，就是人们常说的义利原则。中国传统文化中的主流文化——儒家文化将义利关系对立起来，重义轻利，并主张“以义制利”，对中国社会的发展产生了重要的影响。

孔子有一句名言，叫做“君子义以为上”，明确地肯定了“义”具有至上性。孟子认为，如果不适合道义，一点东西也不能给别人。这种“义以为上”的观念对培养崇高的道德节操具有不可忽视的意义。但是同时，“义以为上”的传统也导致忽视或否定功利的倾向，忽视了在一定条件下功利意识也可以成为积极的动因。

毛泽东以辩证的思想将“义”和“利”统一起来，把“义”和“利”的价值选择统一到民族的前途命运和人民的翻身解放之上，将民族命运和人民利益作为价值选择的出发点，以民族、国家、人民利益为最高利益，反对帝国主义利益、剥削阶级利益和少数人利益，主张为人民利益、民族利益而献身，这既是最高的“义”，又是最大的“利”。这就是无产阶级的义利相统一的原则。

老一辈无产阶级革命家和无数先烈，为了民族独立和人民解放，呕心沥血，舍生忘死，他们既是无产阶级义利原则的创建者，又是这个原则的忠诚实践者。全心全意为人民服务，成为共产党人的最高宗旨和座右铭。

人民的好总理周恩来有大智、大勇、大才和大貌——那种倾倒联合国的风貌，特别是他的大爱大德，折服世人。他逝世的时候，联合国下半旗志哀。周恩来用自己光辉的一生，践行了全心全意为人民服务的宗旨，流芳千古，万世敬仰！

在社会主义道德建设中，我们党继承了中华民族优良的道德传统，将无产阶级义利原则统一在社会主义道德体系中，以为人民服务作为社会主义道德的核心，以集体主义作为社会主义道德的原则，形成了崭新的社会主义道德。

以人为本是科学发展观的核心。坚持以人为本，就是要坚持人民群众在发展中的主体地位，把最广大人民的根本利益作为一切工作的根本出发点和落脚点，把改善人民生活和促进人的全面发展作为经济社会发展的目的和归宿，坚持发展为了人民，发展依靠人民，发展成果由人民共享，这是无产阶级义利原则在新的社会历史条件下新的表达方式。

在市场经济条件下，商品生产的价值规律在社会经济生活中发挥了重要的作用，也为社会主义道德建设带来了新的课题。有些人将价值规律原则用到了社会生活的方方面面，出现了权钱交易、贪污受贿、以权谋私、制假卖假、唯利是图等现象。这是同社会主义道德原则完全背离的。

人不能把钱带进坟墓，但钱却能把人送进坟墓。成克杰、胡长青等腐败分子，身居高级领导岗位，利用人民赋予的权力，贪污受贿，以权谋私，最终沦为人民的罪人。这些人在金钱面前，忘记了一切道德原则，见利忘义，成为金钱的奴隶和牺牲品，丧失了共产党人应有的人格精神，最终失去了自己拥有的一切，应成为人们的人生之鉴。

在市场经济条件下，青年学生在商品经济的大潮中，应该树立正确的义利观，坚持社会主义道德原则，强化民族振兴、国家富强、人民幸福的使命感，自觉抵制资产阶级腐朽思想，推动社会的文明与进步。

义利观的问题，其实在很大程度上也就是如何正确对待名和利的问题。有一些人生格言，表达了正确的态度：在对待名上，自古道"人过留名，雁过留声"；孔子作《春秋》，"乱臣贼子惧"，怕留下恶名；于谦说"粉身碎骨浑不怕，要留清白在人间"；常言道"计利当计天下利，求名应求万世名"。在对待利上，常言道，钱财是身外之物，君子爱财，取之有道；俗话说："有良田千顷，日食不过三餐；有广厦万间，夜宿不过一床"；"钱不在多，够用就行；屋不在大，够住就行"。

财富取之于社会，还要回报于社会，富人只是社会财富的管理者。比尔·盖茨既是伟大的发明家、财富的创造者，也是杰出的理财者，2008 年他捐款 380 亿美元给慈善事业，不给子女留一分，把对财富的认识和处理提高到一个新境界，成为人类的楷模。当我们与他人、与集体发生利益冲突时，大者依法维护，小者谦让为上。

2. 树立正确的苦乐观

有人形容人生是苦辣酸甜，五味俱全，虽说不够全面，却也说明了人生十分不易。人生道路上，确实有苦有乐，有酸有甜。在社会生活中，人们对苦和乐有着不同的感受和态度是一种很普遍的社会现象。

作为一种观念，苦乐观是一定社会存在的反映，它具备主观和客观两方面的因素。从客观上讲，社会生活中确实存在着使人们欢乐和痛苦的因素，每一个人都无法回避。从主观上讲，对苦和乐的感受又因个人的人生观不同而具有相对性，而每个人对苦和乐的看法的不同就形成了形形色色的苦乐观。

在现实社会中，不同阶级的人有不同的苦乐观，不同层次的人也有不同的苦乐观。腐朽没落的剥削阶级和懒汉懦夫绝无"先天下之忧而忧，后天下之乐而乐"的襟怀，绝无"与天奋斗，其乐无穷；与地奋斗，其乐无穷"的气概。鲁迅先生说过，"人类的悲欢并不相通"。各种事实都表明，不同的人对苦与乐的理解是不一样的。

在苦乐问题上，我们反对自然主义的苦乐观和唯心主义的苦乐观，主张树立辩证唯物主义的苦乐观。

自然主义苦乐观单纯把苦和乐看成是肉体感官的体验，是人欲的产物。《列子·杨朱篇》中说，“十年亦死，百年亦死，仁圣亦死，凶愚亦死”，所以人“惟患腹益而不得恣口之饮，力惫而不得肆情于色”，宣扬了吃喝玩乐的、纵欲的自然主义苦乐观。这种苦乐观的境界十分低下。

唯心主义苦乐观单纯把精神欲求的满足当做最大的快乐，把心灵上的苦当做最大的苦，这种苦乐观抽象地从精神上解释苦与乐，甚至无病呻吟，令人厌恶。

辩证唯物主义苦乐观把人对物质生活的追求和对精神生活的追求高度统一起来，把苦与乐的认识看做一定社会关系和生产力水平的产物，看做是物质生活、精神生活和社会环境的高度统一，既反对纵欲主义，又反对禁欲主义。

在生活中，苦和乐的表现是多方面的，只有正确认识人生的苦和乐，才能减少人生的苦，增加人生的乐。

就苦而言，一是要敢于吃苦，因为吃苦对人的成长有极大的促进作用。

在对待贫穷苦难上，有一些人生格言，表现了积极进取的人生态度。孟子说：“生于忧患，死于安乐”；“故天之降大任于斯人也，必先苦其心志，劳其筋骨，饿其体肤，空乏其身，行拂乱其所为，所以动心忍性，增益其所不能”。自古道：“艰难困苦，玉汝于成”；苦难是学校，苦难是财富，没有受不了的苦，没有爬不过的坡；“宝剑锋从磨砺出，梅花香自苦寒来”；学问的根苦，学问的果甜。

青年人要敢于吃苦，接受苦的磨炼，因为这有利自身的成长，是人才成长的一条共同规律。毛泽东特别看重艰苦环境对人才成长的影响，强调青年学生必须“文明其精神，野蛮其体魄”，并且身体力行，通过各种方式磨炼自己的意志。组建并领导红军后，残酷的战争、艰苦的环境，客观上为毛泽东实践其教育理念创造了条件。无论是组织红军教导队，还是开办红大、抗大，毛泽东都将艰苦奋斗作为学员必修的内容，反复强调没有艰苦奋斗的工作作风，就不能执行坚定正确的政治方向；艰苦奋斗是磨炼革命意志的“砺石”，学校要培养学生的吃苦精神；年轻人一定要学会吃苦，不吃苦难成大事。

现在的生活环境条件与革命战争年代相比已经大大不同了，但人才培养需要在群众的实践、艰难的环境、艰苦的工作中磨炼成长的道理变不了。“自古雄才多磨难,从来纨绔少伟男”,企业家的成长同样如此。松下幸之助、李嘉诚、王永庆等著名企业家均出身寒门,都是因无钱上学而不得不先参加工作,然后靠在工作岗位上刻苦自学而成才。事实说明,一个人如果没有眼睛向下的态度,没有脚踏实地的作风,没有艰苦奋斗的精神,是难以成功的。

我们讲艰苦奋斗,当然不是要人们去过清教徒式、苦行僧式的生活,也不是要否定合理的物质利益,而是要大力提倡艰苦奋斗、自强不息、与时俱进、开拓创新的精神。

二是要胸怀坦荡,克服自卑、猜忌、嫉妒等不健康心理给人带来的烦恼。

人们常说,“君子坦荡荡,小人常戚戚”。高尚的道德情操,坚强的意志和勇气,可以战胜一切痛苦。一切痛苦都是怯懦的表现,在坚强的生活信念的感召下,一切痛苦都会悄悄地隐退。

就乐而言,一要在劳动、事业、学习和创造中寻找快乐。劳动可以获得生活资料,改善人的生活条件和环境,劳动可以创造美,使人看到自己的力量和智慧;事业成就可以使人饱尝成功的喜悦;学习可以使人获得知识的陶冶,从而获得身心的欢乐。这些欢乐是最真实、持久和醉心的。二要乐于助人,在帮助别人、为人民服务及为国家和社会奉献中追求欢乐。这种欢乐是高尚的欢乐。雷锋在短暂的一生中,全心全意为人民服务,帮助别人排忧解难,乐此不疲。他说:“人的生命是有限的,我要把有限的生命投入到无限的为人民服务中去。”他在平凡中创造了伟大。雷锋永远是我们学习的榜样。

3. 树立正确的荣辱观

荣辱观是人们对荣誉、耻辱的根本看法和态度。在中国古代思想传统中,荣辱观是人们进行道德约束和道德评判的重要标准,强调“不知荣辱乃不能成人”,“人唯知所贵,然后知所耻”,强调“仁”“义”,“仁则荣,不仁则辱”,“由义为荣,背义为辱”,等等。

以“八荣八耻”为内容的社会主义荣辱观,是社会主义先进文化的重要内容。从内涵上看,它继承与发扬了传统荣辱观的优秀精神内核;从性质上看,它反映了中国社会主义社会的基本特征和发展要求,同时也体现了马克思主义人生观、价值观和道德观的根本要求，为推动形成良好的社会风尚、建设社会主义和谐社会提供了重要思想基础。“八荣八耻”的主要内容如下。

(1) 以热爱祖国为荣，以危害祖国为耻。这是对爱国主义传统美德与民族精神的精确概括。千百年来，爱国主义始终是中华民族道德传统的基本准则和民族精神的核心，“爱国为荣，叛国为耻”成为国人荣辱观的首要标准。要以热爱祖国、贡献全部力量建设社会主义祖国为最大光荣，以损害社会主义祖国利益、尊严和荣誉为最大耻辱。

(2) 以服务人民为荣，以背离人民为耻。这是对我们党全心全意为人民服务宗旨的继承与弘扬。在当代中国，社会主义荣辱观与我们党的以人为本的执政理念完全一致，对于引导广大干部尤其是青少年树立正确的人生观、价值观和道德观具有至关重要的作用。服务于祖国和人民，进而为中华民族伟大复兴作出更大的贡献，是青少年学习科学文化知识的根本目的。

(3) 以崇尚科学为荣，以愚昧无知为耻。这体现了对科学思想和科学精神的坚持与呼唤，其目的是要在广大干部群众和青少年中培育出“学科学、爱科学、重科学”的良好社会风尚，通过弘扬科学精神、促进科技发展来带动经济社会的全面进步，使我们的祖国永远屹立在世界之林。

(4) 以辛勤劳动为荣，以好逸恶劳为耻。这概括了社会主义荣辱观对待劳动的根本态度。劳动创造一切，它是财富的源泉，因而也是获取和享有财富的前提。树立和坚持崇尚劳动的观念，有助于进一步鼓励和激发广大劳动者与建设者的工作热情，调动一切创造活力和力量，使社会财富充分流通，使社会主义建设事业蒸蒸日上。

(5) 以团结互助为荣，以损人利己为耻。这是对集体主义精神的充分揭示，也是对社会主义人际关系的高度概括。崇尚集体主义，注重团结互助，贬斥损人利己，是与社会主义基本特征相联系的根本道德要求。树立和坚持团结互助的社会主义观念，有利于约束和规范违背社会公德的个体行为，有利于形成良好的人际关系。

(6) 以诚实守信为荣，以见利忘义为耻。这是对社会主义职业道德基本要求的准确归纳。信用经济是社会主义市场经济的一个基本特征，诚实守信是社会主义市场经济的主要道德支柱之一，是人们之间相互信任的道德凭借。以诚实守信为荣，以见利忘义为耻，对于弘扬社会正气、抵制失信弃约的不良道德行为、构筑与社会主义市场经济体制相适应的现代诚信体系至关重要。

(7) 以遵纪守法为荣，以违法乱纪为耻。这是对公民法制观念与守法意识的强调和要求。社会主义市场经济是法制经济。树立和坚持以遵纪守法为荣、违法乱纪为耻的荣辱观，是通过加强道德自律来补充和保障法纪法律的重要手段，有利于培养和塑造公民的现代法制观念与守法意识，从而保证国家的正常运转和社会的稳定发展。

(8) 以艰苦奋斗为荣，以骄奢淫逸为耻。这是对中国古代优秀传统和中国革命传统中艰苦奋斗精神的发扬光大。树立和坚持以艰苦奋斗为荣、以骄奢淫逸为耻的荣辱观，有利于教育和引导人们在当前的社会发展形势下，戒除骄奢之风，秉承艰苦本色，从而奋斗不息，争取更大的胜利。

总之，树立和实践以“八荣八耻”为主要内容的社会主义荣辱观，能够使人们知荣弃耻，褒荣贬耻，扬荣抑耻，促进人们形成科学的人生观，形成正确的善恶标准，成为有理想、有道德、有文化、有纪律的合格的社会主义公民；能够加强人们的精神文化修养，丰富人们的精神世界，树立崇高的精神追求，保持昂扬向上、开拓进取的精神状态，不断增强自身的精神力量；能够使人精神高尚、眼界开阔、胸怀坦荡、生活充实，不被各种错误思潮和腐朽生活方式所打倒，科学地观察事物、判断形势、分析问题，为国家、社会、民族和集体的利益贡献自己的聪明才智和毕生精力，为社会的全面进步、中华民族的伟大复兴提供强大的精神动力和深厚的思想文化根基。

4. 树立正确的生死观

人生是生与死相统一的过程。但是，在哲学史上，一些哲学家都把死排除在生之外。孔子就说过：“未知生，焉知死？”于是就把死的问题悬置起来。尹壁鸠鲁说得更干脆：“当我们存在时，死亡对于我们来说还没有到来；而当死亡时，我们已经不存在了。因此，死对于生者和死者都不相干。”这样就把生与死完全割裂了。

其实，生离不开死，人生总是与死亡联系在一起的。生就是人的各种物质的和精神的活动，是人的生命过程的展开。然而，人总有一死，死作为生命的终结，任何个人都不能逃脱。于是，个人在生的过程中总会自觉或不自觉地考虑到死，死必然渗透在生的过程中。

人一生中常常要受到各种各样的考验，而生死关头的抉择，则是最为严峻的考验。人为什么生，为什么死，应当如何对待生与死，这就是生死观。它包括人对生命意义的诠释，对生的意义和死的意义的理解，以及对生死的看法和态度。生死观是从更高层次上对人生观的反映和检验。

人的生死观具有鲜明的层次性和阶级性。具有剥削阶级和享乐主义人生观的人，醉生梦死，苟且偷生；具有悲观厌世人生观的人，消极颓废，生是糊里糊涂地生，死是糊里糊涂地死；意志薄弱者，不敢“直面惨淡的人生”，厌世轻生。生死观在社会生活中，受每个人道德水平、心理意志、理想信念等影响，呈现复杂多样性。有的人为事业鞠躬尽瘁，或为了别人而牺牲自己，舍己救人，或面临生死关头，视死如归；有的人贪生怕死，或临阵逃脱，或屈膝投降，出卖同志、组织，沦为叛徒，遭到世人的唾弃。

在看待死亡问题上，有一些人生格言表现了达观的态度：“人生自古谁无死，留取丹心照汗青”，志士仁人提倡为正义而献身，不为苟全而偷生；“朝闻道，夕死可矣”，为民众利益而死，为高尚理想而献身，死而无憾，虽死犹生。

无产阶级生死观是无产阶级人生观的集中表现，它从劳动人民的根本利益出发，以集体主义为原则，以解放全体人类、实现共产主义为崇高目标，以生为人民作贡献、死为人民而献身为内容，无论对生、对死都采取一种严肃而认真、坦荡而乐观的态度。它是共产主义道德的最高表现，体现了无产阶级无私无畏的彻底革命精神，是生死观的最高境界。无数革命先烈，如李大钊、方志敏、董存瑞、张思德、欧阳海、王杰等，都在生死关头为我们树立了光辉的榜样，建造了不朽的丰碑。

在今天和平的环境中生活，我们不需要时刻面临生死的抉择，更重要的课题是如何对待生活和生命。青年学生要珍惜自己的青春年华，充分利用生命的每一分钟去学习，去工作，去创造，让青春闪光。当祖国和人民需要我们的时候，我们应当向英雄和先烈学习，为了无产阶级革命事业不惜牺牲自己的生命。

这里，我们应当记住保尔说的这句名言：“人的一生应当这样度过：当回忆往事的时候，他不因虚度年华而痛悔，也不因碌碌无为而羞愧；这样，临终前他能够说：我的整个生命和全部精力，都献给了世界上最壮丽的事业——为全人类解放而斗争。”

三、在奉献中实现人生的真正价值

伴随着关于人生的思考，人们总是会从价值的角度，对人怎样生活才算是有意义、才算是“值得”的问题加以把握，从而确立自己的人生价值观。在现实生活中，有的人说人生价值是地位、名誉、金钱，有的人说人生价值取决于对社会和对他人的奉献。究竟什么是人生的真正价值？

（一）人生价值是社会价值和自我价值的统一

要了解人生价值的问题，首先要进一步分析价值这一范畴的基本内涵。如前所述，为了满足人类生存和发展的需要，人们必须通过实践改造外部世界，创造出能够满足人类需要的事物。在这一过程中，不仅存在着主观符合客观的真理问题，而且存在着按照主体的需要和尺度认识、改造客观世界的价值问题。任何实践活动，都是在真理尺度和价值尺度的共同制约下进行的，成功的实践都必然是真理尺度和价值尺度的统一。

1. 价值是主体和客体之间的特定关系

价值是一个具有广泛意义的关系范畴，它的产生同人们的需要相互联系。马克思指出：“‘价值’这个普遍的概念是从人们对待满足他们需要的外界物的关系中产生的。”因此，价值的一般本质是主体和客体之间的特定关系，亦即主体与满足主体需要的客体之间的一种关系。

（1）价值的主体是人，价值的客体是物或者是人。价值作为一种关系，必然有它的特定的主体和客体。首先，价值的主体必须是人。只有在人与客体之间，才谈得上价值。因为，人是一切价值的需要者、享用者和评价者，价值离不开人的需要和评价。世界上的一切事物，离开了人就无所谓好与坏、有用与无用，也就无所谓价值。一个没有人的世界，也就是一个没有价值的世界。如果客体是物，主体也是物，那么在物与物之间，即使客体的物对主体的物发生一定的有用性，也不能叫做价值，它们之间的这种关系只能叫效用关系。其次，价值的客体是物或者是人。因为，作为主体的人不仅需要物，而且也需要人，这是谁都知道的，无须详加论证，所以，价值的客体既可以是物，也可以是人。从这里可以知道，在价值关系之中，人既可以是主体，也可以是客体。

（2）价值是主体和客体之间的关系。价值既不是客观事物本身，也不是客观事物的某种特性。因为，一个事物不与人发生任何关系，而是离开人独立存在着，尽管它和它的某种特性有满足人的需要的可能，可是，这个事物对人的需要并没有满足，也就没有价值。例如，一个人走在没有水的沙漠里，口渴得厉害，而长江里的水汹涌澎湃，奔腾不息，当然是可以解渴的。但是，“远水解不了近渴”，长江里的水没能满足这个人喝水的需要，对这个人也就没有任何价值。价值是主体和客体之间的一种客观实在的关系。只有当客体与主体的人发生关系时，它们之间的一种关系才是价值。

（3）价值是客体对主体的积极作用。价值是主体与客体的关系，但不是主体与客体之间的所有关系。首先，主体与客体的关系有两个方面，一是主体对客体的作用，二是客体对主体的作用。这两种作用是相互联系、不可分离的。但是，主体对客体的作用不是价值，只有客体对主体的作用才可能是价值。例如，人穿衣服，人把衣服穿破了，人对衣服的这种作用，无所谓价值。衣服给人带来了温暖，衣服对人的这种作用，才是价值。其次，客体对主体的作用是多种多样的。按照人的需要来划分，一种是客体满足主体的需要，对主体的积极作用；另一种是客体不能满足主体的需要，对主体的消极作用。价值是客体对主体需要的满足，是对主体的积极作用。例如，一个病人需要吃药，他吃了一种药之后，这种药对他产生了治病的作用，这种作用是价值；同时，这种药又给他造成了另一种病，这种副作用就不是价值。

2. 人生价值是社会价值和自我价值的统一

价值，有物的价值也有人的价值。说到价值，人们往往首先想到物的价值。物的价值在于它能够满足人的需要，如粮食能满足人的食用需要，艺术品能满足人的审美需要，等等。物的价值就是人的需要与物能够满足人的需要的关系。

物的价值体现在人与物所形成的价值关系之中。据说法国一位画家见西红柿美艳娇嫩，大胆尝了一口，感到美味可口，并未中毒，经分析，它含有大量的维生素，营养丰富，这样西红柿才成为人们餐桌上不可缺少的食品。这个故事说明了物同人没有构成价值关系时，并不具有价值。当人们在实践中发现了它的有用性,能够满足人的需要时,它才有了价值。在人同物的价值关系中,物是被动的,物不会主动满足人们的需要。

人生价值同物的价值具有本质的不同。一方面,人生价值源于人自身的创造。只有通过有意识、有目的、能动的社会实践活动,才能将人的潜在价值变为现实。所以,人生价值的实现是一个能动过程,不像物在价值关系中的被动性。人是自然界各种事物中唯一具有能动的创造能力的,所以人生价值大大超过物的价值。

另一方面,人生价值只有通过人与人之间、个人与社会之间的关系才能表现出来。人不是物,而是处于一定社会关系中的人,如果把人看做是孤立的单个的人,人就无所谓价值,因为无法形成价值关系。而处于社会关系中的人,同社会中的其他人、同社会发生着现实的联系,所以才形成价值关系。因此,人生价值体现在人同他人、同社会的关系之中,体现为人对他人、对社会需要的满足与贡献。

人在价值关系中具有双重角色,人既是价值的创造者,又是价值的需求者。人怎样处理好同他人、同社会的关系,扮演好人生价值关系的双重角色,就构成了人生不同的价值观。

人在价值关系中的双重角色,决定了人生价值具有双重性,即人生价值包括两个方面:一是个人对社会的责任和贡献,即个人的社会价值,体现了人对社会的意义;二是社会对个人的尊重和满足,即个人的自我价值,体现了个人的自我完善和发展。

(二)人生的真正价值在于对社会的贡献

价值观是人们关于什么是价值、怎样评判价值、如何创造价值等问题的根本观点。人们总是会从价值的角度思考人生问题,对人如何生活才有意义、才"值得"的问题加以把握,这样便形成自己的人生价值观。

在社会生活中,人们只有找到了自己生活价值的答案,才会自觉地朝着自己选定的目标努力,以全部的情感、意志、信念去实现自己认为有意义的人生。因此,选择科学合理的人生价值目标和衡量尺度,并依据这种选择去创造有价值的人生,对人一生有着十分重要的意义。

人生价值评价的根本尺度,是看一个人的人生活动是否符合社会发展的客观规律,是否符合最广大人民的根本利益,是否通过实践促进了历史的进步。而评价人生价值的基本尺度，是劳动以及通过劳动对社会和他人作出的贡献，它是人生评价根本尺度的一种具体化。

人生价值是社会价值和自我价值的统一。在社会价值和自我价值的统一中，社会价值，即个人对社会的责任和贡献，是实现人生价值的基础和源泉，是人生价值的主要标志，因而我们提倡个人为社会、为人民的奉献精神。自我价值，即社会对个人的尊重和满足，体现了人在社会中生存、发展的物质保证和精神保证，也是人生价值得以实现的重要标志。因而社会也要关心个人的成长、进步，尊重个人的劳动和贡献，鼓励个人为社会发挥自己的聪明才智和创造能力，提供个人能够全面发展的条件。

在人生价值观上，我们既不能否认个人对社会的责任和贡献，也不能否认社会对个人的满足和尊重，任何社会人的价值实现都必须从这两个方面体现出来。如果大家只讲索取，强调个人的满足，社会也就无法进步；如果社会对个人缺乏尊重和关心，社会也就不能进步。

人生的真正价值在于对社会的贡献和创造。人生价值的这两个方面是统一的。享受和劳动不可分，尊重和贡献不可分。一个人的人生价值不仅在于他需要从社会和他人那里得到尊重和回报，更重要的在于他为社会和他人尽了自己的责任，作出了应有的贡献。因为，社会给予我们每个人的回报，需要我们每个人首先把它创造出来。因此，评价一个人的人生价值，不仅在于他的存在和需要是否得到尊重和满足，更重要的在于他为社会、为他人尽到了什么责任，作出了什么贡献。从这个意义上说，人生的真正价值在于对社会的贡献。

现实生活中有些人一提到人生价值，就想到了社会对自己的满足和回报，而忽视了人生的社会价值，这是将人生价值的两个方面割裂开来了，实际上是对人生价值的片面理解。持有这种观点的人只讲享受，不思创造，只讲索取，不讲贡献，甚至用挣钱的多少、地位的高低、名声的大小来衡量人生的价值，走进了人生价值的误区。

（三）走出人生价值的误区

改革开放为中国社会带来了勃勃生机，社会经济的繁荣使人们的物质生活水平大幅度提高，社会进步使人们在物质生活不断改善的基础上有了更丰富的精神追求。但是，当今社会价值观念的多元化，也使人们的人生观、人生态度呈多元化趋势，一些人陷入错误的人生价值误区而不能自拔。为此要澄清人们在人生价值问题上的一些错误认识，走出人生价值的误区。

1. 金钱至上

有的人认为金钱是衡量人生价值的标准，这是人生价值观上一个极大的误区。金钱与人生价值的关系，长期以来一直是人们经常议论的话题，也是哲学家们常常探讨的问题。

应该承认，在市场经济条件下，金钱对人们的价值观产生着日益重要的影响。金钱，是货币在日常生活中的通俗叫法。人类社会早期，商品生产和交换非常有限，并没有金钱。随着商品交换的日益频繁和扩大，人们为了交换方便，便开始使用金钱。金钱产生以后，由于它担当着衡量商品价值的尺度和商品交换媒介的职能，金钱就成为财富的象征。尤其是在资本主义社会条件下，金钱成为人们崇拜的对象，成为衡量一切价值的标准，这就是资产阶级的“拜金主义”。

恩格斯说：“在资产阶级看来，世界上没有一样东西不是为金钱而存在的，连他们本身也不例外，因为他们活着就是为了赚钱，除了快快发财，他们不知道还有别的幸福，除了金钱的损失，也不知道还有别的痛苦。”对资产阶级来讲，金钱就是幸福，金钱就是人生的目的，金钱就是人生价值。

在社会主义市场经济条件下，金钱仍然发挥着商品交换媒介的作用，具有同一切商品进行交换的功能。对个人说来，钱多一点，衣、食、住、行、用等物质生活条件就必然舒适和好一些；反之，如果钱少一些或者没有钱，生活就会发生困难甚至没有保证。国家和政府努力领导人民发展经济，就是为了改善、提高人民的生活水平。但是，绝不能以此将金钱作为人生的最终目标和价值标准。

2. 游戏人生

有一些青年学生对人生的一些重大问题采取了极不严肃、极不负责任的态度。他们认为，什么人生观问题、人生价值观问题，都没有思考的必要，用他们的话说，人生似乎是一场游戏，不必过分认真。游戏人生是人生价值观上的又一误区。

游戏人生是一种不严肃、不负责任的人生态度，在青年人中有多种不同的表现。一是消极无为，不思进取，逃避社会现实，整天生活在虚拟的环境之中，对国家、民族、社会、事业、爱情、友谊麻木不仁，毫无责任感。二是稀里糊涂，不知何为可为，何为不可为，以“难得糊涂”为座右铭，在浑浑噩噩中了此一生。三是玩世不恭，以西方嬉皮士为楷模，奇装异服，招摇过市，毫无道德观念。四是追求享乐主义，醉生梦死，吃喝玩乐，乐此不疲。

游戏人生无论有什么样的表现，其共同特征是消极厌世，逃避现实，不思进取，缺乏严肃认真的人生态度和崇高的精神追求，没有严谨的道德原则和责任感，没有科学人生观的任何特征，显然是与马克思主义世界观对立的。这种人生态度缺乏正确的价值导向，是青年人实现人生价值的陷阱，其危害性也十分明显。

3. 以自我为中心

当代青年人大部分是独生子女，从小在父母的百般溺爱中生活，养成了以自我为中心的习惯。如果将这种习惯带入社会、带入人生的历程中，会造成自己同他人之间的强烈冲突，造成人际关系的紧张。和谐融洽的人际关系是事业成功、人生价值实现的十分重要的条件，所以青年人要实现人生价值，就不能以自我为中心。处处以自我为中心，是人生价值观上的另一误区。

以自我为中心，就是一事当前，先想自己，自己的愿望和需要必须得到满足。在集体中，只求组织照顾，不顾全大局；在同他人相处中，只求别人的帮助和关心，缺乏对别人的关爱、理解和宽容；在处事中，主观意志很强，缺乏理性思考；在心理上，意志薄弱，缺乏适应能力，经不起挫折和失败。这些行为、性格、心理上的种种不良习惯和缺陷如果任其发展，就会形成极端的个人主义和偏执型人格。纠正这种思想，必须首先从处理与他人的关系做起。

“人人为我，我为人人”集中体现了人的社会本质，也反映了人生价值的真谛。人是社会的，个人的存在、发展既需要个人的努力，又需要他人的帮助和支持。实际上，在社会生活中，每个人每时每刻都在享受着别人的劳动成果，即“人人为我”。而每个人作为社会的一分子，也应该努力为别人、为社会贡献力量，即“我为人人”。在一定的意义上，社会是一个庞大的服务站，个人既是服务者，又是服务的对象。个人在为社会、他人服务的同时，也在为自我服务。因此，首先应强调“我为人人”，大家都为社会、为他人服务，作贡献，社会就和谐了，整个社会就进步了，个人也获得了自身发展所需要的社会环境和条件；从道德角度讲，“我为人人”体现了道德主义主体的原则，体现了崇高的人生价值。

（四）在奉献中实现人生的真正价值

1. 坚持集体主义，反对个人主义

为了在社会实践中真正实现人生价值，就必须坚持社会主义集体主义原则，处理好个人利益同集体利益的关系。因为我们现实的生产关系是社会主义生产关系。在社会主义条件下，生产资料公有制已经消除了人们在生产资料面前的不平等，消除了经济关系上人与人的对立。社会主义集体主义原则就是在个人利益与集体利益一致的基础上，对个人利益与集体利益相互依存、相互促进关系的反映。

社会主义集体主义原则的基本内容和要求是：从人民的根本利益出发，坚持集体利益高于个人利益，把集体利益放在第一位；在保证集体利益的前提下，充分尊重和保障个人利益；当个人利益同集体利益发生矛盾时，个人利益应当服从集体利益，必要时为维护集体利益和国家利益牺牲个人利益，甚至献出自己的生命。

在个人利益与集体利益的关系中，集体利益是劳动者个人的长远利益和全局利益，维护集体利益就是维护劳动者个人的长远利益和全局利益。社会主义集体主义不反对个人的正当利益，反对的是极端个人主义，反对的是损公肥私、损害集体利益以满足个人利益的行为。

社会主义集体主义原则，是社会主义社会中的人应当普遍遵循的原则，也是处理个人与国家、集体之间关系的基本准则，是社会主义的价值导向。

人生的社会实践活动，都是在一定的集体中进行的，每时每刻都会遇到个人同集体的关系问题，这一问题既是任何人都无法回避的问题，也是人生价值得以实现必须解决的问题。一个人只有具备了集体主义思想，才能处理好个人与国家、个人与集体、个人与他人之间的利益关系；同时，也只有具备了集体主义思想，才能坚持民族气节，具有高度的民族自尊心、自信心和自豪感，自觉捍卫祖国的独立和尊严，为社会主义祖国繁荣富强而献身；一个人也只有融入集体，才会实现人生的社会价值，找到实现自我价值的舞台。

发扬集体主义,必须反对个人主义。个人主义与我们讲的保障正当的个人利益不是一回事,而是一种资产阶级的思想体系和价值观念。个人主义思想最早是西方新兴资产阶级在反对封建专制时所提出的一种道德原则和人生价值理论,它以人的自然本性为根据,从“天赋人权”出发,认为人生来就是自由的,不应该受社会和他人的制约。

个人主义这一范畴,是19世纪法国政治评论家托克维尔最早提出来的。托克维尔认为,个人主义有三个方面的含义:一是将个人作为一种价值目标,强调个人本位,每个人都是目的,具有很高的价值,而社会和集体只是达到目的的手段;二是作为一种政治和法律制度,主张反对权威主义,通过政治法律手段,向封建君主、封建阶级索取利益,以及在资产阶级内部进行利益分配,以达到个人自由和平等的要求;三是作为一种经济理论,强调私有制度,保护资产阶级私有制。总之,个人主义是以个人为中心,一切从个人出发,为满足个人私欲不惜损害他人和整体利益的一种思想体系,同集体主义是完全对立的。

个人主义是同西方资本主义国家经济制度和政治制度相适应的思想,其要害是把个人利益置于集体利益之上,一切以个人利益为根本出发点和归宿。极端个人主义则为了达到个人的目的,可以使用一切不道德的、违法的手段。个人主义在反对封建专制和宗教神学的斗争中,对人的思想和行为有着十分明显的积极作用,影响很大。

在资本主义社会,个人主义与社会达尔文主义的“生存竞争”“弱肉强食”原则是一致的。它主张,任何人的发展,都应把别人当成敌人,实现自我奋斗,否则就会被淘汰或吞食。个人主义把个性解放、个性自由作为人生唯一的追求目标。这种只顾个人、不顾社会和他人的竞争观念与生存原则,必然导致人与人之间的敌对和残酷斗争,危害社会的和谐与安定。

2. 正确处理物质贡献和精神贡献的关系

人的社会实践活动是多方面的,人在社会实践活动中对社会作出的贡献也是多方面的,但归根到底表现为两种形式,即物质贡献和精神贡献。一般说来,物质贡献和精神贡献在个人身上是统一的,即在同一社会实践活动过程中产生的两个方面的成果。

古今中外，许多人在为社会创造巨大物质财富的同时，也在思想道德上、思维方式上为了人类留下了巨大的精神财富。例如，爱因斯坦、爱迪生、居里夫人、李四光、竺可桢、华罗庚等科学家以及王进喜等普通劳动者，他们不但为社会创造了巨大的物质（物化的）财富，而且为社会创造了很大的精神财富，有时甚至精神财富的作用大于物质财富的作用。2009年，长江大学15名大学生等见义勇为、舍己救人的英雄事迹，诠释了当代青年学生强烈的社会责任感和高尚的价值追求。

大量的事实证明，我们在评价一个人的人生价值时，不能把他对社会的物质贡献大小作为唯一的尺度，而忽略他在对社会作贡献的实践过程中所表现出的崇高精神境界。人们在物质方面的贡献是可以计量的，容易看得见，而精神方面的贡献却是很难用数字衡量的，它往往被忽视。其实，精神方面的贡献，特别是优秀人物的高尚思想品德，对社会的影响尤其深刻，对社会进步具有特殊的意义和无法估量的价值。所以，衡量一个人的人生价值，既要看他在物质方面、获得经济效益方面的贡献，又要注重他在精神方面、思想道德方面、思维方面对社会的贡献。

中国人民解放军第四军医大学学员、共产党员张华救老农的事迹就是一个典型的例子。1982年7月1日，张华在西安郊区为抢救掏粪落池的农民英勇献身。张华生前在学校曾被评为“三好学生”、优秀共青团干部，多次受到奖励。张华，一名新时代的大学生为救一个上了年纪的农民的生命，献出了自己年轻的生命，表现出了高尚的精神境界，他的生命是闪光的，他的牺牲是有价值的。

当时在社会上，有人提出“年轻的大学生冒死救农民是否值得”的疑问，引起了一场争论。有些人认为，一个年轻大学生的生命远远比一个老农民的生命对社会有意义，所以得出结论：大学生救老农，是“拿金子去换取等量的石子”，不值得。

2009年，湖北荆州为救两名落水少年而献身的三名大学生出自道德自觉的舍己救人行动，在感动中国的同时，也引出了一场“救人值不值”的讨论。陈及时、何东旭、方招——人们记住了这些名字，就像20多年前，社会对为救掏粪老人而献出年轻生命的大学生张华的评价，带着钦佩、赞叹，也夹杂了不解与惋惜。

大学生舍身救老农、救少年“值与不值”的争论，不是简单一句社会价值多元就可以概括的。无论市场经济如何发展,都不能用加减乘除换算善良的价值。这就涉及如何看待精神价值的关系问题。

从马克思主义的人生价值观来看,我们所追求的应该是精神价值与物质价值的结合。就张华救老农的事迹作评价,应该看到,人生价值不能单纯用物质贡献来衡量,同时应从精神贡献上来衡量。张华舍身救人的英勇行为,不仅为人们树立了光辉的道德榜样,而且表明社会主义、共产主义社会道德有巨大的精神价值。

1946 年,伟大的无产阶级革命家周恩来在从延安去重庆途中,飞机遇到了危险情况。在这生死关头,他毅然将自己的降落伞让给一个 11 岁的小姑娘,把生的希望留给了别人,把死的威胁留给了自己,这是一种何等高尚的自我牺牲精神！这是周恩来伟大的人格精神作出的必然选择。周恩来作为党的领导人,身负着国家兴亡的历史使命,其生命价值不能同 11 岁的小姑娘去比较,如果在危急关头还这样去掂量双方的身份差别,就失去了道德的价值。

谈起精神贡献的价值问题,也使我们再次想起了抗美援朝战争。面对武装到牙齿的美国军队,在物质方面有天壤之别的中国军队能够取得重大胜利,靠的就是顽强拼搏的精神和灵活多样的战术战法。这凸显了精神的力量价值。在知识经济时代,我们每个人都应当在创造物质财富的同时,更加注重创造精神财富;全社会都应当在重视物质贡献的同时,更加重视精神贡献。

3. 正确认识实现人生价值的条件

人生价值是通过人改造自然、改造社会的实践活动表现出来的。人的社会实践活动一方面是在特定的社会历史条件下、特定的生产关系中进行的,所以它依赖于特定历史条件下社会为其提供的客观条件;另一方面,人的社会实践活动是一种能动的活动,所以它又依赖于人自身具有的主观条件。

从客观条件来看,人生价值的实现需要两个方面的条件。

一方面是社会历史的条件。特定社会历史条件下的现实生产关系和政治制度、法律制度、文化制度、人才制度等是人的创造力能否得以充分发挥的客观条件。

古今中外有许多仁人志士,他们有非凡的才能,但终因社会环境不好，缺乏必要的客观条件而空怀报国之志，含恨终生。人类历史表明，社会的政治制度、经济制度、文化制度和人才制度会对人生价值的实现有重大的影响。

社会主义制度的建立，为广大劳动人民实现人生价值开辟了以往任何社会都无法比拟的广阔前景，创造了越来越良好的条件。在社会主义市场经济条件下，社会为每个人人生价值的实现提供了更为公平的条件，个人能够以完全独立的人格和主人翁地位，参与社会实践活动。

另一方面是社会生活环境因素。人是环境的产物，良好的社会生活环境是人才成长、人的全面发展的客观条件。前面讲到的孟子的母亲为了教育孟子择邻而居的故事，说明了良好的生活环境、家庭教育对孩子健康成长的重要作用。

从主观条件来看，实现人生价值离不开人的主观能动性的发挥，需要一定的主观条件。青年人应全面提高自身素质，以适应社会主义现代化建设的要求。

以计算机和互联网广泛使用为标志的产业革命引起了社会生产方式和生活方式的巨大变化，人类进入了知识经济时代。我国改革开放和社会主义市场经济的建立，使我国的经济增长方式发生了巨大的变化，在经济全球化的潮流中，我国经济逐步与国家接轨，进一步向世界开放。在经济发展的同时，我们的社会也在全面进步，时代为青年人人生价值的内容注入了新的内涵，为青年人人生价值的实现开辟了更为广阔的空间，同时，时代也对人的素质提出了更高的要求。

青年人在新时代的社会实践行动中，应具备以下几方面的素质。

一是思想政治素质。思想政治素质中，最重要的是有坚定正确的政治方向。一个人有了正确的方向，才能树立正确的人生价值目标，才能有所作为。正像一个国家，有了正确的方向，才能独立富强；一个民族，有了正确的方向，才能兴旺发达。中国特色社会主义伟大旗帜，代表了我们国家前进的方向，这就是要坚持走中国特色社会主义道路，建设富强、民主、文明、和谐的社会主义现代化国家。因此，当代中国青年的正确方向应该是投身中国特色社会主义事业的实践，为祖国的繁荣富强添砖加瓦。这是时代赋予青年的人生价值的内涵。青年人应该认真学习马列主义、毛泽东思想和中国特色社会主义理论体系，不断提高自己的思想政治素质，使自己的价值目标与我国社会主义主导价值目标相一致,努力实现自己的人生价值。

二是职业道德素质。良好的职业道德素质是社会化大生产的客观要求。社会化大生产是以社会生产充分分工为标志的。社会分工使每个人的劳动成为社会的劳动。劳动过程中需要很高的协作精神和敬业精神,需要强烈的市场竞争意识和服务意识。社会化大生产过程就像机器的传动链条,一个环节出了问题,整个链条就会中断。产品是用以交换的商品,其质量好坏直接关系到消费者的利益。企业是市场竞争的主体,每一个单位员工的形象都代表着企业的形象。所以,良好的职业道德素质是社会化大生产顺利进行的客观要求。

三是科学文化素质。必需的科学文化知识,过硬的技术、技能,是实现人生价值极为重要的条件。在社会主义市场经济条件下,市场的竞争就是人才的竞争。一方面,这种竞争使社会由权力本位向能力本位转化,标志着社会的进步;另一方面,这种竞争为人的创造能力的发挥提供了更为公平的机制和环境。所以,青年人只有努力学习,提高自己的科学文化素质和劳动技能,才能适应激烈的人才竞争,在市场经济中展现自己的风采。

四是心理素质。健康的心理素质是适应市场竞争、实现人生价值的心理条件。人们在认识世界和改造世界的实践活动中,总会有艰苦的劳作,有失败的痛苦和成功的喜悦,还要面对人与人之间的矛盾和冲突,这些都会在我们的心理上引起各种反应。尤其是科学技术飞速发展的今天,社会生产节奏加快,人才竞争压力增大,要求我们必须有极强的适应能力。所以,青年人要努力培养自己良好的心理素质,任何情况下都能保持良好的心态,经得起挫折的考验,勇敢地面对竞争,正确认识自我,保持和谐的人际关系;否则,人生价值就难以正常实现。

当今时代,信息传递瞬息万变,知识更新越来越快。大学生要认真学习书本知识,打下坚实的知识功底,但也要把所学的知识运用于改造客观世界和主观世界的实践中,善于为实践而学,善于在实践中学。因为,社会实践是知识创新的源泉,是检验真理的试金石,也是青年锻炼成长的有效途径。同时,人生价值目标的实现是一个实践的过程,人生价值的评价就是对实践及其成果的评价。社会实践是人生价值真正的源头活水。对于大学生而言,在实践中创造有价值的人生具有特殊的要求和意义。因此,要积极投身全面建设小康社会、加快推进社会主义现代化、实现中华民族伟大复兴的实践,与时代同步伐、与祖国共命运、与人民齐奋进,这是实现人生价值的必由之路。

2007年5月14日,温家宝在同济大学建筑城规学院向师生们作了一场即席演讲,并当场朗诵了诗歌《仰望星空》,结合这首诗歌,温家宝讲了这么一段话:一个民族有一些关注天空的人,他们才有希望;一个民族只是关心脚下的事情,那是没有未来的。我们的民族是大有希望的民族!我希望同学们经常地仰望天空,学会做人,学会思考,学会知识和技能,做一个关心世界和国家命运的人。(温家宝《仰望星空》一诗见本书扉页前的插页)

从温家宝的演讲和诗中,我们可以读到一位大国总理的所思所想。全诗平白质朴而又意味深长,诗中有对真理、正义、自由的思考,有对国家、民族和人类共同命运的深切关怀,也有对校园学子的殷切希望。

通读全诗,令人动容,发人深省。温家宝对国家、民族和人类命运深切关爱的"赤子之心"跃然纸上。温家宝身体力行地践行着自己的理想和信念。从看望"非典"一线的医护人员、与煤矿工人在井下过年,到赴地震灾区慰问百姓,从领导政府取消农业税,到提出打造法治政府、责任政府、服务政府、效率政府——温家宝的一言一行、所作所为,表明他不仅是"仰望星空"的人,而且是脚踏实地、言行一致、为国家和人民谋福利的人。

铭记温家宝的殷切期望吧:经常地仰望天空,学会做人,学会思考,学会知识和技能,做一个关心世界和国家命运的人,在为中华民族伟大复兴的不懈奋斗中实现有价值的人生!

本讲小结

人生就是人的生命的展开过程,体现在人的各种活动之中,是生物性和社会性相统一的过程。

人的本质在其现实性上是一切社会关系的总和。从根本上说,人的本质是由其在生产关系中的地位决定的。在阶级社会里，生产关系主要表现为阶级关系，所以人的本质主要表现为阶级性。

人生首先要回答的问题是人和社会的关系问题。人生观是对人生的意义、目的、态度等的根本看法，是世界观的重要组成部分。围绕人与社会的关系问题，形成无产阶级人生观与资产阶级人生观这两种根本对立的人生观。无产阶级人生观是建立在共产主义思想基础上的最进步、最高尚的人生观，其本质特征就是集体主义。无产阶级人生观把全心全意为人民服务视为人生的根本意义和价值，把实现共产主义作为人生的最高目标和最大幸福。

无产阶级人生观科学地阐明了个人与社会的相互关系，为正确认识和处理个人发展同社会进步的关系指明了正确的方向。个人与社会的关系是辩证统一的关系。利用社会条件使个人得到发展，通过个人活动为社会发展作出自己积极的贡献，是马克思主义处理个人与社会关系的最基本的观点。

义利关系、苦乐关系、荣辱关系、生死关系是人生道路上的重要课题，如何回答这些问题，是区别不同人生观的重要标志。

价值是主体和客体之间的特定关系。人的价值包括人的社会价值和自我价值。社会价值和自我价值是现实的人的价值的两个方面，它们是不可分割的。自我价值是社会价值的必要前提；社会价值是自我价值的外在体现。一方面，社会应尽可能地创造条件，使人的自我价值得到保证；另一方面，个人必须努力对社会尽责，作出贡献，在实现社会价值的过程中实现自我价值。要防止金钱至上、游戏人生、以自我为中心的人生价值误区。

为了在社会实践中真正实现人生价值，就必须坚持社会主义集体主义原则，处理好个人利益与集体利益、物质贡献与精神贡献的关系，正确认识实现人生价值的条件，在为中华民族伟大复兴的奋斗中实现有价值的人生。

★ 深度阅读 ★

1. 李德顺:《价值论》,中国人民大学出版社 1987 年版。

2. 马克思:《关于费尔巴哈的提纲》,《马克思恩格斯选集》第 1 卷,人民出版社 1995 年版。

★ 思考题 ★

1. 如何理解人的本质在其现实性上是一切社会关系的总和?
2. 如何正确理解和处理义与利、苦与乐、荣与辱、生与死的关系?
3. 为什么说人生的真正价值在于对社会的贡献?